2021年深圳市『孔雀计划』—『未来科技与法治的交叉融合研究』
（项目批准号：MA11409001）

聂明岩　李想　著

外空国际合作
法律规制研究

RESEARCH ON THE LEGAL REGULATION OF INTERNATIONAL COOPERATION IN OUTER SPACE

法律出版社
LAW PRESS · CHINA
北京

图书在版编目(CIP)数据

外空国际合作法律规制研究 / 聂明岩，李想著. -- 北京 : 法律出版社，2024
ISBN 978-7-5197-9156-8

Ⅰ. ①外… Ⅱ. ①聂… ②李… Ⅲ. ①外层空间-国际合作-空间法-研究 Ⅳ. ①D999.1

中国国家版本馆 CIP 数据核字(2024)第 098381 号

外空国际合作法律规制研究
WAIKONG GUOJI HEZUO FALÜ GUIZHI YANJIU

聂明岩 李 想 著

策划编辑 肖 越
责任编辑 肖 越
装帧设计 鲍龙卉

出版发行 法律出版社
编辑统筹 法商出版分社
责任校对 裴 黎
责任印制 胡晓雅
经　　销 新华书店
开本 710 毫米×1000 毫米 1/16
印张 17　**字数** 306 千
版本 2024 年 9 月第 1 版
印次 2024 年 9 月第 1 次印刷
印刷 唐山玺诚印务有限公司

地址：北京市丰台区莲花池西里 7 号(100073)
网址：www.lawpress.com.cn
投稿邮箱：info@lawpress.com.cn
举报盗版邮箱：jbwq@lawpress.com.cn
销售电话：010-83938349
客服电话：010-83938350
咨询电话：010-63939796

书号：ISBN 978-7-5197-9156-8　**定价**：72.00 元
凡购买本社图书，如有印装错误，我社负责退换。电话：010-83938349

前 言 Preface

外层空间是人类活动的第四空间，从人类首次具备外空探索能力至今，尚不足70年的时间。然而，就在这短短的数十年时间里，人类外空活动却经历了多个发展阶段，且形成了相对完整的法律规制体系。不过，随着外空技术的不断进步，外空活动类型不断增加以及活动主体日益多元、复杂，现行外空法律规则已经明显无法适应发展的需求，需要予以修改、完善。

针对外空规则体系完善问题，近年来学术界已有颇多讨论。但是，外空活动具有军、民双重属性，所涉关系复杂。另外，自1979年《关于各国在月球和其他天体上活动的协定》(以下简称《月球协定》)之后，国际社会再未通过规制外空活动的国际条约，“软法”国内立法与“小圈子”规则开始成为外空规则的重要组成部分。在这样的背景下，很难在短时间内构建全新的外空规则体系。因此，研究者大多着眼于影响外空和平探索和利用的关键问题，并对此展开细致研究，期待以点带面，为新的综合性的外空规则体系的构建贡献力量。

外空国际合作是1967年《关于各国探索和利用外层空间包括月球与其他天体活动所应遵守原则的条约》(以下简称《外空条约》)确定的开展外空活动应遵循的基本法律原则。然而，在相当长的一段时间里，该原则内涵并未得到充分阐释。1996年《关于开展探索和利用外层空间的国际合作，促进所有国家的福利和利益，并特别要考虑到发展中国家的需要的宣言》(以下简称《外空合作宣言》)对外空国际合作法律原则进行了相对详细的阐释，提出应特别在外空合作中考虑发展中国家的福利和利益。该宣言较为注重平衡发达国家与发展中国家间在外空合作中的利益,因而表述相对宽泛。此外,该宣言的“软法”性质也决定了其仅具有倡议意义。1996 年《外空合作宣言》中列举了几类外空合作的模式,这是外空活动客观发展在法律规则中的直观体现。事实上,在该宣言制定之前和之后,国际社会出现了多种外空合作模式,且在不同合作模式下制定了规则。

本书依据国际社会外空合作实践,对不同模式的外空国际合作及其法律规制进行分析,详言之,本书共七章,可以分为四个部分。

第一部分包括第一章,主要内容是对外空活动、外空法以及外空国际合作进行梳理。一般认为,人类外空活动可以分为从外空 1.0 时代至外空 4.0 时代的四个发展阶段,每个阶段技术发展程度不同,对于法律规则的需求也不尽相同。外空法的发展阶段也大致分为四个阶段,当然,这四个阶段并不完全对应外空活动发展的四个阶段,但也有大部分重叠之处。外空国际合作是人类自具备外空活动能力之后便确定的基本法律原则,但该原则的具体内容也随着外空活动实践的不断发展而日益复杂,第一章分别针对上述内容进行阐释,为后文论述奠定基础。

第二部分包括第二章至第五章,主要内容是对不同类型的外空合作活动以及其法律规制进行讨论分析。第二章探讨全球性外空合作框架与法律规制,分别针对联合国和平利用外层空间委员会(以下简称联合国外空委)、国际电信联盟及其他外空国际合作机构的合作情况尤其是法律规则进行阐释,分析相关组织形式及规则的优势及存在不足等。第三章探讨区域外空合作实践及其法律规制,重点关注欧洲、亚太地区、非洲和拉丁美洲与加勒比地区的区域空间合作实践,并对法律规制情况进行分析。第四章探讨典型外空合作项目及其法律规制,以外空 2.0 时代以及外空 4.0 时代最具代表性的国际空间站与月球探索开发的阿尔忒弥斯项目为例,对项目的发展历程与法律规制进行全面讨论、分析。第五章探讨外空商业国际合作及其法律规制，着眼于外空4.0时代的最新发展，分别从国际法和国内法层面分析规制外空商业国际规则的最新发展和存在问题等。

第三部分包括第六章，主要对中国外空国际合作的实践和法律规制进行分析、阐释。作为世界上最重要的空间强国之一，中国在各种类型的外空国际合作中都有相应实践，且取得了一定成果。第六章分别从全球性外空国际合作、区域外空国际合作、外空合作项目以及外空商业国际合作等几个层面，阐释中国实践，分析中国在不同类型外空国际合作中对规则制定和完善做出的贡献以及尚存的不足等。

第四部分包括第七章，主要内容是提出外空国际合作法律规制完善建议。在对不同类型外空国际合作实践、法律规制及存在问题进行全面分析后，本章最后一部分提出相应完善建议。中国是外空国际合作的重要参与者，是推动未来外空国际合作规则完善的重要力量，因此，本章主要从中国视角出发，提出建议、对策。

第二次世界大战之后，和平与发展成为国际社会的主旋律。从外空活动开展的角度看，外空和平利用是外空发展的前提，外空国际合作则是实现外空和平与发展的重要方式。近年来，国际环境发生剧烈变化，外空国际合作也面临不小的冲击。然而，面对广阔的外层空间，只有世界各国秉持合作理念，才有可能更好实现探索和利用这一人类第四空间的目标，从而为全人类谋福利。

目　录 Contents

第一章

外空活动、外空法与外空国际合作概述

起源于冷战时期的外空探索与利用活动自始便具有军、民两用性质。[①]彼时美、苏两大阵营的对立一方面塑造了外空竞赛的主基调,[②]另一方面,也通过国际条约的制定为合作的开展预留了可能性。随着冷战结束以及外空技术的进步,外空活动与外空法都有了一定的发展,外空合作模式和法律规制也呈现多元化与综合性特征。伴随外空 4.0 时代的到来,外空法与外空合作也迎来新的发展契机。

第一节　外空活动的发展历程与外空 4.0 时代的到来

外空活动的发展历史虽不甚悠久,但也经历了多个相对复杂的时期。因为不同时期的发展特征及技术发展程度不同,研究者对外空活动发展阶段的划分也有所差异。[③] 近年来,随着工业 4.0 概念[④]的提出,学者对外空活动发展阶段的划分也开始与之相对应,分为外空 1.0 时代至外空 4.0 时代共

① 关于外空活动军、民两用属性的讨论很多,可以参见 Almudena Azcárate Ortega, *Not a Rose by Any Other Name: Dual-Use and Dual-Purpose Space Systems*, Lawfare (Jun. 5, 2023), https://www.lawfaremedia.org/article/not-a-rose-by-any-other-name-dual-use-and-dual-purpose-space-systems。

② 关于美、苏外空竞赛的细节性内容,可以参见 *The Space Race*, History (Feb. 21, 2020), https://www.history.com/topics/cold-war/space-race。

③ See Andrey G. Ionin, *Space 1.0 to Space 3.0: From Gagarin to Market Growth*, Room: Space Journal of Asgardia, https://room.eu.com/article/Space_10_to_Space_30_from_Gagarin_to_market_growth.

④ 关于工业 4.0 的介绍,可以参见 Bernard Marr, *What is Industry 4.0? Here's A Super Easy Explanation for Anyone*, Forbes (Sept. 2, 2018), https://www.forbes.com/sites/bernardmarr/2018/09/02/what-is-industry-4-0-heres-a-super-easy-explanation-for-anyone/?sh=2b85f74a9788。

四个阶段。

一、外空 1.0～3.0 时代的发展历程及特征

一般认为,外空 1.0 时代是指天文学早期研究阶段。这一阶段以天文学家发现天体形状以及运行机制为特征。[①] 相较于此后通过发射火箭对外空进行实际探索的阶段,外空 1.0 时代停留在科学观测和理论研究层面。不过,这一阶段的重要意义在于为此后真正外空活动的开展奠定了基础。

国际社会公认的人类外空活动的起源是 1957 年苏联第一颗人造卫星斯普特尼克 1 号(Sputnik-Ⅰ)号发射成功。[②] 该卫星的成功发射意味着人类社会具备了通过技术手段离开大气层的能力,拉开了人类社会探索第四空间的序幕。紧随苏联之后,美国于 1958 年 1 月成功发射探险者－1 号(Explorer－1)卫星,[③]而此时,苏联发射的第二颗人造卫星已经将一只莱卡犬成功送入轨道。[④] 显然,外空这扇大门被打开之时,美、苏冷战也进入了外空竞赛阶段,外空 2.0 时代也随之开启。此后,美、苏都对外空探索与开发进行了相当的投入。一方面,两国都希望在这一新的战略制高点占据优势,以保障国家安全;[⑤]另一方面,在外空竞赛中取得优势能为美、苏获得声望,从而增强国家凝聚力并彰显制度优越性,最终满足冷战政治博弈的需求。这一阶段,美、苏外空竞赛的另外一个重要事件是美国阿波罗计划(Apollo Program)的实施。阿波罗计划的主要目的是将美国人送上月球表面并安全返回地球,该计划的具体目标则包括:开发可以满足其他国家外空利益需求的技术,为美国在外空活动中取得卓越的领导地位;开展月球科学探索项目以及增强人类在月球环境中的工作能力。[⑥] 从 1961 年土星－1 号(Saturn-Ⅰ)探

---

① See Andrey G. Ionin, *Space* 1.0 *to Space* 3.0: *from Gagarin to Market Growth*, Room: Space Journal of Asgardia, https://room.eu.com/article/Space_10_to_Space_30_from_Gagarin_to_market_growth.

② 关于苏联第一颗人造地球卫星的详细信息,可以参见 *Sputnik*, Britannica, https://www.britannica.com/technology/Sputnik。

③ 关于美国探险者－1 号卫星的更多介绍,可以参见 Elizabeth Howell, *Explorer* 1: *The First U. S. Satellite*, Space.com (Sept. 30, 2020), https://www.space.com/17825-explorer-1.html。

④ 《苏联第一颗人造地球卫星改变冷战格局:美国被迫进入太空时代》,载中国科学院,https://www.cas.cn/xw/kjsm/gjdt/200906/t20090608_634925.shtml。

⑤ 关于外空战略制高点的意义及国家安全保障相关分析,可以参见聂明岩:《"总体国家安全观"指导下外空安全国际法治研究》,法律出版社 2018 年版,第 20～23 页。

⑥ See *The Apollo Missions*, NASA, https://www.nasa.gov/mission_pages/apollo/missions/index.html.

测器开始至 1972 年阿波罗 17 号任务止,[①]阿波罗计划取得了辉煌的成就。其中,1969 年阿波罗 11 号完成了人类社会的首次载人登月任务,也实现了阿波罗计划最初设定的目标。首位登上月球的宇航员阿姆斯特朗的那句振聋发聩的名言:“这是个人的一小步,却是人类的一大步”,至今仍鼓舞着人类对外空的探索。阿波罗计划成功实施之后,美、苏继续进行外空探索,但双方竞争的速度明显减慢,[②]外空 2.0 时代也逐渐落幕。

与外空 2.0 时代的竞赛和对抗不同,外空 3.0 时代的一个重要特征是世界各国,尤其是以美、俄为代表的空间强国认识到在探索和利用外空这一新疆域过程中开展合作的重要性。这一阶段具有代表性的合作成果便是国际空间站(International Space Station)的建立。1984 年 1 月 25 日,时任美国总统里根指示美国国家航空航天局(National Aeronautics and Space Administration-NASA)在接下来的 10 年之内建立一个国际空间站。[③] 在经历了一系列发展和变迁之后,国际空间站的主体最终于 1998 年至 2011 年之间建成。[④] 国际空间站是迄今为止人类发射至外空的最大的单体结构,其总重量约 400 吨,由 40 多个任务组合而成。[⑤] 国际空间站的建设虽由美国提出,但其本身并不属于任何一个国家,而是由美国、俄罗斯、欧洲、加拿大以及日本的外空机构合作运营。总体而言,这个位于海平面之上约 400 千米的外空合作项目更像是人类社会向宇宙发起的挑战。一方面,来自不同国家的科学家、宇航员在国际空间站开展各类研究、试验并对天体进行观测;另一方面,国际空间站得以成功建设本身便源于对不同国家、机构和人员之间进行有效的计划、协调和管理。[⑥] 从某种意义上讲,构建成功的合作规则和

① 依照 NASA 官方网站对于阿波罗计划的介绍,其起点为 1961 年土星 - 1 号探测器,其中经历阿波罗 - 土星无人任务,阿波罗 1,7,8,9,阿波罗 10 ~ 17 号任务。See *The Apollo Missions*,NASA,https://www.nasa.gov/mission_pages/apollo/missions/index.html.

② 《苏联第一颗人造地球卫星改变冷战格局:美国被迫进入太空时代》,载中国科学院,https://www.cas.cn/xw/kjsm/gjdt/200906/t20090608_634925.shtml。

③ See *History and Timeline of the ISS*,ISS National Laboratory,https://www.issnationallab.org/about/iss-timeline/.

④ See Elizabeth Howell,*International Space Station: Facts about the Orbital Laboratory*,Space.com (Aug. 24,2022),https://www.space.com/16748-international-space-station.html.

⑤ See *Building the International Space Station*,ESA,https://www.esa.int/Science_Exploration/Human_and_Robotic_Exploration/International_Space_Station/Building_the_International_Space_Station3.

⑥ See *International Space Station*,NASA,https://www.nasa.gov/mission_pages/station/cooperation/index.html.

机制并有效协调如此复杂的政治关系并不比探索和征服宇宙更简单。因此，外空 3.0 时代可以被视作以美、俄为代表的国家间对外空这一具有高度战略意义和敏感性的领域的活动在一定程度上进行合作、协调的阶段。这得益于国际政治环境的变化，同时，也是世界各国对外空活动价值的综合性有了进一步认识的结果。

总体而言，从外空 1.0 时代到外空 3.0 时代，人类社会的外空活动经历了从无到有、从幼稚到成熟、从竞赛到竞争和合作并存的发展过程。在这几个发展阶段中（尤其是外空 2.0 时代和外空 3.0 时代），外空活动的主要参与者是国家，且以美、苏（俄）等空间强国为主。此外，从外空 1.0 时代到外空 3.0 时代的发展进程中，各参与国开展外空活动的主要目的也日趋复杂，逐渐涵盖了战略竞争、科学探索与商业开发及利用等多个方面的内容。

二、外空 4.0 时代及其特征

外空 4.0 时代概念的提出源于与工业 4.0 时代概念的类比。作为重要的工业范畴，航天工业显然是工业 4.0 时代的重要一环，但是外空活动发展历史较短且有一定的特殊性。因此，外空 4.0 时代的虽脱胎于工业 4.0 时代，但无法完全契合。

工业 4.0 时代是指利用信息化技术促进产业变革的时代，也就是所谓的智能时代。这一概念最早由德国于 2013 年在汉诺威工业博览会上正式提出。[①] 工业 4.0 时代关注互联互通、自动化、机器学习以及实时数据等多个领域，涉及物联网、工业物联网、信息物理融合系统、智能制造、智能工厂、云计算、智能计算以及人工智能等多方面的技术。[②] 依照德国相关政策规定，其计划从如下几个方面推进实施工业 4.0：建立指导框架、推进数字化进程、推进智能制造、打造标准化、完善人才培养与强化创新合作。[③]

2016 年 12 月 2 日，于瑞士卢塞恩召开的欧洲航天局（以下简称欧空局）

---

① 参见李松涛：《李克强为什么要提工业 4.0》，载中国政府网，http://www.gov.cn/xinwen/2014-10/11/content_2763019.htm。

② See *What is Industry* 4.0 – *the Industrial Internet of Things* (*IIoT*)?, Epicor Software Company, https://www.epicor.com/en-us/blog/what-is-industry-4-0/.

③ 参见《德国"工业 4.0"战略全解析》，载澎湃新闻 2019 年 8 月 19 日，https://m.thepaper.cn/baijiahao_4204956。

部长级理事会通过了《迈向外空 4.0,打造欧洲统一的外空》的决议。该决议确定了优化欧空局合作的思路,以应对外空 4.0 时代的挑战,[①]这一具有前瞻性的做法对其他国家和机构外空合作的开展具有启示意义。不过,关于外空 4.0 时代的具体内涵,该决议中未予明确说明。依照学者研究,外空 4.0 时代最主要的特征是参与主体的多元化。如上述,外空 1.0 ~ 3.0 时代的外空活动参与者主要是国家,且以美、苏(俄)两个空间强国为主,在外空 2.0 时代后期以及外空 3.0 时代,欧洲、中国、日本以及印度等国家的外空活动逐渐发展壮大,外空活动的两极格局逐渐被打破。然而,在相当长的一段时间里,外空活动仍然由国家主导,政府机构是最重要的参与主体。而随着外空商业化进程的加快,非政府实体广泛参与外空活动,并开始发挥重要作用。至 20 世纪 90 年代,非政府实体外空活动的总预算已经超过了政府实体,不过此时非政府实体的活动还仅限于近地轨道和地球静止轨道,[②]其从事活动包括技术研发、发射服务、卫星制造与运营以及亚轨道旅游等。[③] 但是随着政府实体主导的月球探索与开发等深空探测活动的日益推进,非政府实体也开始逐渐参与地球静止轨道之上的相关活动,其中具有代表性的为月球及小行星等天体的自然资源开采。[④] 非政府实体对外空活动的广泛参与是外空 4.0 时代的一个重要特征,塑造了新的外空竞争环境,参与其中的政府实体、非政府实体、社会以及政治团体等需要进行有效的互动与交流,[⑤]而这样的广泛、综合的交流则必然催生新的商业模式。此外,作为工业 4.0 的组成部分,外空 4.0 的内涵远不止如此。自动化、大数据、数据交换以及智能制造等工业 4.0 时代的新技术在外空活动中的应用,同样诠释了外空 4.0 时代的特征。有研究者总结了外空 4.0 时代的几个变化,即动机、参与

① See European Space Agency, *Resolution "Towards Space 4.0 for a United Space in Europe"*, Lucerne, 2 December 2016.

② See G. Genta, *Private Space Exploration: A New Way for Starting A Space Faring Society? Acta Astronautica* (2014), http://dx.doi.org/10.1016/j.actaastro.2014.04.008i.

③ 关于非政府实体外空活动开展及其法律规制的分析,参见本书第四章相关内容。

④ 关于非政府实体参与小行星及月球资源开采活动相关问题及法律规制的具体分析,参见聂明岩:《外空安全国际法保障研究:以"人类命运共同体"理论为视角》,中国政法大学出版社 2023 年版,第 178 ~ 191 页。

⑤ See Ulrike M. Bohlmann, *Space 4.0*, in Stefano Ferretti ed., Space Capacity Building in the XXI Century, Springer, 2020, p. 34 – 35.

者、角色与技术。而这些变化背后隐含的内容则包括：商业化、参与、信息、创新、启发、合作、工作机会的增加以及数据化。①

总体而言，从外空 1.0 时代到外空 4.0 时代，外空活动无论是在技术还是发展模式上都发生了巨大的变化，而对于正在到来的外空 4.0 时代，无论是国际社会、各国国内还是非政府实体层面都有针对性地采取了相应措施。但应当明确的是，外层空间是各国公认的“全球公域”，②无论影响因素发生任何变化，国际法规则应该是规制外空活动以及外空合作的最重要依据。但从外空法的发展现状看，外空 4.0 时代在带来机遇的同时也带来了严峻挑战。

第二节　外空法的发展阶段及特征

人类社会具备外空活动能力不久，以美、苏为代表的空间强国便开始谋求通过制定国际规则的方式规制外空活动。两国意识到外空和平利用、防止外空军备竞赛以及防止核武器在外空扩散等问题的重要性，并达成了一定的共识。1963 年年初，联合国外空委决定制定一系列外空活动基本法律原则，埃及、苏联、英国以及美国等分别提交了本国对基本原则的建议。联合国外空委法律小组委员会对各国提议进行整合，但未能很快得到各国认可。1963 年 7 月，《禁止在大气层、外层空间和水下进行核武器试验条约》（以下简称《部分禁止核试验条约》）缔结之后，情况有了转机。此后，美、苏继续推动相关工作的进行。③ 1963 年 12 月，《各国探索和利用外层空间活动的法律原则宣言》（以下简称《外空法律原则宣言》）经联合国大会通过。④

1963 年《外空法律原则宣言》为之后外空国际条约的制定奠定了基础。

---

① See Luca del Monte, *Space* 4.0: *ESA Grand Challenge*, UNOOSA, https://www.unoosa.org/documents/pdf/hlf/HLF2017/presentations/Day1/Session_1/Presentation4.pdf.

② See Anja Nakarada Pečujlić, *Outer Space as a Global Common*, Center for International Relations and Sustainable Development (Sept. 28, 2021), https://www.cirsd.org/en/expert-analysis/outer-space-as-a-global-common.

③ 关于美、苏之间谈判的具体过程，可以参见 Albert K. Lai, *The Cold War, The Space Race and the Law of Outer Space*, Routledge, 2021, p. 48 – 60。

④ See Albert K. Lai, *The Cold War, The Space Race and the Law of Outer Space*, Routledge, 2021, p. 86.

此后,在联合国外空委的推动下,国际社会相继制定、通过了5个外空国际条约,确定了至今为止外空活动的基本准则。然而,自1979年《月球协定》之后,国际社会再未通过"硬法"规则,规制外空活动的"软法"规则开始占据重要地位。而随着外空活动的日益复杂、参与主体的日益多元化加之逆全球化思潮的兴起,外空法的发展又呈现新的变化,以美国为代表的空间强国开始通过国内立法和国内单方措施规制外空活动。

一、外空"硬法"阶段:外空国际条约的制定

(一)1967年《外空条约》

1966年12月19日,联合国大会通过《外空条约》,该条约于1967年1月27日开放签署,并于同年10月10日生效。截至目前,《外空条约》共有112个缔约国。[①]《外空条约》正文共17条,除第14~17条规定了条约的签署、批准、生效、修正、退出以及文本语言外,其他13条规定确定了外空活动的基本原则和准则。总体而言,《外空条约》纳入了1963年《外空法律原则宣言》确定的9项原则,并以之为基础做了进一步细化,规定了诸如外空活动为所有国家谋福利和利益;外空不得据为己有;外空活动应遵守国际法并维护国际和平与安全及增进国际合作与谅解;外空的部分非军事化与天体的完全非军事化;宇航员营救;缔约国对外空活动的管控责任与国际责任;外空物体登记国的管辖权与控制权;外空环境保护以及外空合作与协调等诸多方面的内容。1967年《外空条约》首次以"硬法"的方式确定了外空活动的基本原则和相关规则,已被公认为外空活动领域的"大宪章"。《外空条约》所确定的多项原则已经具备了国际习惯法的效力,[②]对于非缔约国同样具有国际法约束力。

(二)1968年《营救宇宙航行员、送回宇宙航行员和归还发射到外层空间的物体的协定》

联合国外空委成立后不久后便起草了一份报告,对外空探索活动中的

---

① See Status of International Agreements Relating to Activities in Outer Space as at 1 January 2023, A/AC. 105/C. 2/2023/CRP.

② See Francis Lyall& Paul B. Larsen, *Space Law: A Treatise*, Ashgate, 2009, p. 53 – 54.

法律问题进行研究，并针对可以通过多边条约予以规制的事宜进行了探讨，其中便包括外空物体和人员的返还内容。关于《营救宇宙航行员、送回宇宙航行员和归还发射到外层空间的物体的协定》（以下简称《营救协定》）的谈判也几乎与《外空条约》同步进行。[①] 在《外空条约》生效后不久，联合国大会于 1967 年 12 月 19 日通过了《营救协定》。《营救协定》于 1968 年 4 月 22 日供开放签署，并于同年 12 月 3 日生效。截至目前，《营救协定》共有 99 个缔约国。[②]

《营救协定》正文共 10 条，其主要目的在于对 1963 年《外空法律原则宣言》以及 1967 年《外空条约》确定的宇航员营救原则进行细化和补充，使缔约国承担的义务具体化。详言之，《营救协定》首先对援救义务进行了规定，要求缔约方对于宇宙飞船人员（Personnel of Spacecraft）处于意外、灾难以及紧急或非预定降落的情形进行通知，对属于其管辖权范围内的上述情形的宇宙飞船人员进行援救和协助，对不属于其管辖权范围内的情形，凡力所能及的缔约方，亦应采取协助寻找和营救措施。其次，《营救协定》对返还义务进行了规定，要求缔约方安全、迅速地将宇宙飞船人员交还给发射当局代表，无论该人员是否在其管辖权范围内发现；对于外空物体，缔约方同样具有相应的通知、保护和返还的义务。此外，《营救协定》还对发射当局这一术语进行了阐释，提出所谓发射当局是指对发射负责任的国家或政府间国际组织，但对于政府间国际组织而言，其作为发射当局的前提是该组织声明承担本协定的权利和义务，且其大多数成员是本协定以及 1967 年《外空条约》的缔约国。

（三）1971 年《空间物体所造成损害的国际责任公约》

1971 年 11 月 29 日，联合国大会通过《空间物体所造成损害的国际责任公约》（以下简称《责任公约》），该公约于 1972 年 3 月 29 日开放签署，并于

① 关于《营救协定》谈判背景的介绍，参见 Irmgard Marboe, Julia Neumann & Kai-Uwe Schrogl, *Historical Background and Context of the ARRA*, in Stephan Hobe, Berhard Schmidt-Tedd& Kai-Uwe Schrogl eds., Cologne Commentary on Space Law (Vol. Ⅱ), Carl Heymanns Verlag, 2013, p. 9–11。

② See Status of International Agreements Relating to Activities in Outer Space as at 1 January 2023, A/AC. 105/C. 2/2023/CRP.

同年9月1日生效,至今为止,公约共有98个缔约国。[①]《责任公约》的一个主要目的是确定外空物体造成损害的国际责任及程序以保证受害人可以按照公约迅速得到充分及公正的赔偿。具体而言,1972年《责任公约》首先对“损害”、“发射”、“发射国”以及“外空物体”等概念进行了初步界定。其次,《责任公约》确定了外空物体在地球表面或给飞行中的飞机造成损害的严格责任,以及对地球表面其他地方人员和财产造成损害的过错责任。同时,《责任公约》对两个或两个以上国家共同及单独承担责任、赔偿请求的提出等做了规定。除此之外,《责任公约》还用相当的篇幅对赔偿委员会制度进行了规定,包括赔偿委员会的成立、组成、程序及裁决的作出等。

(四)1974年《关于登记射入外层空间物体的公约》

为履行《外空条约》中有关各国对外空活动应负国际责任以及登记国的规定,联合国大会于1974年11月12日通过了《关于登记射入外层空间物体的公约》(以下简称《登记公约》),该公约于1975年1月14日开放签署,并于1976年9月15日生效。迄今为止,公约共有72个缔约国。[②]《登记公约》的主要目的是确定发射国对外空物体的登记制度,对登记主体、登记程序以及登记内容等进行了规定。

(五)1979年《月球协定》

联合国大会于1979年12月5日通过的《月球协定》是外空“硬法”阶段的最后一个条约,该条约于1979年12月18日开放签署,并于1984年7月11日生效。自开放签署至今,《月球协定》共有17个缔约国,且主要空间国家如美国、俄罗斯、中国以及印度等都未签订该条约,[③]因此,《月球协定》被评价为失败的条约。[④]《月球协定》是外空国际条约体系中除《外空条约》之

---

① See Status of International Agreements Relating to Activities in Outer Space as at 1 January 2023, A/AC. 105/C. 2/2023/CRP.

② See Status of International Agreements Relating to Activities in Outer Space as at 1 January 2023, A/AC. 105/C. 2/2023/CRP.

③ See Status of International Agreements Relating to Activities in Outer Space as at 1 January 2023, A/AC. 105/C. 2/2023/CRP. 2023年1月5日,原《月球协定》缔约国沙特阿拉伯宣布退出《月球协定》,2024年1月5日,沙特阿拉伯的退出正式生效。因此,《月球协定》的缔约国目前为止有17个。

④ 对于《月球协定》失败原因及月球探索开发制度的文章并不少见,可以参见赵海峰、聂明岩:《论月球开发的若干法律问题》,载《黑龙江社会科学》2010年第2期。另参见杨宽:《〈指导各国在月球和其他天体上活动的协定〉的再审查及我国考量——以外空资源开发为视角》,载《国际法研究》2021年第6期。

外的另一个具有综合性特征的规制外空活动的国际规则，其主要规制对象为在月球上包括环绕月球的轨道或其他飞向或飞绕月球的轨道上开展的活动。《月球协定》针对月球的军事利用、科学探索、站点建设以及自然资源开发等进行了规定，并提出在自然资源开发切实可行时，建立具体指导开发的国际制度。在纳入1963年《外空法律原则宣言》以及1967年《外空条约》确定的外空法基本原则之外，《月球协定》针对自然资源的开发问题引入了“人类共同继承财产”原则，[①]而发达国家与发展中国家群体针对该原则的争论直接导致《月球协定》失败。近年来，随着新一轮探月热潮的兴起，《月球协定》再次引起国际社会的讨论，其在未来外空活动与外空法的发展进程中会承担何种角色，仍有待时间检验。

作为外空法发展的起源阶段，外空“硬法”阶段在相当长的一段时间内有效维护了外空活动的和平、稳定与合作。无论是《外空条约》确定的多项基本法律原则还是之后的《营救协定》、《责任公约》与《登记公约》分别从不同层面作出的具体规定，都得到了世界多数国家包括主要空间国家的认可和遵守。《月球协定》的谈判和制定在很大程度上与《联合国海洋法公约》的谈判相互影响，[②]并采纳了与之相同的“人类共同继承财产”原则。但在《月球协定》制定之时，人类社会所处的外空2.0时代正逐渐失去对月球探索和开发的兴趣，因此，即便该协定生效后多年未起到实质作用，也并未影响之后外空活动的开展。然而，随着外空活动进入外空3.0时代和外空4.0时代，主要形成于外空2.0时代的“硬法”规则表现出明显的滞后性，外空法的发展也逐渐进入“软法”阶段。

二、外空“软法”第一阶段：联合国大会原则的制定

外空活动“硬法”阶段自1979年《月球协定》之后便戛然而止。20世纪60年代至70年代也因此成为外空国际条约的黄金时期。有学者对这一黄

① 参见《月球协定》第11条。

② 关于《月球协定》谈判背景和谈判过程包括其与《联合国海洋法公约》联系的介绍和分析，可以参见Stephan Hobe, Peter Stubbe & Fabio Tronchetti, *Historical Background and Context of the MOON*, in Stephan Hobe, Berhard Schmidt-Tedd & Kai-Uwe Schrogl eds., Cologne Commentary on Space Law (Vol. Ⅱ), Carl Heymanns Verlag, 2013, p. 336 – 338。

金时期得以形成的原因做了如下几个方面的总结:其一,外空技术发展加剧了国际社会对于规则的需要;其二,外空国际条约制定时期,冷战正处于较为缓和的阶段,政治氛围合适;其三,当时仅有美、苏两国具备外空活动能力,二者之间在相关问题上形成的一致意见,很大概率会获得其他国家的普遍认可。① 时过境迁,随着外空3.0时代和4.0时代的到来,有能力开展外空活动的国家日益增多,主体日益多元,外空活动的领域和问题也愈加复杂,缔结国际条约的国际环境发生了巨大变化,因此,面对最新出现的问题,国际社会选择了一种易于在较短时间内达成一致意见的模式,即外空"软法"规则。从1982年至1992年,联合国大会通过了三项针对外空活动最新问题的原则,这一阶段也是外空"软法"发展的第一阶段。②

(一)1982年《各国利用人造地球卫星进行国际直接电视广播所应遵守的原则》

1982年12月10日,联合国大会经第37/92号决议通过了《各国利用人造地球卫星进行国际直接电视广播所应遵守的原则》(以下简称《直接电视广播原则》)。这一原则的通过源于诸多国家开展的直接广播卫星系统的运行使得这一活动存在商业化操作的可能。其目的在于有效协调直接广播卫星操作可能产生的政治、经济、社会与文化影响,加强各国在该领域的合作。具体而言,《直接电视广播原则》从国家主权保障,现行国际法遵守,权利、利益保护,国际合作,争端和平解决,国家责任承担,协商的义务与权利,版权和有关权利保护以及对联合国的通知等几个方面对利用人造卫星进行国际直接电视广播的行为做了原则性规定。

(二)1986年《关于从外层空间遥感地球的原则》

1986年12月3日,联合国大会经第41/65号决议通过了《关于从外层空间遥感地球的原则》(以下简称《遥感原则》)。《遥感原则》的制定源于遥感技术发展的推动,其主要目的是加强该领域的国际合作。《遥感原则》规

① See Jack Wright Nelson, *The Artemis Accords and the Future of International Space Law*, American Society of International Law (Dec. 10, 2020), https://www.asil.org/insights/volume/24/issue/31/artemis-accords-and-future-international-space-law.

② 当然,应当指出的是,从严格意义上讲,1963年《外空法律原则宣言》应该是联合国大会通过的最早的外空活动原则,但本节对于外空"软法"第一阶段的探讨主要关注联合国大会因外空活动最新发展而通过的原则。

定了15项原则，除对主要术语进行定义之外，其主要内容是对世界各国开展从外空遥感地球活动的要求，包括：为所有国家谋福利和利益，遵守相关国际法，对发展中国家利益特别考量，国际合作，区域合作与协调，发达国家与发展中国家合作与协调，促进地球环境保护与灾害预防，被感测国不受歧视、合理地获得数据和分析过的资料，遥感国和被感测国协商以提供参与机会、增强双方惠益，操作遥感卫星国家国际责任承担以及和平解决争端等。

（三）1992年《关于在外层空间使用核动力源的原则》

1992年12月14日，联合国大会经第47/68号决议通过了《关于在外层空间使用核动力源的原则》（以下简称《核动力源使用原则》）。核动力源因其所具有的体积小、寿命长等特性，适用于外层空间的某些任务，有些外空活动任务甚至只能使用核动力源。但与此同时，核动力源的使用又存在潜在风险，放射性核燃料的泄漏可能对地球环境和公众健康造成损害。[①]《核动力源使用原则》制定的目标之一是确保外空核动力源的安全使用。为此，其从如下几个层面进行了规定：现行国际法，尤其是《联合国宪章》与《外空条约》的适用性；核动力源在外层空间安全使用的准则和标准；发射前以及航天任务所有有关阶段的安全评价；载有核动力源外空物体发生故障产生放射性物质重返地球危险的通知；对其他国家索取有关重返地球资料要求或协商请求的答复；对各国提供协助；各国为本国在外空使用核动力源的活动承担国际责任；发射国对外空物体造成损害的国际赔偿责任以及争端的和平解决等。

无论是直接电视广播、遥感还是核动力源的使用，都是随着外空技术发展而出现的新问题。如果依照外空法第一阶段的发展情况看，解决这些问题都有必要制定新的国际条约，但正如上述，制定条约的国际环境发生变化，“软法”规则便作为一种替代手段予以制定并推行，也因此形成了外空“软法”第一阶段。另外，从发展时间角度看，外空“软法”第一阶段对应外空活动的3.0阶段。外空3.0时代的特征如参与国家数量的增加、外空合作趋势的增强等特征对这一阶段外空“软法”规则的发展也有一定的影响。

① 参见贺其治、黄惠康主编：《外层空间法》，青岛出版社2000年版，第176页。

三、外空“软法”第二阶段:联合国大会决议及国际机构文件对外空国际条约规定的细化

外空法发展的“软法”第二阶段与第一阶段的主要差别体现在“软法”规则的内容方面。外空“软法”第二阶段规则的主要内容为外空国际条约相关规定的进一步解释和细化。该阶段规则内容对因技术发展而产生的新兴问题虽有一定涉及,但仍围绕外空条约确定的基本原则和规则展开。此外,本阶段的“软法”规则制定主体除联合国大会之外,还包括其他专业性外空国际合作机构。

(一)1996年《外空合作宣言》

1996年12月13日,联合国大会在其第51/122号决议中通过了《外空合作宣言》。从性质看,《外空合作宣言》与“软法”第二阶段通过的三项原则没有区别,因此可以看作该阶段的延续;但从内容看,《外空合作宣言》则与上述三项原则差异明显,因此,其同样开启了一个新的外空“软法”发展阶段。制定《外空合作宣言》的外在原因是发展中国家在外空活动中的角色日益显著以及国际经济新秩序的进展使得外空合作的需求日益强烈(尤其是发展中国家与发达国家间的外空合作)。① 其内在原因则是以《外空条约》为代表的国际条约虽然确定了外空合作基本法律原则,但并未作出明确规定。《外空合作宣言》以现行国际法规则为依据,结合外空活动的最新发展,对外空合作原则进行了进一步解释。②《外空合作宣言》明确提出开展外空合作应特别考虑发展中国家的需要,但同时也强调各国应在公平和可接受的基础上自行决定外空合作的所有方面。此外,《外空合作宣言》还对外空合作的方式,对发展中国家的技术援助,国家机构、国际机构以及联合国外空委等在促进外空合作中的作用进行了阐释。

(二)2004年《适用“发射国”概念》

2004年12月10日,联合国大会通过了第59/115号决议《适用“发射

① See Marietta Benkoe& Kai-Uwe Schrogl, *History and Impact of the* 1996 *UN Declaration on* “*Space Benefits*”,Space Policy,Vol. 13:2,p.139-143 (1997).

② See Marietta Benkoe& Kai-Uwe Schrogl, *The* 1996 *UN Declaration on* “*Space Benefits*” *Ending the North/South Debate on Space Cooperation*, in Proceedings of the Thirty-Ninth Colloquium on the Law of Outer Space,7-11 October 1996,Beijing,China,p. 185.

国”概念》。该决议重点关注《责任公约》和《登记公约》中所涉的“发射国”概念，希望促进日益多元化的外空活动主体遵守外空国际条约，为此，该决议提出了相关建议，包括：建议参与外空活动的各国在现有国际条约及其他协议基础上，制定国内外空法，对其本国非政府实体开展活动进行批准和持续性监督；建议各国考虑根据《责任公约》就联合发射或合作方案制定协定；建议联合国外空委在成员国自愿基础上提供在轨转让外空物体所有权做法的资料；建议各国依据上述资料酌情开展协调，以增进各国国内法与国际法协调；促进联合国外空委为各国提供资料、援助，推动其依照国际条约制定本国国内外空法。

（三）2007 年《关于加强国家和政府间国际组织登记空间物体的做法的建议》

2007 年 12 月 17 日，联合国大会通过了第 62/101 号决议《关于加强国家和政府间国际组织登记空间物体的做法的建议》（以下简称《外空物体登记决议》）。该决议从敦促世界各国加入《登记公约》，协调外空物体登记的不同做法，实现外空物体最完整登记，在轨外空物体发生变化之后的做法，外空事务厅以及国家和政府间国际组织登记外空物体问题的沟通与协作等几个方面提出了详尽的操作建议，以期推动更多国家加入《登记公约》并执行和遵守其各项规定。

（四）2013 年《就有关和平探索和利用外层空间的国家立法提出的建议》

2013 年 12 月 11 日，联合国大会通过了第 68/74 号决议《就有关和平探索和利用外层空间的国家立法提出的建议》（以下简称《外空国内立法决议》）。一般认为，1967 年《外空条约》第 6 条关于国家对其非政府实体外空活动批准和持续监督的规定是各国制定国内外空法的主要动力，[①]但之后各国国内的立法在诸多方面出现了不协调的问题，[②]而随着非政府实体在外空

① See Armel Kerrest, *Special Need for National Legislation*: *The Case of Launching*, in Proceedings of the Project 2001 – Workshop on National Space Legislation, 5/6 December 2000, Munich, Germany, p. 25.

② 有关外空国内立法协调的问题首先在欧洲层面引起注意，为此，欧洲学者组织了专门的论坛进行讨论，并发布了相关成果，更多内容可以参见 Micheal Gerhard& Kai-Uwe Schrogl, *Building Blocks for National Space Laws*, in Kai-Uwe Schrogl& Boeckstiegel Karl-Heinz eds., Project 2001 – Legal Framework for the Commercial Use of Outer Space, Carl Heymanns Verlag KG., 2002, p. 556 – 557。

活动中的地位日益突出,在一定程度上协调世界各国的国内外空立法开始变得必要。联合国大会于2004年通过的《适用“发射国”概念》以及于2007年通过的《外空物体登记决议》都试图在某些具体层面协调不同国家国内法,而《外空国内立法决议》则从总体层面提出了各国在颁布本国国内外空法时应考虑的要素。

(五)《空间碎片减缓指南》

除了上述联合国大会通过的决议之外,其他国际机构制定的文件也构成了外空“软法”第二阶段的重要内容,其中最具代表性的是机构间空间碎片协调委员会(Inter-Agency Space Debris Coordination Committee,IADC)制定的《空间碎片减缓指南》(以下简称《IADC指南》)。1993年,美、欧、日、俄四个创始国的外空主管机构正式通过了IADC这一命名,并签订文件确定了其职权范围,[①]截至目前,已有共13个国家和地区的空间活动主管机构加入了IADC。[②] IADC并非联合国框架下机构,而是由主要空间国家自发组成,其组成主体为主要空间国家的外空活动主管机构。因而,从法律性质角度看,IADC并不是国际法意义上的政府间国际组织,而仅为一个机构间论坛。IADC的参与方虽然包括了主要空间国家和地区的外空管理机构,但总体数量有限。IADC框架下制定的《IADC指南》主要规定了空间碎片减缓的技术标准,其覆盖范围包括:限制正常操作期间碎片产生,将在轨解体可能性降至最低,任务后处理以及防止在轨碰撞。[③] 具体的减缓措施围绕这几个方面展开。虽然并非政府间国际组织,但是通过与联合国外空委的合作,IADC制定的技术性标准已经获联合国大会核可,[④]具有普遍适用的意义。

外空“软法”发展的两个阶段虽有较为明显的差异,不过对于两个阶段的划分并没有十分严格标准,例如,1996年《外空合作宣言》既属于第一阶段也属于第二阶段。“软法”第二阶段的所有文件也存在不少差异,例如,《外

① See Johnson Nicholas, *Origin of the Inter-Agency Space Debris Coordination Committee*, *ARES Biennial Report* 2012 *Final*, NASA Technical Reports Server (Jan. 1, 2014), https://ntrs. nasa. gov/citations/20150003818.

② See *Member Agencies List*, IADC, https://www. iadc-home. org/member_agencies_list.

③ See IADC Space Debris Mitigation Guidelines, Issued by IADC Steering Group and Working Group 4, IADC-02-01, Revision 2, March 2020.

④ See International Cooperation in the Peaceful Uses of Outer Space, 22 December 2007, UNGA RES. 62/217.

空合作宣言》具备解释《外空条约》确定的外空国际合作原则的性质,但其他几个文件包括2004年《适用“发射国”概念》,2007年《外空物体登记决议》以及2013年《外空国内立法决议》都明确表明其不构成对联合国各项外空国际条约的权威解释或拟议修订。[①] 但应当承认的是,外空“软法”第二阶段的文件都起到对现有外空国际条约相关规定的深化作用。即便是非联合国框架下的IADC制定的《IADC指南》也在很大程度上完善了《外空条约》中有关外空环境保护的规定。

四、国内单方立法与“小圈子”规则阶段:国内规则与“小圈子”做法对外空国际条约的解释

在外空“软法”发展的第二阶段,联合国外空委便意识到推动制定和协调国内外空法的重要性,这在很大程度上是对非政府实体外空活动发展的回应。但是,以联合国大会决议为主要表现形式的外空“软法”规则仅对现行外空国际条约框架下的相关原则和规则进行了细化,对于很多新问题并未涉及。随着非政府实体对外空活动参与的不断深入,现行国际法规则的滞后性逐渐显现出来。外空国内法以履行外空国际法义务为主要目标,针对日益发展的外空商业化和私营化,其能够操作的空间亦十分有限。而主要缔结于外空2.0时代的外空国际条约存在规定模糊和宽泛的问题,这在另一方面为国内法和其他“小圈子”多边规则提供了解释国际条约的机会。

事实上,在外空“硬法”阶段,以美国为代表的空间强国的国内法对国际规则的影响便有所体现。1958年《美国国家航空与空间法》中诸如外空活动应用于和平目的且应考虑全人类共同利益的规定[②]对1963年《外空法律原则宣言》以及1967年《外空条约》的影响显而易见。近年来,外空商业化和私营化的快速发展则为这种影响的发挥提供了新的条件。

2015年11月,时任美国总统奥巴马签署了《美国外空资源探索与利用

① 例如,2004年决议《适用“发射国”概念》前言中便明确提出,“工作组的结论或本决议概不构成对《登记公约》或《责任公约》的权威性解释,也不是对这些公约提出的修正”。2007年《外空物体登记决议》以及2013年《外空国内立法决议》文本中也都有相同的表述。

② 1958年《美国国家航空与空间法》第102(a)节(修改前所示章节编号)规定:“议会倡导美国空间活动政策应该致力于为了人类利益的和平目的。”

法》(以下简称《2015 外空资源法》),确认美国公民因从事商业开发活动对获取的小行星资源享有包括占有、拥有、运输、使用和销售的权利。[①] 这一做法在国际社会上引起了广泛讨论。显然,无论是 1967 年《外空条约》还是 2013 年《外空国内立法决议》,都没有针对非政府实体的外空自然资源开采活动进行规定。《外空条约》确定的基本原则,例如,为所有国家谋福利与利益,外空不得据为己有以及国际合作等似乎对美国的做法有一定的限制意义,但由于相关原则的内涵过于模糊,很难以之为依据直接判定美国做法的违法性。针对争论最多的外空不得据为己有原则,美国《2015 外空资源法》的反对者认为,《外空条约》明确规定了缔约国对其本国非政府实体行为的国际责任以及批准和持续监督的义务,并且《外空条约》第 2 条明确规定国家不得通过提出主权主张,通过使用或占领,或以任何其他方法,对外空、月球及其他天体据为己有。因此,无论是从缔约国的责任和义务还是从该第 2 条的规定看,即便是非政府实体的行为,同样构成据为己有。[②] 但支持者则认为,依据《外空条约》第 2 条的措辞,其限制的主要行为是国家对于外空和天体的主权主张或据为己有。该条规定在表述方式上是一种公法与私法概念上的神秘混合,如果严格遵照条约措辞,本条应仅禁止缔约国的主权主张,不涉及私人实体的所有权,尤其是对于资源的所有权。[③]《外空条约》的规制对象为外层空间、月球及其他天体,天体与天体资源并非相同概念,如果类比海洋法相关规则,外层空间和天体类似于公海的法律地位,本身不得被占有,而天体资源则类似于公海鱼类资源,所有权归捕获者所有。在海洋法范畴,捕获船只是私人所有还是政府所有并不构成主张所有权的限制条

① U. S. Commercial Space Launch Competitiveness Act Title IV: Space Resource Exploration and Utilization, 114 90, 25 November 2015.

② See Steven Freeland& Ram Jakhu, *Art. II of the Outer Space Treaty*, in Stephan Hobe, Bernhard Schmidt-Tedd& Kai-Uwe Schrogl eds., Cologne Commentary on Space Law (Vol. I), Carl Heymanns Verlag 2008, p. 50 – 55.

③ See Stephan Hobe, *Adequacy of the Current Legal and Regulatory Framework Relating to the Extraction and Appropriation of Natural Resources*, in Policy and Law Relating to Outer Space Resources: Example of the Moon, Mars and Other Celestial Bodies Workshop Proceedings, McGill University, 2006, p. 204. See also: Alan Wasser&Douglas Jobes, *Space Settlements, Property Rights, and International Law: Could a Lunar Settlement Claim the Lunar Real Estate It Needs to Survive?*, Journal of Air Law and Commerce, Vol. 73, p. 43 – 46(2008).

件。[1] 即便学术界存在这样的争论,至今为止,并没有权威机构明确认定美国《2015 外空资源法》的违法性。美国立法通过之后,不少其他国家开始效仿美国做法通过本国国内立法,其中具有代表性的是卢森堡于 2017 年通过的《卢森堡探索和利用外空资源法》。[2] 美国等国的国内立法有可能会构成对现行外空国际条约的相关规定的解释,[3]进而影响其他国家外空活动的开展及外空规则的制定。

美国制定《2015 外空资源法》的直接原因是其国内私营公司在外空自然资源,尤其是小行星自然资源探索和开发领域业务拓展对稳定法律环境的需要。但是在法案通过之后,此前雄心勃勃的行星资源公司以及深空工业等相继被收购,[4]其业务方向也随之转变。对于小行星矿产资源开发国内立法的讨论也逐渐归于平静。然而,值得注意的是,美国《2015 外空资源法》虽然主要关注小行星自然资源开发,但在定义界定章节,其同时阐释了“小行星资源”和“外空资源”两个术语的概念。这便为更广义层面的外空资源,例如,对月球自然资源的开发奠定了法律基础。

2020 年 10 月 13 日,包括美国、英国以及日本在内的 8 个国家签订了美国提出的《阿尔忒弥斯协定》,[5]迄今为止,该协定已有 43 个签字国,但不包括中国和俄罗斯。[6]《阿尔忒弥斯协定》是美国在新一轮探月热潮背景下重返月球的最重要的法律基础。正如其前言中所阐释的,阿波罗计划的实施惠益了全人类,在阿波罗计划传奇的基础上,阿尔忒弥斯计划期待实现更为宏伟的目标,包括将人类第一位女性和下一位男性送上月球以及建立人类

① See Kfir Ian Perry, *Title IV of the U. S. Commercial Space Launch Competitiveness Act of* 2015, in IISL Proceedings of the International Institute of Space Law 2016, Eleven International Publishing, 2017, p. 172.

② Law on the Exploration and Use of Space Resources, 20 July 2017.

③ 参见聂明岩:《美国允许私人实体外空采矿立法对国际及国内法发展的影响》,载《西部法学评论》2018 年第 1 期。

④ See Jeff Foust, *Asteroid Mining Company Planetary Resources Acquired by Blockchain Firm*, Space News (Oct. 31, 2018), https://spacenews.com/asteroid-mining-company-planetary-resources-acquired-by-blockchain-firm/. See also Jeff Foust, *Deep Space Industries Acquired by Bradford Space*, Space.com (Jan. 6, 2019), https://www.space.com/42906-deep-space-industries-acquired-by-bradford-space.html.

⑤ See Almudena Azcárate Ortega, *Artemis Accords: A Step Toward International Cooperation or Further Competition?*, Lawfare (Dec. 15, 2020), https://www.lawfareblog.com/artemis-accords-step-toward-international-cooperation-or-further-competition.

⑥ 关于《阿尔忒弥斯协定》签字国的相关内容,参见 *The Artemis Accords*, NASA, https://www.nasa.gov/specials/artemis-accords/index.html。

对太阳系的可持续性探索。

《阿尔忒弥斯协定》并非国际条约，而是由美国提出，其他国家签字参加的具有政治承诺性质的文件。[①] 不考虑法律性质的差异，单从签字国数量看，《阿尔忒弥斯协定》的认可度已经超过了具备国际法约束力的《月球协定》。随着美国阿尔忒弥斯探月计划的稳步开展，《阿尔忒弥斯协定》的影响力可能会继续加强。但如上所述，作为新一轮探月活动的重要参与者，中国以及俄罗斯并非《阿尔忒弥斯协定》的签字国，而目前在外空活动尤其是月球探索与开发活动中，中、俄与美、欧呈现竞争关系，[②]短期内很难达成一致，以及推动中、俄加入《阿尔忒弥斯协定》或者制定新的多边国际规则。因此，《阿尔忒弥斯协定》这一带有"小圈子"多边主义色彩的规则会在今后相当一段时间内影响探月活动的开展。随着相关活动的深入，《阿尔忒弥斯协定》的规定可能会逐步改变国际社会对相关规则的认知，从而在客观上起到塑造和解释现行外空国际规则的作用。

作为外空法发展的一个阶段，国内单方立法和"小圈子"规则得以出现的原因是多方面的，除了外空商业化与私营化发展的客观要求之外，外空"硬法"规则的难产、外空"软法"规则日益硬化以及逆全球化思潮的兴起等都是十分重要的影响因素。从客观影响看，单方立法和"小圈子"规则挑战了现行国际法的相关规定，但同时也可以起到推动国际规则更新、完善的作用。

总体而言，外空法经历了从"硬法"到"软法"再到"国内单边立法与'小圈子'规则"的发展阶段，其所关注的内容也经历了从相对宽泛到具体的发展历程。不过，几个阶段的发展也并非完全独立，"硬法"、"软法"和"国内法"在大多数时间是交叉共存的状态，因此，不能将某一阶段单独对待。从

① 《阿尔忒弥斯协定》第1条对该协定的目的进行了阐释，也从侧面对该协定的性质进行了说明，依照规定："本协定的目的，是通过一套实用的原则、指导方针和最佳实践，建立一个共同愿景，增进对外层空间进行民用探索和利用的治理，意在推进阿尔忒弥斯计划。在外层空间开展活动时遵守一套实用的原则、指导方针和最佳做法，旨在提高运营安全性、减少不确定性并促进全人类可持续地、有益地利用空间。协定代表了对其中所述原则的政治承诺，许多原则为在运营上履行《外空条约》和其他文书中包含的重大义务，提供了规定。"

② 关于中、俄与美国等之间月球探索与开发项目的竞争的介绍与分析可以参见《中俄将签协定合建月球科研站：联手在航天领域与美国竞争》，载联合早报，https://www.kzaobao.com/cngov/2022-01/29109478.html。

目前发展情况看，外空“硬法”处于停滞状态，外空“软法”也面临愈加难以得到普遍认可的挑战，国内单边立法和“小圈子”规则虽仍在理论上以现行外空国际法原则和规则为基本遵循，但随着外空活动的日益复杂，其可能愈加背离现行规则。这种逆全球化环境催生的发展阶段本质上与外空合作原则背道而驰。从长远看，推动制定具有真正多边意义的国际规则仍是维护外空活动开展以及外空合作的最佳选择。

第三节　作为外空法基本原则的外空国际合作：内涵、实践及其法律规制特征

第二次世界大战之后，全球化进程加快，和平与发展成为时代的主题。国际合作是促进经济发展、实现和平与稳定的重要手段。开展国际合作能够取长补短，无论是应对危机还是创造未来，世界各国都应在合作中创造机遇、破解难题。[①] 在国际经济领域，合作更多地与竞争相对应。但是在涉及更为广泛和复杂利益的国际政治和军事领域，与合作对应的可能是竞赛、排斥、威胁以及制裁等。一方面，外空是人类生存发展的第四空间，具有重大经济意义；另一方面，外空也是世界各国重视的战略制高点，对于国家安全保障具有重要意义。因此，无论是从经济还是政治、军事角度看，开展外空国际合作都是十分必要的。1963 年《外空法律原则宣言》以及 1967 年《外空条约》确定了外空国际合作的基本法律原则，在后续的外空活动中，世界各国也发展出了不同的合作模式。本节针对外空国际合作的内涵、实践以及其相关法律规制的特征进行初步分析，以期为后文研究奠定基础。

一、外空国际合作的内涵界定

1963 年《外空法律原则宣言》与 1967 年《外空条约》确定了外空和平利用法律原则。在针对该原则的具体规定中，外空国际合作这一术语虽未被直接提及，但如若希望达成外空和平利用的目标，推动不同国家之间的合作

---

① 参见贾平凡：《开放合作共赢是人类发展永恒主题》，载光明理论，https://theory.gmw.cn/2022-01/01/content_35422072.htm。

则是必然措施。因此,外空国际合作的一项重要意旨在于寻找外空和平利用的具体路径。经过国际社会多年探索,防止外空军备竞赛与武器化是目前最为突出的推动外空和平利用的议题。因此,在防止外空军备竞赛与武器化方面的合作是外空国际合作的第一重含义。

对于外空国际合作的直接规定,1963 年《外空法律原则宣言》序言中指出:“希望宣言的制定对和平探索和利用外层空间的科学和法律方面的广泛的国际合作作出贡献。并深信这种合作有助于促进相互了解,加强各国和各民族之间的友好关系。”《外空法律原则宣言》正文第 6 项再次明确提及外空国际合作,要求:“各国探索和利用外层空间时遵守合作和互助原则,各国外空活动应妥善考虑其他国家的利益。如果一国外空活动有可能对他国活动产生有害干扰,则应开展磋商。” 1967 年《外空条约》几乎将《外空法律原则宣言》的上述规定全部纳入,同时对于外空活动方面的国际合作做了进一步规定,不过总体差异不大。[①] 依照上述规定,科学、法律和外空活动构成外空国际合作的另一重内涵。但是,值得探讨的问题是,《外空法律原则宣言》包括《外空条约》是否全面、综合地阐释了外空国际合作的所有内容?制定于外空 2.0 时代的规则阐释的外空国际合作内涵是否可以应对外空 3.0 时代与外空 4.0 时代发展的要求?

首先,关于防止外空军备竞赛与武器化,外空国际合作原则更多的是为世界各国开展具体谈判塑造一个协商、对话的环境。各国只有秉持合作理念,才有可能达成一致意见,从而避免冲突。而一旦一项协议得以通过,各国同样需要秉持合作、协调的理念,才能保障协议的各项规则予以实施。从目前防止外空军备竞赛与武器化的协议谈判实践看,1979 年成立的裁军谈判会议(以下简称“裁谈会”)是最重要的国际谈判平台。[②] 2008 年 2 月,中国与俄罗斯联合向裁谈会第 1089 次全体会议提交了《防止在外空放置武

① 有关《外空条约》对外空合作规定的分析,参见本书第三章的相关内容。

② 裁军谈判会议是国际社会唯一的多边裁军谈判论坛,其职权范围几乎包括所有多边军控和裁军问题。目前,裁军谈判会议主要注意的问题包括:停止核军备竞赛和核裁军;防止核战争及一切相关事项;防止外层空间的军备竞赛;有效的国际协议以保证不对无核国家使用或威胁使用核武器;新型大规模毁灭性武器和包括放射性武器在内的武器新系统;综合裁军方案和军备透明度。关于裁军谈判会议的更多信息,可以参见 https://www.un.org/zh/aboutun/structure/cd/。

器、对外空物体使用或威胁使用武力条约(草案)》(以下简称《PPWT 草案》),[①]此后,诸多国家针对《PPWT 草案》的相关内容展开了广泛讨论,并针对其存在的问题提出了建议。在广泛吸收世界各国意见的基础上,2014 年 6 月,中、俄在裁谈会第 1319 次会议上正式介绍了更新的《PPWT 草案》案文。[②]《PPWT 草案》的提出对于推动防止外空军备竞赛与武器化国际合作有重要意义,然而,相较于《PPWT 草案》这种"硬法"规则,美国、欧洲各国更加推崇"软法"模式。[③] 此外,近年针对外空军备控制问题美国、欧洲多国逐渐认同对外空负责任行为的认定,[④]防止外空军备竞赛与武器化从"物控"向"行为控"转变,[⑤]换言之,期待在国际层面达成有关外空军控的一致意见,实现该领域的国际合作仍旧任重道远。[⑥]

其次,关于科学与法律方面的合作,1963 年《外空法律原则宣言》与 1967 年《外空条约》都明确提出"推动外空科学和法律方面的合作有助于促进了解,加强友好关系",但两个文件,尤其是 1967 年《外空条约》并未将此类合作作为义务进行明确规定。对于世界各国而言,在外空科学和法律上的合作更多的是一种道义上的责任。随着国际经济新秩序的建立,外空科学包括技术层面的合作在发展中国家和发达国家间产生了分歧。对此,1996 年《外空合作宣言》进行了一定程度的协调。法律层面的合作自外空活动发展最初便已经是世界各国的共识。通过各国的合作与协调,外空法至目前为止经历了四个发展阶段。在法律层面,开展合作是制定、完善外空法的方式,同时也是保障外空活动和平与安全,从而进一步促进外空活动合作的有效措施。不过,纵观外空法发展的四个阶段,法律方面的合作呈现愈加松散的态势,尤其第四阶段出现的国内单方立法与"小圈子"多边规则的方

---

① 参见《裁军谈判会议提交联合国大会的报告》,CD/1853,第 40 段,2008 年 9 月 9 日。

② 参见《裁军谈判会议提交联合国大会的报告》,CD/2004,第 42(b)段,2014 年 9 月 10 日。

③ 在外空军控问题上,关于"硬法"和"软法"规则的优劣以及不同国家的不同立场的讨论由来已久,相关论述可以参见 Fabio Tronchetti, *A Soft Law Approach to Prevent the Weaponization of Outer Space*, in Irmgard Marboe ed. ,Soft Law in Outer Space,Boehlau Verlag,2012,p. 361 – 386。

④ 参见《通过负责任行为准则、规则和原则减少空间威胁》,A/RES/76/231,2021 年 12 月 30 日。

⑤ 参见王国语:《美国〈外空防务战略〉对外空军控国际规则博弈的影响分析》,载《太平洋学报》2021 年第 3 期。

⑥ 本书重点关注外空合作的科学、法律及活动方面,对于防止外空军备竞赛与武器化合作问题,仅在本小节做简要介绍、分析,关于该问题的详细分析,可以参见聂明岩:《外空安全国际法保障研究:以"人类命运共同体"理论为视角》,中国政法大学出版社 2023 年版,第 64 ~ 117 页。

式，在本质上已经偏离了外空国际合作原则。

最后，在外空活动方面的合作，1963 年《外空法律原则宣言》与 1967 年《外空条约》将外空国际合作与互助并列提及，对于各国的要求也围绕避免有害干扰以及其他的必要协助展开。这些规定虽然可以在某种程度上协调外空活动，但对于具体外空活动合作的开展仍显不足。随着科学技术的不断进步，外空活动的参与主体、组织模式、探索与开发领域等多个层面都发生了深刻变化。外空 3.0 时代出现了区域外空合作以及基于特定项目而开展的合作，外空 4.0 时代以非政府实体对外空活动的广泛参与为特征，不同政府实体间、政府实体与非政府实体间、非政府实体相互之间也产生了多种外空合作模式，并由此衍生一系列的法律问题，这在现行国际规则中都未予涉及，需要制定新的规则予以应对。总的来说，关于外空活动的合作已经从最初的偏重于协助意义上的合作逐步发展为具有实质意义的外空经济领域的合作。

综上所述，从法律视角看，合作这一术语本身便十分难以界定，而将之置于外空这一框架背景下，其内涵则更加复杂。作为 1963 年《外空法律原则宣言》以及 1967 年《外空条约》确定的外空法基本原则之一，外空国际合作的内涵随着外空活动以及外空法的发展而逐渐丰富和多元。总的来说，以防止外空军备竞赛与武器化为目的而推动的外空国际合作是保障外空活动安全、稳定、长期与可持续发展的前提，是开展其他层面合作的基础；外空科学、技术以及具体活动领域的国际合作是满足人类社会探索和利用外层空间的目标的条件，是外空国际合作的最重要内容；外空法律合作以构建外空法治化环境为目标，其本身是外空国际合作的目的，同时也是规制外空活动、保障所有层面的外空国际合作稳步开展的重要依托。

二、外空国际合作的主要实践及其法律规制特征

上文以外空活动和外空法发展为依据，将外空国际合作的内涵做了简要分析。不过应该明确的是，外空国际合作的几个方面并非完全割裂，而是相互依存，且在很多方面存在重合之处。[①] 在具体的外空国际合作实践中，

① See Rudolf Dolzer, *International Cooperation in Outer Space*, Zeitschrift für ausländisches öffentliches Recht und Völkerrecht (ZaöRV), Vol. 45, p. 534 (1985).

外空科学技术、外空法与外空活动往往同时开展，只不过在不同的国际合作框架下有不同的侧重点。本部分简要概述外空国际合作的现有实践并分析其法律规制特征。

其一，全球性外空合作。在人类实际具备外空活动的外空2.0时代，虽然仅有美、苏两大强国具备外空发射能力且两者处于竞争与竞赛的冷战之中，但也就在此时，外空国际合作作为基本原则被确定，而合作的主要形式便是全球性合作。在美、苏两国的推动下，联合国大会于1959年建立了联合国外空委。联合国外空委从外空安全保障、科学技术、法律以及具体项目领域全面推动外空合作，是国际层面最重要的外空合作机制。在外空活动成为可能后，成立于1865年、致力于促进国际通信网络互联互通的国际电信联盟于1963年召开空间行政特别大会，[①]为各种业务划分频率。后来召开的大会进一步划分了频率，并制定了有关卫星使用轨道位置的规则。[②] 国际电信联盟的全球成员包括193个成员国以及包括公司、大学、国际组织及区域组织在内的约900个成员，[③]是全球最重要的通信合作组织，当然也是协调卫星通信合作的最重要平台。除联合国外空委与国际电信联盟之外，全球层面还有诸多其他政府间和非政府间国际组织致力于从不同角度推动促进外空国际合作的开展。

其二，区域性外空合作。地理上的临近以及政治、经济、社会和文化背景的相同或相似为区域合作的开展提供了便利因素。但是从人类社会数千年的发展历史看，这些便利因素在很多时候也是破坏因素和阻碍因素。对于外空这一极具战略意义的领域而言，是否能够成功开展区域合作的影响因素则更为复杂。从现有实践看，欧洲地区的欧空局是区域外空合作的典范。[④] 其他地区如亚洲、非洲、拉丁美洲等也相继探索并建立了本地区外空

---

① See *Extraordinary Administrative Radio Conference to Allocate Frequency Bands for Space Radiocommunication Purposes* (*Geneva*, 1963), ITU, https://www.itu.int/en/history/Pages/RadioConferences.aspx? conf = 4.89.

② 参见《国际电信联盟简史》，载 https://search.itu.int/history/HistoryDigitalCollectionDocLibrary/12.28.71.zh.pdf。

③ 参见《国际电信联盟(ITU)简介》，载 https://www.itu.int/zh/about/Pages/default.aspx。

④ 欧空局合作模式以及其合作成就的研究成果并不少见，相关论述可以参见 Roger M. Bonnet& Vittorio Manno, *International Cooperation in Space: The Example of the European Space Agency*, Harvard University Press, 1994。

合作机制,与欧空局相比虽尚有差距,但也取得了一定的成就。

其三,以项目为基础的外空国际合作。国际空间站的建设以及围绕国际空间站项目创设的外空规则的成功实施是外空 3.0 时代的一个重要特征。国际空间站以及其法律制度一度成为以项目为基础的外空国际合作实践的典范。然而,国际空间站合作项目之后,国际社会在很长一段时间未再建立类似合作项目。直至美国重返月球计划提出以及阿尔忒弥斯项目的启动,以项目为基础的外空国际合作实践似乎将在月球探索和开发这一领域重新开启。只不过如今外空活动已经发展到了外空 4.0 时代,阿尔忒弥斯项目能否再现国际空间站的辉煌犹未可知。值得注意的是,无论是国际空间站还是阿尔忒弥斯项目,都是美国主导发起的,且中国都不是参与国。当然,这与两国在外空领域的复杂关系有关。然而,也就是在这样的背景下,中国航天人发扬航天精神,独立自主地建设中国空间站,并邀请世界所有国家共同参与。[①] 此外,中国与俄罗斯合作,发起国际月球科研站项目,同样向世界所有国家开放。[②] 目前,这些项目的建设都在稳步进行中,随着建设进程的深入,相应的法律机制也将愈加完善,成为以项目为基础的外空国际合作的立法典范。

其四,外空商业国际合作。从外空活动发展进程看,当前正处于外空 4.0 时代。这一时代的主要特征是非政府实体对外空活动的广泛参与。外空活动主体的多元化加之外空活动发展的综合化,为外空商业国际合作的开展提供了良好的发展契机。从国际层面看,以政府实体和非政府实体为主开展的外空商业国际合作都有了相应的实践。外空商业国际合作的模式、主要领域、突出问题以及法律框架等也逐渐清晰。当然,无论是外空 4.0 时代还是外空商业国际合作都处于发展的初级阶段,未来仍有诸多问题需要解决。

结合前文对外空活动以及外空法的发展历程的介绍,外空国际合作的

① 参见《携手翱翔太空 谋求共同利益——中国与联合国共邀各国参与中国空间站空间科学实验与应用国际合作》,载中国载人航天信息工程网,https://www.cmse.gov.cn/gjhz/201805/t20180530_23740.html。

② 参见《国际月球科研站合作伙伴指南》,载国家航天局 2021 年 6 月 16 日,https://www.cnsa.gov.cn/n6758823/n6758838/c6812147/content.html。

法律规制特征可总结如下。其一,规制外空国际合作的法律形式多元,既包括国际法也包括国内法。全球性外空合作和以项目为基础的外空国际合作主要以国际法为主,区域外空合作与外空商业国际合作除国际法之外还涉及国内法。其二,规制外空国际合作的法律性质多样,既包括“硬法”“软法”,还涉及具有政治承诺性质的其他协议。在全球性外空合作框架下,相关法律既包括具有法律约束力的国际条约,也包括联合国大会决议和国际组织文件等“软法”规则。以项目为基础的外空国际合作(如阿尔忒弥斯项目)框架下则存在政治承诺性质协议等。其三,规制外空国际合作的法律内容多样,既涉及与外空军备竞赛与武器化等军事方面的内容,也涉及科技、法律合作等民事方面的内容,同时还涉及因外空商业国际合作发展而出现的经济和商业方面的内容等。

第四节 本章小结

外空活动的发展经历了外空 1.0 时代至外空 4.0 时代。从人类社会具备真正探索和开发外空技术的外空 2.0 时代开始,国际合作便作为一项基本法律原则指导外空活动的开展。外空国际合作活动呈现多元化特征,而这些合作活动的开展需要法律规则予以规制。从外空法的发展历程看,其同样可以分为四个阶段,这四个阶段虽无法与外空活动发展的四个阶段一一对应,但在很大程度上反映了外空活动包括外空国际合作发展的特征。本章对外空活动发展的四个阶段进行剖析,以现行外空法为基础,同时结合外空合作实践情况,对外空国际合作这一外空基本法律原则的内容进行了初步界定,将之总结为全球性外空合作、区域外空合作、以项目为基础的外空国际合作和外空商业国际合作四个类型,并分析了外空国际合作法律规制的特征。下文将分别围绕几个不同类型的外空国际合作展开论述。

第二章

全球性外空合作框架与法律规制

以联合国外空委为代表的外空国际合作机制是最重要的全球性外空合作框架。联合国外空委推动制定了目前仍是外空活动和外空国际合作基本遵循的系列国际条约、基本原则等，奠定了外空活动、外空法和外空国际合作发展的基础。除联合国外空委外，致力于外空专门领域国际合作的机制（如国际电信联盟等）同样形成了相对完善的法律规制体系。此外，诸多其他政府间和非政府间机构对于推动外空国际合作同样有重要意义。本章对具有代表性的全球性外空合作框架进行介绍，对规制全球性外空合作的法律规则进行分析，并讨论其存在的不足与面临的挑战。

第一节　联合国外空委及其推动制定的规制全球性外空合作的法律规则

一、联合国外空委对推动全球性外空合作的贡献、不足及面临的挑战

（一）联合国外空委的建立、构成与主要职能

人类社会具备外空发射能力之初，联合国便意识到参与协调各国外空活动对于保障外空和平利用和合作的必要性。1958 年 12 月 13 日，联合国大会首次通过了与外空活动相关的大会决议。[①] 该决议认识到对外空的充分开发与利用将造福全人类，并对此前国际地球物理年关于外空探索科学

① 参见《外空之和平使用问题》决议，RES/1348（XIII），1958 年 12 月 13 日。

合作的成功进行肯定,提出将延续此类合作,同时确认国际合作不仅对和平研究与利用外空至关重要,且有利于促进各国人民之间的了解,巩固各国人民的友好关系。另外,该决议明确指出现阶段可以做的一个重要贡献便是在联合国体制内设立一个国际机构,以推动外空科技合作与和平利用。与此同时,该决议设立了由 18 个成员国组成的和平利用外层空间特设委员会以讨论外空探索的科技与法律层面的问题。[①] 1959 年 5 月 6 日,和平利用外层空间特设委员会第一次会议在联合国总部召开,推动和平、有序利用外层空间的工作迈出了第一步。[②] 1959 年 12 月 12 日,由 24 个成员国组成的联合国外空委便作为常设性机构正式成立。[③] 随着时间推移,其成员国数量也不断增长,至今为止,联合国外空委共有 100 个成员国,是联合国框架下最大的委员会之一,此外,还有诸多政府间和非政府间国际组织拥有联合国外空委观察员地位。[④] 联合国外空委是联合国大会下属的唯一专注于外空和平利用合作的委员会,为国际社会供了一个监督和讨论外空活动发展的平台,以有效应对因技术进步、政治发展而对外空活动产生的影响。1961 年 11 月 27 日,在联合国外空委召开的第一次会议上,科技小组委员会和法律小组委员会作为外空委的下设机构建立。[⑤] 此外,联合国外空事务厅也对外空委的工作进行支持和服务,除对联合国外空委的工作进行支持和服务外,外空事务厅还实施了与外空科技、法律与政策相关的多个项目。[⑥]

联合国外空委包括其两个小组委员会的目标是增强外空活动的法律规制从而促进外空和平利用的合作,支持国家、区域和全球层面,包括联合国

① 组成和平利用外层空间特设委员会的成员国包括阿根廷、澳大利亚、比利时、巴西、加拿大、捷克斯洛伐克、法国、印度、伊朗、意大利、日本、墨西哥、波兰、瑞典、苏联、阿联酋、英国与美国。参见《外空之和平使用问题》决议,RES/1348(XIII),1958 年 12 月 13 日。

② See *First Meeting of the Ad Hoc United Nations Committee on the Peaceful Uses of Outer Space*, UNOOSA, https://www.unoosa.org/oosa/en/timeline/index.html.

③ 这些成员国包括:阿尔巴尼亚、阿根廷、澳大利亚、奥地利、比利时、巴西、保加利亚、加拿大、捷克斯洛伐克、法国、匈牙利、印度、伊朗、意大利、日本、黎巴嫩、墨西哥、波兰、罗马尼亚、瑞典、苏联、阿联酋、英国与美国《和平利用外层空间的国际合作》决议,A/RES/1472(XIV),1959 年 12 月 12 日。

④ See *Members of the Committee on the Peaceful Uses of Outer Space*, UNOOSA, https://www.unoosa.org/oosa/en/members/index.html.

⑤ See *First Meeting of the Permanent Committee on the Peaceful Uses of Outer Space*, UNOOSA, https://www.unoosa.org/oosa/en/timeline/index.html.

⑥ See *History of the United Nations Office for Outer Space Affairs*, UNOOSA, https://www.unoosa.org/oosa/en/aboutus/history/index.html.

体系下和其他国际机构从外空科学技术及其应用中获得最大利益。换言之,联合国外空委致力于在外空活动的所有层面促进外空国际合作的一致性与协同。联合国外空委每年召开会议,针对外空活动的诸多问题进行讨论。近年来,其主要讨论议题包括外空和平利用及其管理、轨道运营安全、空间碎片、空间天气、小卫星威胁、在外空安全使用核动力、气候变化、水管理、全球导航卫星系统以及与国际外空法和国内外空立法相关的问题。[①]

2018 年 6 月,为庆祝第一次联合国探索与利用外层空间会议召开 50 周年,世界各国齐聚维也纳,召开了"外空会议 +50"(UNISPACE +50)高级别会议,此次会议是进入 21 世纪以来召开的第一次全球层面的外空峰会,会议确定的 7 个优先主题是联合国外空委包括其小组委员会以及外空事务厅今后工作的重点,[②]对于世界各国家、地区和相关国际组织今后若干年的外空活动与外空国际合作的发展也有重要意义。另外,此次会议通过的决议草案提出在"外空会议 +50"成果的基础上,拟定"空间 2030"议程及其执行计划。该会议指出,"空间 2030"议程和执行计划的执行对于在世界各国、政府间组织和非政府组织、行业界以及私营实体部门之间建立全球伙伴关系和加强合作尤为重要。[③] 此后,依据联合国大会于 2018 年 10 月 26 日通过的决议,[④]联合国外空委成立了"空间 2030"议程工作组。2021 年,工作组完成了"空间 2030"议程拟定,经由联合国外空委核可后提交联大,[⑤]2021 年 10 月 25 日,联合国大会决议通过了《"空间 2030"议程:空间作为可持续发展的驱

---

① See *Committee on the Peaceful Uses of Outer Space and its Subcommittees*, UNOOSA, https://www.unoosa.org/oosa/en/ourwork/copuos/comm-subcomms.html.

② "外空会议 +50"确定的七个优先主题为:空间探索和创新全球伙伴关系、当前和今后对外层空间和全球治理法律制度的看法、加强空间物体和事件信息交流、空间天气服务国际框架、加强空间合作增进全球健康、就争取实现低排放和有恢复力的社会开展国际合作和为 21 世纪开展能力建设。参见《纪念第一次联合国探索及和平利用外层空间会议五十周年:空间作为可持续发展的驱动因素的决议草案》, A/AC.105/L.313,2018 年 5 月 16 日。

③ 参见《纪念第一次联合国探索及和平利用外层空间会议五十周年:空间作为可持续发展的驱动因素的决议草案》,A/AC.105/L.313,2018 年 5 月 16 日。

④ Fiftieth Anniversary of the First United Nations Conference on the Exploration and Peaceful Uses of Outer Space: Space as A Driver of Sustainable Development, A/RES/73/6, 31 October 2018.

⑤ See *Committee on the Peaceful Uses of Outer Space endorses the "Space2030" Agenda and Advances Its Agenda on Several Key Items*, United Nations: Information Service Vienna (Sep. 7, 2021), https://unis.unvienna.org/unis/en/pressrels/2021/unisos557.html.

动因素》(以下简称《"空间2030"议程》)。[①]《"空间2030"议程》提出了联合国成员国开展外空活动应追求的四个目标,包括:其一,提高天基经济效益,加强空间部门作为可持续发展主要驱动因素的作用;其二,利用空间的潜力解决日常挑战,并利用与空间有关的创新提高生活质量;其三,改善所有各方进入空间的机会,确保所有国家都能从空间科学和技术的应用以及从天基数据、信息和产品中获得社会经济惠益,从而支持实现可持续发展目标;其四,在和平利用外层空间和全球治理外层空间活动方面建立伙伴关系并加强国际合作。四项目标围绕外空经济、社会、利用以及外交展开,既相互独立又相互影响,对未来外空活动发展具有重要的指导作用。

联合国外空委科技小组委员会每年召开一次为期两周的会议,重点关注外空活动科学与技术领域的问题,主要议题围绕空间天气、近地外空物体、外空科技的应用与社会经济发展、灾害治理支持、全球导航卫星系统以及外空活动长期可持续性等几个方面展开。[②] 科技小组委员会目前下设四个工作组。(1)外空与全球健康工作组对应《"空间2030"议程》的第二个总体目标,致力于通过空间科学、技术的应用推动诸如空间生命科学和远程保健、远程医疗和远程流行病学等数字保健技术;预防及控制疾病和全球健康;促进提高人类健康、环境健康、动物健康和食品来源和供应;以及医学研究和健康实践方面的发展和进步。[③] (2)全体工作组成立于1986年12月3日,[④]其最初目标是评价联合国第二次和平探索和利用外层空间会议(UNISPACE-Ⅱ)提出的倡议的执行,目前,其负责的事务包括在联合国可持续发展会议2015后发展议程[⑤]框架背景下利用外空技术促进社会经济的

---

① 参见《"空间2030"议程:空间作为可持续发展的驱动因素》,A/RES/76/3,2021年10月28日。

② See *Committee on the Peaceful Uses of Outer Space and its Subcommittees*, UNOOSA, https://www.unoosa.org/oosa/en/ourwork/copuos/comm-subcomms.html.

③ 参见《关于空间与全球健康的决议草案》,A/AC.105/C.1/L.402,2021年9月2日。

④ International Cooperation in the Peaceful Uses of Outer Space, A/RES/41/64, 3 December 1986.

⑤ 2015年,150多位世界领导人齐聚纽约联合国总部,召开了为期3天的可持续发展峰会,正式通过一项目标远大的可持续发展新议程。该新议程称作《变革我们的世界:2030年可持续发展议程》,包括1项宣言、17个可持续发展目标和169个具体目标。新议程旨在寻找新的方式改善全世界人民的生活、消除贫困、促进所有人的健康与福祉、保护环境以及应对气候变化。《变革我们的世界:2030年可持续发展议程》便是联合国通过的关于2015年后发展议程的联合国首脑会议成果文件。参见《变革我们的世界:2030年可持续发展议程》A/RES/70/1,2015年10月21日。另参见《联合国可持续发展峰会》,载联合国2015年9月,https://www.un.org/zh/conferences/environment/newyork2015。

发展等。(3)在外空使用核动力源工作组致力于外空核动力源安全使用问题,2009 年,工作组与国际原子能机构共同发布《外层空间核动力源应用安全框架》,其目的在于以示范安全框架的形式提供高级指导,为制定国家和国际政府间安全框架奠定基础。[①] 目前,工作组的工作包括推动《外层空间核动力源应用安全框架》的执行;通过成员国和国际政府间组织的报告的方式,在工作组内讨论其在加强《核动力源使用原则》的技术内容和范围方面知识、实践与潜力。[②] (4)外空活动长期可持续性工作组成立于 2010 年,[③]其宗旨为制定提升外空活动可持续性,减少外空活动风险的行为准则。2011 年,联合国外空委通过了科技小组委员会《外空活动长期可持续性工作组职权范围和工作方法》文件,[④]确定了工作组的职权范围、目标与产出、范围、工作方法以及工作计划等内容。[⑤] 此后,工作组开展起草《外空活动长期可持续性准则草案》,该草案经科技小组委员会多次会议讨论后,[⑥]联合国外空委于其第 59 届会议对其内容展开商谈,并对其中部分准则内容达成一致意见,形成了第一套准则,[⑦]在此基础上,联合国外空委将工作组的任务授权延长两年,以期拟定将同序言案文和第一套准则合并的第二套准则,构成整套准则简编,由联合国外空委通过,并提交“外空委会议 +50”同时举行的 2018

① See Safety Framework for Nuclear Power Source Applications in Outer Space, A/AC. 105/934, 19 May 2009.

② See *Working Group on the Use of Nuclear Power Sources in Outer Space*, UNOOSA, https://www.unoosa.org/oosa/en/ourwork/copuos/stsc/nps/index.html.

③ See Report of the Scientific and Technical Subcommittee on Its Forty-seventh Session, A/AC. 105/958, 11 March 2010.

④ 参见《和平利用外层空间委员会的报告》,第 149 段,A/66/20,2011 年 6 月 20 日。

⑤ 参见《科学和技术小组委员会外层空间活动长期可持续性工作组的职权范围和工作方法》,载《和平利用外层空间委员会的报告》,附件二,A/66/20,2011 年 6 月 20 日。

⑥ 关于《外空活动长期可持续性准则草案》的制定和讨论进展过程,可以参见《科学技术小组委员会第五十一届会议报告》,第 195 ~ 222 段,A/AC. 105/1065,2014 年 3 月 4 日;《科学技术小组委员会第五十二届会议报告》,第 223 ~ 242 段,A/AC. 105/1088,2015 年 2 月 27 日;《科学技术小组委员会第五十三届会议报告》,第 217、221、224 ~ 248 段,A/AC. 105/1109,2016 年 3 月 9 日;《科学技术小组委员会第五十四届会议报告》,第 242 ~ 273 段,A/AC. 105/1138,2017 年 2 月 21 日。

⑦ 参见《和平利用外层空间委员会报告》,第 129 ~ 138 段,A/71/20,2016 年 6 月 27 日。

年联合国大会。[1] 2019年6月，联合国外空委通过了更新后的《外空活动长期可持续性准则》。[2] 该准则是目前国际社会推动实现外空交通国际治理的重要基础。[3]

与科技小组委员会类似，外空委法律小组委员会每年也会召开为期两周的会议，该委员会主要关注与外空探索和利用相关的法律问题。法律小组委员会的主要议题包括外空五大条约的地位和适用、外空的概念与划界、国内外空立法、空间碎片减缓的法律机制以及和平探索和利用外空的国际合作机制等。法律小组委员会下设三个工作组。[4] (1)联合国五项外层空间条约的现状与适用情况工作组。该工作组负责对外空国际条约现状、实施以及阻碍条约被广泛接受的因素进行研究，以推动条约的进一步发展。具体包括对“发射国”概念的执行和援用的处理；对《月球协定》相关事宜（如其优势、仍需进一步厘清的原则和规则等）进行审查；对条约缔约国履行国际责任与赔偿责任机制包括相关机制下“过错”和“损害”的概念进行审查；对外空物体登记，包括其所有权、管辖权和控制问题进行审查等。[5] (2)与外空定义与定界有关事项工作组。该工作组关注空气空间与外层空间划界以及外空定义这一自人类外空活动开始以来便存在争议的问题。[6] 具体而言，

① 参见《和平利用外层空间委员会的报告》，第133段，A/71/20，2016年6月27日。“外空会议+50”是纪念联合国探索及和平利用外层空间会议50周年而计划于2018年6月20~21日召开的会议，届时将有机会审议和平利用外层空间委员会现状和规划其未来对全球外空活动全球治理的贡献。该会议将向联合国所有会员国开放，而且将以决议的形式向大会提出会上取得的具体交付成果和相关成果，供大会第七十三届会议审议，其中包括“2030年空间议程”及其执行计划，以加强空间活动和空间工具对实现特定全球议程的贡献，这些议程涉及令人关切的基于和平探索和利用外层空间的人类长期发展问题。参见《审议联合国探索与和平利用外层空间会议五十周年》，A/Res/72/79，2017年12月7日。

② 参见《和平利用外层空间委员会的报告》，A/74/20，2019年6月12~21日。

③ 关于外空活动长期可持续性工作组，《外空活动长期可持续性准则》的制定过程及发展，外空交通管理的相关法律问题的深入分析，参见聂明岩：《外空安全国际法保障研究：以“人类命运共同体”理论为视角》，中国政法大学出版社2023年版，第157~162页。

④ See *Working Groups of the Committee and its Subcommittees*, UNOOSA, https://www.unoosa.org/oosa/en/ourwork/copuos/working-groups.html.

⑤ See Set of Questions provided by the Chair of the Working Group on the Status and Application of the Five United Nations Treaties on Outer Space, A/AC.105/C.2/2012/CRP.10, 16 March 2012.

⑥ 关于空气空间与外层空间界限的争论由来已久，相关研究可以参见 S. Neil Hosenball& Jefferson S. Hofgard, *Delimination of Air Space and Outer Space: Is a Boundary Needed Now*, University of Colorado Law Review, Vol. 57: 5, p. 885 – 894 (1986); Frans G von der Dunk, *The Delimitation of Outer Space Revisited: the Role of National Space Laws in the Delimitation Issue*, Space, Cyber, and Telecommunications Law Program Faculty Publications, https://digitalcommons.unl.edu/spacelaw/51。

工作组对国内法及国内实践中涉及外空定义和划界的信息进行讨论；对国家和国际组织针对"关于外空定义和划界"的问卷的反馈进行分析；对亚轨道科学项目与亚轨道载人飞行相关问题进行评估等。① (3)外空资源工作组是为应对因美国《2015 外空资源法》制定引起的对于小行星等天体资源的开发产生的问题和争议而建立的。工作组计划在未来若干年之内通过收集关于探索、开发与利用外空资源相关的信息以及在各成员国及相关参与方间充分交换意见等方式提出适用于外空资源开发活动的原则及规则和规范建议，为国际法框架的建立做好准备工作。②

(二)联合国外空委对外空合作的贡献、存在不足及面临挑战

联合国外空委包括其两个小组委员会和联合国外空事务厅，是推动外空活动发展和外空合作最重要的全球性机制，也是国际认可度最高的外空合作国际机制。随着其成员的不断增加，联合国外空委的合作框架也愈加具有代表性，其目前的 100 个成员国覆盖世界所有地区，同时包括发达国家与发展中国家，空间强国、具备一定外空活动能力的国家和单纯的外空产品和服务的使用者。在联合国外空委建立的最初 20 年间，即便在美、苏冷战的复杂国际背景下，其成功制定五部外空国际条约(尤其是前四部)确定了外空活动的基本法律原则和诸多规则，为外空活动的安全稳定发展以及外空合作与协调奠定了坚实的基础，这被学者评价为不可思议的壮举。③ 随着外空活动的不断发展，联合国外空委关注的实务事项也不断增加且日趋复杂，这从其科技小组委员会和法律小组委员会工作组的设置可窥知一二。依据第 1472(XIV)号联大决议要求，联合国外空委应向联合国大会提供有关其活动的报告。④ 联合国外空委每年向联合国大会第四委员会提交名为《和平利用外层空间的国际合作》报告，对其上一年度工作进行总结。以联合国大

① See *Working Group on the Definition and Delimitation of Outer Space of the Legal Subcommittee*, UNOOSA, https://www.unoosa.org/oosa/en/ourwork/copuos/lsc/ddos/index.html.

② See *Co-Chairs' Proposed Five Year Workplan and Methods of Work for the Working Group on Legal Aspects of Space Resource Activities*, UNOOSA (Apr. 5, 2022), https://www.unoosa.org/documents/pdf/copuos/lsc/spaceresources/CoChairs_Proposed_Workplan_as_at_5_April.pdf.

③ See Ken Hodgkins, *COPUOS at A Crossroad: Challenges and Achievements from the Past Guide Us to the Future COPUOS at A Crossroad*, Spacewatch Europe, https://spacewatch.global/2020/06/spacewatchgl-opinion-copuos-at-a-crossroad-challenges-and-achievements-from-the-past-guide-us-to-the-future/.

④ 参见《和平利用外层空间的国际合作》，RES/1472(XIV)，1959 年 12 月 12 日。

会于2022年通过的《和平利用外层空间的国际合作》的决议为例，可以看出，联合国外空委对外空国际规则制定完善、防止外空军备竞赛、空间碎片治理、外空科技合作、外空教育合作、通过外空技术防灾减灾、发达国家与发展中国家合作以及区域空间合作等诸多领域都有关注。① 因此，无论是作为世界各国谈判、协商的平台，还是作为联合国大会的专门机构，联合国外空委对推动外空活动进步与外空合作发展的贡献都值得肯定。然而，随着国际关系的日益复杂与外空活动的不断发展，联合国外空委的缺陷也逐渐显现出来，其在推动外空合作方面的主导地位也面临挑战。

其一，联合国外空委在其成立后的前20年通过了5项具有基础意义的外空国际条约，取得了举世瞩目的成就。然而，这一辉煌成就止步于此，在接下来的第二个20年和第三个20年里，联合国外空委在推动法律合作层面虽也有一定成果，但再未推动制定具有法律约束力的"硬法"规则，取而代之的"软法"规则也逐渐从关注"基本原则"向关注"具体问题"转变。此外，其他外空合作机制的建立也推动了外空"软法"的发展。总体而言，在推动外空法律层面合作的问题上，联合国外空委的职能逐渐减弱。有研究者指出，联合国外空委在19世纪60年代至70年代创造的辉煌很大程度上是因为成员国的数量有限。当时的28个成员国参会代表彼此熟知、相互理解且尊重，因此较为容易达成一致意见。而当成员国增长到100个时，程序和实质性问题都会变得异常复杂，各成员国代表之间也很难再充分沟通、彼此了解，因此，无法推动实质性工作开展也就不足为奇。② 这一观点将国际合作机制的成败部分归因于个人因素，虽具有片面性但也能在一定程度上解释联合国外空委多年来在推动外空国际规则制定上停滞不前的原因。正如有研究者所注意到的，近年来，联合国外空委每年为期两周的会议的主要内容是意见的一般交换，各成员国有15分钟发言时间，大多数国家会利用这一时间介绍其过去一年中在外空活动上取得的成就，重申本国对联合国外空委工作的

① 参见《和平利用外层空间的国际合作》，A/RES/77/121，2022年12月15日。

② See Anastasia Voronina, *The How's and Why's of International Cooperation in Outer Space: International Legal Forms of Cooperation of States in Exploration and Use of Outer Space*, Theses, Dissertations, and Student Research in Space, Cyber, and Telecommunications Law, https://digitalcommons.unl.edu/spacelawthesis/1/.

承诺并表明其对外空和平利用以及防止外空军备竞赛的积极立场。发言者按照精心准备讲稿逐项列举、展示,联合国外空委则更像是发挥了一个秀场的作用。①

其二,联合国外空委采用协商一致的程序规则,这一规则在成员数量相对较少且利益关系相对简单的情形下十分有效。联合国外空委前20年推动制定国际规则并成功架构外空活动的基本原则和理念得益于协商一致程序规则的应用。从法律层面看,协商一致规则充分尊重所有参与者的意见,因此能够有效鼓励各主体之间的合作对话;此外,一旦达成合意,各主体都会相对满意,这在客观上保障了协议的执行。② 然而,协商一致程序规则的缺陷也十分明显,在决策参与者较多且利益关系相对复杂的情形下很难达成协议。随着联合国外空委成员的增加,通过协议的难度随之增大,这也是联合国外空委在20世纪70年代之后一直没有制定任何国际条约的重要原因。即便能够达成协议,相关方也会因考虑避免不同群体之间的利益分歧防止规则无法通过而牺牲规则表述的精确性,另外,越多成员参与,达成协议所花费时间也会越漫长,这与外空活动这一技术发展日新月异的领域并不匹配。

其三,联合国外空委下设科技和法律小组委员会,两个小组委员会分别关注外空活动的最重要方面,并建立了专门工作组,有的放矢地开展工作。外空科技与外空法律虽分属不同领域,有明显的差异,但也有诸多问题(例如,空间碎片减缓、外空交通管理以及外空活动长期可持续性等)具有交叉性质,无法单纯将之归纳至科技或法律范畴。从促进外空活动与外空国际合作发展的角度看,两个小组委员会之间进行有效的沟通和协调尤为必要。不过从现行发展看,二者的活动仍处于相对独立的状态,缺乏必要的互动与

---

① See Mehak Sarang, *Thoughts on UN COPUOS*, *Space Generation Advisory Council*, Space Generation (Aug. 4, 2019), https://spacegeneration.org/oped-thoughts-on-un-copuos.

② See Anastasia Voronina, *The How's and Why's of International Cooperation in Outer Space: International Legal Forms of Cooperation of States in Exploration and Use of Outer Space*, Theses, Dissertations, and Student Research in Space, Cyber, and Telecommunications Law, https://digitalcommons.unl.edu/spacelawthesis/1/.

沟通，联合国外空委自身也没有起到应有的协调作用。[1]

其四，从性质看，联合国外空委虽是联合国下设的一个专门委员会，有专门的工作职责，[2]但其事实上发挥了综合性外空国际合作平台的作用。因此，联合国外空委有必要考虑与其他专门性外空合作机构进行协调。从目前的实践看，联合国外空委的这项工作开展得不尽如人意。例如，国际电信联盟所涉的卫星通信问题属于联合国外空委关注的范畴，但是国际电信联盟制定了相对独立的国际规则，[3]且国际电信联盟在制定相关规则的过程中，并未与联合国外空委进行深入交流或沟通。此外，在地球观测领域，联合国外空委与地球观测卫星委员会[4]以及地球观测组织[5]的合作沟通也不够充分。[6]

其五，联合国在外空委建立之时，国家是开展外空活动的最重要主体，因此，多年来，联合国外空委活动的开展一直体现出以国家为中心的特点。随着非政府实体在外空领域实力不断增强，外空活动、外空法和外空合作已经发生明显变化，但联合国外空委的国家中心性特征变化不大，非政府实体的参与度仍显不足，这已经无法适应外空领域未来发展的需要。

从人类社会具备外空活动能力至今已有六十余年的时间，与国际法其他部门的发展历史相比，这一时间不算很长。然而，也就是在这短短的六十余年时间里，影响外空活动发展的外部和内部因素都发生了巨大变化。从外部因

---

① See Kai-Uwe Schrogl, *Is UNCOPUOS Fit for the Future: Reflection at the Occasion of the* 50th *Session of Its Legal Subcommittee* 2011, German Journal of Air and Space Law, Vol. 60, p. 101 (2011).

② 关于联合国外空委工作职责的具体介绍，参见 *Committee on the Peaceful Uses of Outer Space*, UNOOSA, https://www.unoosa.org/oosa/en/ourwork/copuos/index.html。

③ 关于国际电信联盟规则的介绍与分析，参见本章第二节内容。

④ 地球观测卫星委员会建立于 1984 年 9 月，其最初功能为协调和统一地球观测，使用户更容易取得和使用数据，然而随着时间的推移，收集和利用天基地球观测数据的环境发生了巨大变化，地球观测卫星委员会的功能也随之变得复杂，其所开展的活动数量和范围也逐步扩大。关于地球观测卫星委员会的更多详细信息可以参见 *Overview of the Committee on Earth Observation Satellites*, CEOS, https://ceos.org/aboutceos/overview/。

⑤ 2003 年于华盛顿召开的第一届地球观测峰会提出建立地球观测组织，于 2005 年在布鲁塞尔召开的第三届地球观测峰会上正式建立。地球观测组织是一个政府间伙伴关系，其目的为改善地球观测的可用性、获取和利用，以实现地球的可持续发展。关于地球观测组织的发展历程可以参见 Conrad C. Lautenbacher, *The Global Earth Observation System of Systems: Science Serving Society*, Space Policy, Vol. 22, p. 8 – 9 (2006)。关于地球观测组织的主要功能以及其他详细信息，可以参见 *Group on Earth Observations at A Glance*, Group on Earth Observations, https://earthobservations.org/geo_wwd.php。

⑥ See Kai-Uwe Schrogl, *Is UNCOPUOS Fit for the Future: Reflection at the Occasion of the* 50th *Session of Its Legal Subcommittee* 2011, German Journal of Air and Space Law, Vol. 60, p. 98 (2011).

素角度看,冷战结束、国际经济新秩序建立以及发展中国家崛起使得有能力参与外空活动的国家增加,外空合作的模式也日趋多元化。从内部因素角度看,外空技术的不断进步以及外空商业化与私营化发展使得外空活动的领域和部门不断细化,参与外空活动的主体更加复杂。这对致力于推动全球外空活动合作与协调的联合国外空委而言,无疑都是巨大的挑战。为有效应对挑战,联合国外空委有必要针对其自身的不足作出一定程度的变革和调整。

二、外空国际条约关于外空合作的规定及存在问题

作为全球性外空合作框架,联合国外空委不仅为世界各国提供了对话、交流、合作与协调的平台,也推动制定了一系列维护外空和平利用与合作的国际条约及"软法"规则。上文对外空法发展的几个阶段做了初步介绍和分析,本部分对外空"硬法"阶段具有综合规范性质的 1967 年《外空条约》及 1979 年《月球协定》中关于外空国际合作的规定进行具体阐释,并对相关规定存在不足和面临挑战予以分析。

(一)1967 年《外空条约》

作为外空法基本原则,外空国际合作的内涵具有多个层次,既涉及防止外空军备竞赛与武器化的安全保障合作,也涉及外空民、商事活动的合作,还包括科学技术和法律方面的合作。这几个层次之间相互影响,不能孤立看待。

从 1967 年《外空条约》的具体规定看,除了序言中两段关于外空国际合作的笼统规定之外,正文中首次涉及外空国际合作的规定是第 1 条第 3 款。依照该款规定:"外层空间(包括月球和其他天体)应有进行科学考察的自由;各国要促进并鼓励这种考察的国际合作。"《外空条约》第 1 条具有引领性作用,[①]本条第 1 款和第 2 款提出了多个对于外空探索和利用极为重要的术语和原则,包括"为所有国家谋福利和利益""全人类的开发范围""外空自由探索和利用""科学调查的自由"等。这些术语和原则蕴含丰富的内容,长期以来一直是研究者关注的重点。而对于本条第 3 款明确提及的外空国际合作,关注者寥寥。从文字表述上看,第 3 款规定缔约国应履行外空国际

---

① See Stephan Hobe, *Art. Ⅰ of the Outer Space Treaty*, in Stephan Hobe, Bernhard Schmidt-Tedd& Kai-Uwe Schrogl eds., Cologne Commentary on Space Law (Vol. Ⅰ), Carl Heymanns Verlag 2008, p. 27.

合作义务的领域是外空科学考察,这与条约序言中的规定遥相呼应,联合国外空委多年的实践也将外空科技合作作为重点之一;本款对于外空国际合作的具体要求为“促进并鼓励”,这一明显的具有宣示意义的说法为世界各国的对于本条的具体执行预留了足够的空间。

《外空条约》第3条再次提及外空国际合作,该条规定:“各缔约国在进行探索和利用外空(包括月球和其他天体)的各种活动方面,应遵守国际法和《联合国宪章》,以维护国际和平与安全,促进国际合作和了解。”该条规定是条约所有规定中最具实质性内容的条款之一,因为其明确规定了现行国际规则包括《联合国宪章》对外空活动的适用性。① 另外,该条规定也承接了该条约第1条第2款中关于“所有国家可在平等、不受任何歧视的基础上,根据国际法自由探索和利用外空”的说法。该条规定值得关注的另外一个重点是其提及遵守现行国际法的重要目的之一是维护国际和平与安全。诚然,作为世界各国重视的战略高地以及人类活动的第四空间,外空和平与安全与国际和平与安全息息相关,以维护国际和平与安全为重要目的的现行国际法,尤其是《联合国宪章》自然应关注这一全新的领域。该条最后一句话提及了外空合作与了解,但其同样作为遵守现行国际法的目标而提出,增强合作与了解的意义更多的在于维护外空和平与安全。因此,第3条的规定一般被认为是对外空安全保障的总括性规定,如果结合第4条的规定,②这一说法不无道理。当然,应当明确的是,无论《外空条约》第3条规定的主要出发点是什么,其确定了现行国际规则包括《联合国宪章》对外空活动以及外空合作的适用性,在一定程度上丰富了外空合作的内容。《联合国宪章》第55条与第56条③关于国际经济与社会的合作的规定对外空合作的开展

① See Olivier Ribbelink, *Art. Ⅲ of the Outer Space Treaty*, in Stephan Hobe, Bernhard Schmidt-Tedd& Kai-Uwe Schrogl eds. , Cologne Commentary on Space Law (Vol. I), Carl Heymanns Verlag 2008, p. 64.

② 1967年《外空条约》第4条针对在绕地轨道、外层空间和天体放置核武器、大规模毁灭性武器,建立军事基地、设施和工事、开展武器试验以及进行军事演习等具体事项进行了规定。相比而言,第3条的规定更为笼统,更多的是一种总括性规定。

③ 《联合国宪章》第55条规定:为造成国际间以尊重人民平等权利及自决原则为根据之和平友好关系所必要之安定及福利条件起见,联合国应促进:(1)较高之生活程度,全民就业,及经济与社会进展。(2)国际间经济、社会、卫生及有关问题之解决;国际间文化及教育合作。(3)全体人类之人权及基本自由之普遍尊重与遵守,不分种族、性别、语言或宗教。第56条规定:各会员国担允采取共同及个别行动与本组织合作,以达成第55条所载之宗旨。

也有一定的指导意义。

《外空条约》第 9 条至第 11 条用 3 个条款的篇幅规定了开展外空活动过程中的合作义务。第 9 条针对避免对外空环境造成有害污染或对地球环境造成不利变化以及一国开展外空活动对他国存在潜在有害干扰的国际磋商等进行了规定。第 10 条则要求"各缔约国应在平等的基础上,考虑其他缔约国的要求,给予观测这些国家射入空间的实体飞行的机会"。第 11 条对缔约国开展外空活动的透明度和信息公开进行了规定,要求在外空从事活动的缔约国"以最大的可能和实际程度,将活动的性质、方法、地点及结果的情报,通知给联合国秘书长、公众和国际科学界"。

第 9 条至第 11 条的规定中都明确提及了提倡外空合作的思路,其中第 9 条更是明确规定"各缔约国探索和利用外空(包括月球和其他天体),应以合作和互助原则为准则",这是《外空条约》中首次明确提及外空国际合作作为指导外空活动准则的地位。需要进一步思考的问题是,此处所述的 3 个条款规定加上前述的第 1 条第 3 款以及第 3 条是否囊括了《外空条约》缔约国应当履行的外空国际合作义务的全部内容。对此,有学者认为,条约中的这几条规定包含外空国际合作义务的所有细节。① 这种观点将外空国际合作义务严格限定在条约正文内容规定之中,如果单从规定本身看,有一定道理;但是结合条约序言和其他相关条款中的表述可以得知,条约起草者希望将外空国际合作作为一项指导外空活动的基本原则加以确立,外空探索和利用的所有层面都要以之为基本遵循。从此后的实践看,外空国际合作的内容逐渐丰富,不仅限于《外空条约》明确规定的几项内容。

作为规范外空探索和利用的宪章性文件,1967 年《外空条约》确定了外空活动国际法治的基本思路,明确将外空国际合作作为基本原则予以确立,同时初步确定了科技、法律、和平利用与安全保障以及具体外空活动开展等几个重点合作领域。其对于推动外空合作发展的重要意义不言而喻。当然,限于条约制定的年代背景,其缺陷也较为明显。其中,最为突出的缺陷便是细节性规定的缺失,这也是之后不同国家间对外空国际合作理解产生

---

① See Vladlen S. Vereshchetin, *International Cooperation in Outer Space: Legal Problems*, Science Publishing House, 1977, p. 29.

分歧的直接原因。在外空“硬法”时代之后,国际社会再未制定新的国际条约,因此,直至今日,对于外空合作的解释仍以《外空条约》为最主要依据。从这一视角看,如果不对《外空条约》相关规定作出完善或权威解释,这些源于冷战期间两大阵营妥协而制定的规则将对未来的外空国际合作的开展构成限制。

(二)1979 年《月球协定》

1979 年《月球协定》的失败决定了其很难在推动外空国际合作开展的进程中起到实质作用。然而,《月球协定》试图围绕月球及天体的探索与开发创造一套更为细致的综合性规则。这一尝试的重要意义随着美国阿波罗探月计划的结束渐渐淡化,不过伴随新一轮探月热潮的兴起,国际社会再次意识到制定规制月球活动的综合性规则的必要性。当前,外空法已发展至第四个阶段,曾经失败的《月球协定》在新的背景下似乎更难得到各国的普遍认可,但是如果要绕开《月球协定》另起炉灶,制定新的规制月球活动的国际规则似乎更不现实。因此,对《月球协定》中有关外空国际合作的相关规定仍有必要予以详细探讨、分析。

《月球协定》序言第 4 段明确提出“决心在平等的基础上促成各国在探索和利用月球和其他天体方面合作的进一步发展”。这一说法与《外空条约》相似,只是将原本的外空的范围聚焦至月球和天体之上,这也表明了《月球协定》试图建立一套专门针对月球及天体探索与开发综合框架的意图。其序言第 5 段要求“切记不使月球成为国际冲突的场所”,这一表述的主要用意在于防止月球的军备竞赛和武器化。① 对此,《外空条约》设定了类似于“双轨制”的规则模式,针对外层空间本身,《外空条约》规定仅禁止具有侵略性的军事活动和部署核武器及大规模杀伤性武器的行为;针对月球和天体,《外空条约》则要求其活动应专为和平目的开展,理论上禁止所有军事活动。不过,《外空条约》的上述规定存在不周延问题,为月球及天体的军事利用预

① See Stephan Hobe& Fabio Tronchetti, *Preamble of the Moon Agreement*, in Stephan Hobe, Bernhard Schmidt-Tedd& Kai-Uwe Schrogl eds., Cologne Commentary on Space Law (Vol. Ⅱ), Carl Heymanns Verlag 2013, p. 350.

留了可能性。[①]《月球协定》在延续《外空条约》规定的基础上进行了相应补充，对于在月球和天体上开展活动的要求更为明确、具体，能够保障活动专为和平目的开展，这为各国探索和利用月球和天体的合作奠定基础。

《月球协定》第2条是该条约正文中首次对外空国际合作进行规定，第2条与《外空条约》第3条的规定基本相同，要求在月球上开展的一切活动应遵守现行国际法，并应顾及维护国际和平、安全及促进国际合作与谅解。有所不同的是，第2条规定除提及现行国际法以及《联合国宪章》之外，还提到1970年10月24日联合国大会通过的《关于各国依联合国宪章建立友好关系及合作之国际法原则之宣言》（以下简称《国际法原则宣言》）。[②] 作为国际公法的一个重要部门，国际外空法的发展并非处于真空之中，《月球协定》本条对于《国际法原则宣言》的引入体现了国际法发展变化对外空法的影响。《国际法原则宣言》确定的禁止以武力相威胁或使用武力、和平解决国际争端、国际合作以及善意履行国际义务等原则[③]对外空合作的开展有重要意义。

《月球协定》第4条第2款明确了合作与互助为指导月球活动的基本原则。该款的作用与表述方式与《外空条约》第9条第一句十分相似，只不过该款专门针对月球探索和利用活动。此外，该款第二句话对《外空条约》第9条的表述进行了拓展，提出"（缔约各国）按照本协定进行的国际合作，应尽量扩大范围，并可在多边基础上、双边基础上或通过政府间国际组织进行"。与《外空条约》第9条的规定相比，该款规定对月球活动的组织形式做了相对细化的说明。不过值得注意的是，该款提及的合作模式的主要参与者仍是国家，非政府实体未予提及。有研究者提出《外空条约》和《月球协定》一再强调合作与互助原则的原因，除了制定者希望条约的实施可以贡献于全人类共同利益的实现之外，还在于缔约各国希望合作伙伴分担外空和月球

① 具体分析可以参见聂明岩：《外空安全国际法保障研究：以"人类命运共同体"理论为视角》，中国政法大学出版社2023年版，第201～205页。

② 参见《国际法原则宣言》，联合国大会第1883次全体会议1970年10月24日第2625（XXV）号决议通过。

③ 有关《国际法原则宣言》以及国际法基本原则的详细分析，可以参见杨泽伟：《国际法》（第3版），高等教育出版社2017年版，第52～62页。

活动的高昂成本,[1]在外空商业化和私营化发展的大背景下,这一观点尤为贴切。

《月球协定》第5条对各缔约国月球活动相关信息的公开进行了要求,其中,第1款要求缔约各国在实际可行的范围内将其在探索和利用月球方面的活动告知联合国秘书长、公众和国际科学界;第2款提出如果一缔约国获知其他缔约国在月球同一区域、轨道等进行活动,应向其通知自己进行的活动的实践和计划;第3款要求缔约国将其在外空、月球和天体发现的可能危及人类生命和健康的现象以及任何有机生命迹象通知联合国秘书长、公众和国际科学界。第5条虽然没有直接使用外空国际合作这一说法,但该条基本可以与《外空条约》第11条的规定相对应,只不过基于月球和天体活动的特殊性,该条规定相对详细。此外,《月球协定》第9条关于在月球上建立的站所的信息的通知以及第11条第6款对在月球上发现自然资源信息进行告知的规定都属此类规范。

第6条针对在月球上从事科研活动的相关问题进行了规定,其中第1款规定了在月球上从事科学研究的自由;第2款对缔约国在月球采集标本的移动、处置权进行了规定,本款尤其提到应顾及是否适宜将标本的一部分提供给感兴趣的其他缔约国和国际科学界作科研之用;第3款提出缔约国在派遣人员前往月球或在月球上建立装置时,应在实际可行的范围内尽量交换科学和其他人员。第6条的规定与《外空条约》第1条第2款和第3款相对应,其中,关于促进和鼓励科学调查合作问题,第2款和第3款提出了相对具体的要求。当然,两款规定所提的要求并不构成对缔约国的义务,[2]其措辞与《外空条约》保持一致,以"促进"和"鼓励"为主。

《月球协定》第7条对探索和开发月球过程中的环境保护问题进行了规定,与《外空条约》第9条的规定相呼应。当然,该条规定同样考虑了月球活

---

① See Stephen E. Doyle, *Using Extraterrestrial Resources under the Moon Agreement of* 1979, Journal of Space Law, Vol. 26, p. 118 – 119 (1998). See also Stephan Hobe & Fabio Tronchetti, *Article* 4 *of the Moon Agreement*, in Stephan Hobe, Bernhard Schmidt-Tedd & Kai-Uwe Schrogl eds., Cologne Commentary on Space Law (Vol. Ⅱ), Carl Heymanns Verlag 2013, p. 366.

② See Stephan Hobe& Fabio Tronchetti, *Article* 6 *of the Moon Agreement*, in Stephan Hobe, Bernhard Schmidt-Tedd& Kai-Uwe Schrogl eds., Cologne Commentary on Space Law (Vol. Ⅱ), Carl Heymanns Verlag 2013, p. 371.

动的特殊性,对于环境保护要求的细节规定有一定差别。此外,第 7 条第 3 款还提出了对于在具有特殊科学重要性地区设置国际科学保护区的要求。无论是设置环境保护区还是国际科学保护区,一方面是具有外空国际合作的重要作用,另一方面也依赖外空国际合作与协调才能得以实现,至于具体合作措施和程序规范,则有待于制定更为详尽的规定予以明确。

《月球协定》第 8 条对缔约国在月球上可以从事的活动进行了说明,例如,在月球降落及从月球发射外空物体;将人员、运载器、装备、设施、站所或装置放置在月球的表面或表面之下等。第 8 条第 3 款要求缔约国在月球上从事相关活动时,不应妨碍其他缔约国在月球上的活动,如果发生妨碍,则应进行磋商。该款规定与《外空条约》第 9 条关于避免有害干扰的磋商要求一致。有所不同的是,《月球协定》对于磋商开展进行了相对明确的阐释,其第 15 条第 2 款和第 3 款对磋商的发起、参与方、联合国秘书长的角色以及磋商未果的后续程序等作了规定。

总体而言,1979 年《月球协定》对于外空国际合作的规定基本上以 1967 年《外空条约》为基础,但结合月球及天体探索和开发自身的特点以及国际法的最新发展作了细化。从推动月球及天体探索和开发国际合作的角度看,《月球协定》的相关规定基本上可以满足实践要求,世界各国对于《月球协定》的争议也并非集中在上述条款。不过,由于《月球协定》自身未受多数国家尤其是空间强国普遍认可,上述关于月球国际合作的条款自然也无法发挥实质作用。从未来发展角度看,如果制定新的规制月球探索和开发的国际规则,《月球协定》中有关国际合作的条款可以在进一步完善的基础上予以保留。

三、以 1996 年《外空合作宣言》为代表的"软法"关于外空国际合作的规定及存在的问题

外空"软法"规则的发展分为两个阶段,其中第一阶段的"软法"规则主要是联合国大会以决议形式通过的外空基本法律原则,这些原则对外空活动的指导意义重大,但因其主要针对外空活动的不同领域,具有专向性,所以不做重点分析。外空"软法"第二阶段的主要形式同样是联合国大会决

议,但其内容主要是针对外空国际条约的相关规定进行解释。其中,1996 年《外空合作宣言》正是对外空国际合作原则的解释,因此有必要予以探讨。

1967 年《外空条约》对外空国际合作的规定相对宽泛。上文对于外空国际合作定义的几个层次的剖析,除了依据《外空条约》的规定外,也适当虑及了条约通过后外空国际合作多年的实践经验。单纯按照《外空条约》的规定,对于外空国际合作原则的理解很可能会产生分歧。在相当一段时间里,发展中国家认为《外空条约》确定的外空国际合作原则应为一项法律义务,但这项义务基本没有被履行。但是对于美国及其他发达国家而言,外空国际合作原则应仅具有呼吁和倡导性质,不应作为义务强加给缔约国。[①] 发展中国家与发达国家群体的上述争议,是制定 1996 年《外空合作宣言》的直接动因。

早在 1982 年的第二次联合国和平探索和利用外空会议(UNISPACE-II)上,发展中国家针对外空国际合作的上述立场便已有所表现。[②] 在当年联合国大会针对 UNISPACE-II 通过的决议中,明确提及因外空技术利用和外空活动开展带来的惠益应考虑发展中国家利益。[③] 1983 年,联合国大会通过的《和平利用外层空间的国际合作》决议中也提到应特别考虑发展中国家的需要。[④] 1988 年,联合国外空委法律小组委员会将"关于探索和利用外层空间促进所有国家的福利和利益,并特别要考虑到发展中国家的需要的原则适用的相关法律问题"议题提上日程。[⑤] 1991 年,发展中国家强烈要求制定新的法律文件将分享外空相关技术及信息作为义务加以确认。而空间强国则坚持主张所有技术和信息的分享应建立在自愿原则基础上,不能强制。[⑥] 此

① See Cyril E. S. Horsford, *Is ICAO the Model for an International Space Agency*?, in Proceedings of the Thirty-Eighth Colloquium on the Law of Outer Space, October 2 – 6, 1995, Oslo, Norway, p. 201.

② See *UNISPACE' 82: A Context for International Cooperation and Competition*, US Government Printing Office, 1983, p. 3 – 8.

③ See Second United Nations Conference on the Exploration and Peaceful Uses of Outer Space, RES/37/90, 10 December 1982.

④ See International Cooperation in the Peaceful Uses of Outer Space, RES/38/80, 15 December 1983.

⑤ See Marietta Benkoe& Kai-Uwe Schrogl, *History and Impact of the* 1996 *UN Declaration on "Space Benefits"*, Space Policy, Vol. 13:2, p. 139 (1997).

⑥ See Gerhard Hafner, *The Declaration on International Cooperation in the Exploration and Use of Outer Space for the Benefit and in the Interest of All States*, in Irmgard Marboe ed., Soft Law in Outer Space: The Function of Non-binding Norms in International Space Law, Boelau Verlag, 2012, p. 271.

后,又经历了一系列谈判和协商,在 1995 年联合国外空委会议上,发展中国家对其主张进行了相应调整,提交了一份草案,作为发达国家的代表,德国与法国也提交了法律原则草案,工作组主席充分整合两份草案并增添了一些新的语言表述方式,①最终,《外空合作宣言》得以通过。

与外空"软法"第二阶段其他联合国大会决议不同,《外空合作宣言》并未在其文本中明确表明其不构成对相关公约的权威解释和修改。因此,一般认为,《外空合作宣言》是对 1967 年《外空条约》确定的外空国际合作原则的权威解释和说明。② 1996 年《外空合作宣言》包括序言和正文 8 段规定,其具体内容可总结为如下几个方面。

其一,赋予世界各国决定是否开展外空国际合作的自由。《外空合作宣言》第 1 段重申了《外空条约》确定的外空国际合作开展"应为所有国家谋福利和利益"原则;但是紧接着在第 2 段提出"各国均可……自行决定参加探索和利用外空国际合作的所有方面"(第 4 段中也有相同的表述)。换言之,第 2 段的规定授予各国决定是否开展国际合作,什么时候和谁开展外空国际合作的权利,其本质上否认了将外空国际合作作为一项强制性义务的主张。③ 第 3 段提出空间强国应促进外空国际合作的开展,并尤其要注意发展中国家在合作中所产生的福利和利益。《外空合作宣言》上述规定更多地回应了发达国家的需要,因为发展中国家此前一直主张将外空国际合作作为义务予以落实,但无论如何,《外空合作宣言》还是在很大程度上拓展了不同发展程度国家之间开展外空国际合作的机会。

其二,赋予各国决定外空国际合作模式的自由。《外空合作宣言》第 4 段提出,开展国际合作时应当采取有关国家认为最有效和适当的方式。这一规定同样淡化将外空国际合作作为义务的主张,因为其在最大程度上赋

① See Brian D Lepard, *The Legal Status of the* 1996 *Declaration on Space Benefits: Are its Norms Now Part of Customary International Law*, in Irmgard Marboe ed., Soft Law in Outer Space: The Function of Non-binding Norms in International Space Law, Boelau Verlag, 2012, p. 297.

② See Marietta Benkoe& Kai-Uwe Schrogl, *The* 1996 *UN Declaration on "Space Benefits" Ending the North/South Debate on Space Cooperation*, in Proceedings of the Thirty-Ninth Colloquium on the Law of Outer Space, 7 – 11 October 1996, Beijing, China, p. 185.

③ See Stephan Hobe& Fabio Tronchetti, *Paragraph* 2 *of the Space Benefits Declaration: Free Determination of Cooperation*, in Stephan Hobe, Bernhard Schmidt-Tedd& Kai-Uwe Schrogl eds., Cologne Commentary on Space Law (Vol. Ⅲ), Carl Heymanns Verlag, 2015, p. 334.

予了国家选择合作模式的自由。[①] 该段列举了几类外空国际合作模式,包括政府与非政府模式;商业与非商业模式;全球、多边、区域或双边模式;以及各种发展水平的国家之间的国际合作。该段对于外空商业国际合作模式的规定在联合国文件中尚属首次,[②]这是外空活动客观发展在法律规则中的直观体现,同时也为未来外空国际合作的开展提供了思路。

其三,规定外空国际合作中应特别注意发展中国家福利和利益。《外空合作宣言》序言和正文的诸多段落中都提到对发展中国家福利和利益的特别考量。其中,第5段除重申这一要求之外,还对开展外空国际合作应实现的目标进行了说明,包括:促进外空科技及应用的发展、推动有关国家的实用和适当外空能力的发展、促进各国在可以相互接受的基础上交流专业知识和技术。外空国际合作目标的实现也是世界各国开展合作项目、寻找合作伙伴和建立合作机制的根本动力。第5段开头重申特别考虑发展中国家的福利和利益,其所提出的合作目标也在一定程度上回应了发展中国家对外空国际合作的诉求。

其四,列举了参与外空国际合作的潜在主体。《外空合作宣言》第6段提出:"国家机构和国际机构、研究机构、发展援助组织以及发达国家和发展中国家,都应当考虑如何适当发挥空间应用和国际合作的潜力,以求实现其发展目标。"此外,第7段对联合国外空委在外空国际合作中应当起到的信息交流平台作用进行了阐述。当然,第6段对于参与合作主体的列举并未穷尽,随着外空商业国际合作模式的不断发展,势必会有越来越多的非政府实体参与进来。对于第7段所述的联合国外空委的信息交流平台作用,从上文对于联合国外空委的介绍来看,其已经发挥了相当重要的作用。

《外空合作宣言》对于开展外空国际合作的促进作用可以总结为如下两个层面:其一,通过《外空合作宣言》的制定,1967年《外空条约》确定的外空国际合作法律原则得以进一步解释,外空国际合作的诸多细节也首次在国

① See Brian D Lepard, *The Legal Status of the 1996 Declaration on Space Benefits: Are its Norms Now Part of Customary International Law?*, in Irmgard Marboe ed., Soft Law in Outer Space: The Function of Non-binding Norms in International Space Law, Boelau Verlag, 2012, p. 304.

② See Marietta Benkoe& Kai-Uwe Schrogl, *History and Impact of the 1996 UN Declaration on "Space Benefits"*, Space Policy, Vol. 13:2, p. 142(1997).

际文件中予以澄清;其二,发展中国家的福利和利益应予以特别考虑的理念得以最终确立。《外空合作宣言》的制定是发展中国家和发达国家间妥协的结果,因此,其在确认了需要对发展中国家利益予以特别考量的同时,也提出外空国际合作应在公平和可接受的基础上开展,并赋予各国决定开展外空国际合作的自由。换言之,发展中国家与发达国家能在多大程度上开展有效合作仍依赖双方意志,这实际上是给了发达国家一定的自主选择权。

综上,联合国框架下构建的推动全球外空合作的机制在建立后相当长的一段时间里有效维护了外空和平利用和外空国际合作的开展。联合国外空委为世界各国提供了一个交流、谈判及合作的平台,并在平台基础上制定了一系列国际条约及外空"软法"规则。随着外空技术进步及国际关系的日益复杂,联合国外空委的缺陷逐渐显露,在推动外空国际合作问题上面临挑战。联合国外空委推动制定的 1967 年《外空条约》、1979 年《月球协定》及以 1996 年《外空合作宣言》为代表的外空"软法"规则对于外空活动的开展具有十分重要的意义,但其各自都存在相应的不足,有必要随着外空国际合作实践的不断开展予以完善。

第二节 国际电信联盟及其规则

建立于 1865 年的国际电信联盟是世界上最古老的全球性国际组织。[①] 国际电信联盟的宗旨是促进国际上通信网络的互联互通。[②] 从其漫长的发展历程看,国际电信联盟关注的互联互通业务从最开始的电报、电话、无线电一直发展至电视、外空与卫星、互联网以及移动连接等诸多方面。[③] 因此,国际电信联盟并非一个专门为了促进外空国际合作而建立的国际组织,其对于外空活动的关注仅限于与卫星相关的电信业务部分。国际电信联盟的一个重要职责是进行全球无线电频谱和卫星轨道的划分,这与外空国际合作密切相关。同时,该组织悠久的发展历史对外空国际合作其他领域亦有

---

① See Peter Cowhey& Jonathan D. Aronson, *The ITU in Transition*, Telecommunications Policy, Vol. 4, p. 298 (1991).

② 参见《国际电信联盟(ITU)简介》,载 ITU, https://www. itu. int/zh/about/Pages/default. aspx。

③ 参见《国际电信联盟简史》,载 ITU, https://www. itu. int/zh/history/Pages/ITUsHistory. aspx。

可借鉴之处。本节首先简要介绍国际电信联盟的组织架构及规则体系，之后对其规则体系中涉及频谱和卫星轨道划分的规定进行分析阐释，最后探讨相关规则存在的问题和面临的挑战，以期对未来外空国际合作的开展提供可借鉴的经验。

一、国际电信联盟组织结构及其规则体系

1865 年 5 月 17 日，20 个创始成员国在巴黎签署《国际电报公约》，国际电报联盟正式成立。[①] 随着无线电技术的发展及信号范围扩大，国际连接方面的问题开始逐渐凸显，1903 年，德国政府在柏林召开首次无线电大会，旨在为无线电报通信建立国际规则，经过筹备，1906 年，29 个国家代表齐聚柏林，召开第一届国际无线电大会，本次大会制定了《国际无线电报公约》，其附件包含了这一领域的第一份国际规则，随着此后多次大会的增补和修订，形成了《无线电规则》。[②] 第一次世界大战期间，国际电报联盟继续开展其技术性工作，不过直至 1925 年才再次召开国际性会议。1932 年，在国际电报联盟的马德里大会上，[③]决定采用“国际电信联盟”这一新的名称，以反映国际电报联盟的全部职责，新名称于 1934 年生效，与此同时，原《国际电报公约》与《国际无线电报公约》合并形成了《国际电信公约》。1947 年 11 月 15 日，国际电信联盟与新成立的联合国达成协议，认可国际电信联盟作为联合国在电信事务领域的专门机构，此协议于 1949 年 1 月 1 日生效。[④]

（一）国际电信联盟的组织结构

国际电信联盟的性质为政府间国际组织，其组织结构组成如下。

（1）全权代表大会（Plenipotentiary Conference）。全权代表大会为国际电信联盟的最高权力机构，由代表各成员国的代表团组成，每 4 年召开一次

① 关于《国际电报公约》谈判及签署的介绍可以参见《国际电信联盟简史》，载 ITU，https://www.itu.int/zh/history/Pages/ITUsHistory.aspx。

② 关于此次会议的详细介绍参见 *International Radiotelegraph Conference*（*Berlin*，1906），载 ITU，https://www.itu.int/en/history/Pages/RadioConferences.aspx? conf=4.36。

③ 关于国际电信联盟的马德里大会，参见 *International Telegraph Conference*（*Madrid*，1932），载 ITU，https://www.itu.int/en/history/Pages/PlenipotentiaryConferences.aspx? conf=4.5。

④ Agreement between the United Nations and the International Telecommunication Union (1947), E/RES/90 (V).

会议，[①]在特殊情况下，在两届例行的全权代表大会之间可以召开一次议程有限的非常全权代表大会以处理具体问题。[②] 全权代表大会的职责包括：确定实现国际电信联盟宗旨的总政策、审议理事会报告、制定国际电信联盟的战略规划和国际电信联盟的预算基础、确定下届全权代表大会召开之前的会费单位总数、提供有关国际电信联盟职员编制的总则、审查并在适当时批准国际电信联盟的账目、选举进入理事会的国际电信联盟成员国、选举秘书长、副秘书长和各部门的局主任、选举无线电规则委员会委员、审议和酌情通过成员国提出的《国际电信联盟组织法》（以下简称《组织法》）和《国际电信联盟公约》（以下简称《电信公约》）的修正案提案、缔结或在必要时修订国际电信联盟与其他国际组织之间的协定以及通过和修正《国际电联大会、全会和会议的〈总规则〉》等。[③]

（2）理事会（Council）。理事会代表全权代表大会行事，[④]在两届全权代表大会之间，作为国际电信联盟的管理机构在全权代表大会所授予的权限内代行其职权。[⑤] 理事会须由全权代表大会按照《组织法》第 61 款[⑥]的规定选出的成员国组成。理事会的主要职能包括：促进各成员国执行《组织法》《电信公约》和行政规则的规定以及全权代表大会的决定、审议内容广泛的电信政策问题、就建议国际电联进行的政策和战略规划及其财务影响编写报告、确保国际电信联盟工作的有效协调以及为发展中国家的电信发展作出贡献等。[⑦]

（3）国际电信世界大会（World Conference on International Telecommunications，WCIT）。WCIT 的主要职责是部分或在特殊情况下全部修订《国际电信规则》，并可处理其权能范围内与其议程有关的具有世界性的任何问题。其决定在任何情况下须与《组织法》和《电信公约》保持一致。[⑧]

---

① 参见《组织法》第 47 款。

② 参见《组织法》第 59（A）款。

③ 参见《组织法》第 48 ~ 59 款。

④ 参见《组织法》第 41 款。

⑤ 参见《组织法》第 68 款。

⑥ 参见《组织法》第 61 款规定，理事国的选举需适当注意世界所有区域公平分配理事会的席位；另外，《电信公约》第 50A 款规定，理事国数目不得超过成员国总数的 25%。

⑦ 参见《组织法》第 69 ~ 72 款。

⑧ 参见《组织法》第 146 ~ 147 – 72 款。

（4）国际电信联盟无线电通信部门（International Telecommunication Union Radiocommunication Sector，ITU-R）。ITU-R 的使命是确保所有无线电通信业务（包括利用卫星轨道的无线电通信业务）均合理、公平、有效和经济地利用无线电频谱，并就无线电通信事宜开展研究和批准建议书。① ITU-R 通过如下机构开展工作，包括：世界和区域性无线电通信大会、无线电规则委员会、无线电通信全会、无线电通信研究组、无线电通信顾问组以及选任主任领导下的无线电通信局。② 2022 年，国际电信联盟全权代表大会通过的第 71 号决议进一步规定了下一个周期的总体目标、部门目标和工作重点，其中，在空间和地面频谱使用问题下，国际电信联盟侧重于改进无线电通信业务对无线电频谱的使用以及对地静止卫星轨道和其他卫星轨道的使用，协调相关工作，防止和消除不同国家无线电台之间的有害干扰，同时促进各种无线电通信业务的高效和有效操作。③

（5）国际电信联盟电信标准化部门（International Telecommunication Union Telecommunication Standardization Sector，ITU-T）。ITU-T 的主要职能为在考虑发展中国家特别关注的问题的同时，通过研究技术、运营和资费问题，并就这些问题通过建议，以使全世界的电信标准化。④ ITU-T 通过如下机构工作，包括：世界电信标准化全会、电信标准化研究组、电信标准化顾问组以及选任主任领导下的电信标准化局。⑤ 这些研究组汇集了世界各地的专家，其主要工作是制定被称为 ITU-T 建议书的国际标准，这些国际标准是全球信息通信技术（ICT）基础设施的定义要素。标准对 ICT 的互联互通起着至关重要的作用。⑥

（6）国际电信联盟电信发展部门（International Telecommunication Union Telecommunication Development Sector，ITU-D）。ITU-D 的主要职能在于实

① 参见《ITU 使命陈述：无线电通信部门（ITU-R）的战略目标》，载 ITU，https://www.itu.int/zh/ITU-R/information/Pages/mission-statement.aspx。

② 参见《组织法》第 80 ~ 85 款。

③ 参见《全权代表大会：最后文件》，布加勒斯特，2022 年，第二部分 – 第 71 号决议："国际电联 2024 ~ 2027 年战略规划"。

④ 参见《组织法》第 104 款。

⑤ 参见《组织法》第 106 ~ 109 款。

⑥ 参见《ITU-T 简介》，载 ITU，https://www.itu.int/zh/ITU-T/about/Pages/default.aspx。

现国际电信联盟的宗旨，并在其具体的权能范围内履行国际电信联盟作为联合国专门机构和联合国开发系统或其他筹资安排的项目实施执行机构的双重职责，以便通过提供、组织和协调技术合作和援助活动，促进和加强电信的发展。[①] ITU-D 通过如下机构开展工作，包括：世界和区域性电信发展大会、电信发展研究组、电信发展顾问组以及选任主任领导下的电信发展局。[②]

（7）总秘书处（General Secretariat）。总秘书处的任务是向国际电信联盟成员提供高质高效的服务，其负责行政和财务管理，组织重要会议、提供大会服务、发布信息、确保安全并开展战略规划和行使以下机构职能：宣传、法律咨询、财务、人事、采购、内部审计等。[③] 总秘书处须由秘书长领导，秘书长由一名副秘书长协助，秘书长为国际电联的法人代表。[④]

（二）国际电信联盟的规则体系

国际电信联盟的规则体系极为庞杂，依据 2019 年版全权代表大会通过的基本文件汇编，国际电信联盟的相关规则主要包括《组织法》、《电信公约》以及《国际电联大会、全会和会议的总规则》以及任选议定书、决定、决议和建议等。依据《组织法》的规定，国际电信联盟的规则可以总结为《组织法》《电信公约》以及各行政规则三个层面。

（1）《组织法》。《组织法》是国际电信联盟的基本法规，其条款由《电信公约》的条款加以补充；《组织法》和《电信公约》的条款由监管电信使用并对所有成员国均有约束力的行政规则（包括《国际电信规则》以及《无线电规则》）进一步加以补充。其中《组织法》效力高于《电信公约》，《电信公约》效力高于各行政规则。[⑤]

《组织法》共 9 章，其中第 1 章为基本条款，对国际电信联盟宗旨、组成、成员国和各部门成员的权利与义务、国际电信联盟法规、相关定义、国际电信联盟法规的执行、国际电信联盟结构、全权代表大会、理事会及秘书处等

① 参见《组织法》第 118 款。
② 参见《组织法》第 130 ~ 133 款。
③ 参见《国际电联总秘书处》，载 ITU，https://www.itu.int/zh/general-secretariat/Pages/default.aspx。
④ 参见《组织法》第 73 条、第 73 条之二款。
⑤ 参见《组织法》第 29 ~ 32 款。

部门职责进行了规定。第 2 章至第 4 章分别针对无线电通信部门、电信标准化部门以及电信发展部门的职能和结构进行了规定。第 5 章规定了国际电信联盟职能行使的其他条款。第 6 章和第 7 章分别规定了关于电信的一般条款以及关于无线电的特别条款。第 8 章规定了国际电信联盟与联合国、其他国际组织和非成员国的关系。第 9 章针对核准、接受或批准、加入、修正、争议解决和退出等最后条款进行了规定。

(2)《电信公约》。如上述,《电信公约》的主要目的是对《组织法》的条款加以补充,因此,其主要内容也围绕《组织法》展开。《电信公约》共 6 章,其中第 1 章主要对全权代表大会、理事会、总秘书处、协调委员会、[①]无线电通信部门、电信标准化部门、电信发展部门等职能的行使进行了相对具体的规定。第 2 章规定了关于大会和全会的具体条款。第 3 章对国际电联大会、全会和会议总规则,表决权和保留进行了规定(现已删除)。第 4 章规定了财务、大会财务责任和语文等其他条款。第 5 章规定了关于电信业务运营的各项条款。第 6 章规定了争端解决和公约修订相关条款,争端解决则主要规定了仲裁程序。

(3)各行政规则。《组织法》规定行政规则是有约束力的国际法规,并对于行政规则的效力、批准、接受、核准以及修订等问题进行了规定。[②] 另外,《组织法》第 4 条规定的行政规则包括《国际电信规则》和《无线电规则(2020 版)》。

《国际电信规则》是一项有约束力的全球性条约,旨在促进通信和信息业务的国际互联互通和互操作性,同时确保其效率和广泛的公共有效性和可用性。该条约提出了确保信息在全世界自由流通及促进人人享有经济上可以承受的平等接入服务的总体原则,并为持续创新和市场发展奠定了基础。有关《国际电信规则》的最后一次磋商是于 1988 年在澳大利亚墨尔本举行的,[③]《国际电信规则》确定了国际电信业务提供和运行的总原则;推进了全球性的互联互通和互操作性;支持了技术设施的和谐发展和有效运行

① 协调委员会须就《组织法》第 26 条的相关规定和本《电信公约》的相关条款所提及的各项事宜向秘书长提供协助和咨询意见。

② 参见《组织法》第 215 ~ 223 款。

③ 参见《国际电信规则》,1988 年墨尔本世界电报电话行政大会最后文件,1989 年日内瓦。

以及提高了国际电信业务的效率、有用性和可用性。[①] 为顺应科学技术发展,2012 年 12 月 3 日至 14 日在阿联酋迪拜举行了首届国际电信世界大会,对《国际电信规则》进行审议并作出修改和补充。[②] 其修改和补充的内容主要包括:公众的通信权利、信息通信技术使用的安全性、对关键国家资源的保护、国际框架,包括税收的计费与结算、合规性和互操作性、服务质量以及融合。[③] 在总共 144 个出席会议并得到恰当授权的国家中,89 个国家签署了 2012 年《国际电信规则》。[④]

如上文所述,《无线电规则》发展历史悠久,其前身可以追溯至 1906 年制定的《国际无线电公约》。经过 100 余年的发展,无线电业务涵盖范围亦不断复杂,如今,《无线电规则》包括超过 1000 页的信息。最新版本的《无线电规则》由 2019 年世界无线电大会通过,其中多数条款于 2021 年 1 月 1 日生效。[⑤]《无线电规则》致力于实现如下目标:促进公平地获得和合理地使用无线电频谱和对地静止卫星轨道、确保为遇险和安全目的提供的频率的可用性以及保护其不受有害干扰、帮助防止及解决不同主管部门的无线电业务之间的有害干扰的情况、促进所有无线电业务的高效率和有效能的运营以及提供并在需要时管理新近应用的无线电通信技术。[⑥]《无线电规则》共 4 卷,其中第 1 卷为"条款",第 2 卷为"附录",第 3 卷是"决议和建议",第 4 卷是"引证归并的 ITU-R 建议书"。

二、无线电频率分配及卫星轨道使用规则

(一)无线电频率分配规则

无线电频率和任何相关轨道(包括地球静止轨道),均为有限的自然资源,必须合理、有效和经济地使用以使各国或国家集团可以在照顾发展中国

---

① 参见《WCIT12:概述》,载 ITU,https://www.itu.int/zh/wcit-12/Pages/overview.aspx。

② *Final Acts of the World Conference on International Telecommunications* (*Dubai*, 2012), ITU, https://www.itu.int/en/wcit-12/Documents/final-acts-wcit-12.pdf.

③ 参见《国际电信世界大会背景情况简介 -1:什么是〈国际电信规则〉——为何如此重要?》,载 ITU, https://www.itu.int/en/wcit-12/Documents/WCIT-background-brief1-C.pdf。

④ 参见《条约签署流程解惑》,载 ITU,https://www.itu.int/zh/wcit-12/Pages/treaties-signing.aspx。

⑤ 参见《无线电规则(2020 版)》,ITU,2020。

⑥ 参见《无线电规则(2020 版)》第 1 卷 -"条款",前言。

家的特殊需要和某些国家地理位置的特殊需要的同时，公平地使用这些轨道和频率。[①]《无线电规则》中关于无线电频率管理有三个概念至关重要，即划分(Allocation)、分配(Allotment)和指配(Assignment)。

(频段的)划分是指频率划分表中关于某一频段可供一种或多种地面或空间无线电通信业务或射电天文业务在规定条件下使用的记载。[②]《无线电规则》共界定42种无线电业务，其中，与卫星相关的业务包括卫星固定业务、卫星间业务、卫星移动业务、卫星无线电测定业务、卫星无线电导航业务、卫星无线电定位业务以及卫星气象业务等。[③]依照《无线电规则》第5条第I节的规定，为划分频率，把世界分成三个区域。[④]在频率划分表种，同一频段可能同时划分给两种以上无线电业务，为表明各种业务使用相关频段的地位，《无线电规则》将业务分为主要业务和次要业务。[⑤]其使用条件由频率划分表的脚注中标明的附加划分[⑥]和替代划分[⑦]来补充。[⑧]

(射频或无线电频道)分配是指经有权的大会批准，在一份议定书的频率分配计划中，关于一个制定的频道可供一个或数个主管部门在规定条件下，在一个或数个经指明的国家或地理区域内用于地面或空间无线电通信业务的记载。[⑨]《无线电规则》–"附录"25、26、27、30、30A和30B分别规定了在特定频段内水上移动专用频段海岸无线电话电台、航空移动业务以及

---

① 参见《组织法》第196款。

② 参见《无线电规则(2020版)》第1卷–"条款"，第1条，第Ⅱ节：有关频率管理的专有名词，第1.16款。

③ 参见《无线电规则(2020版)》第1卷–"条款"，第1条，第Ⅲ节：无线电业务。

④ 参见《无线电规则(2020版)》第1卷–"条款"，第5条，第I节：区域和地区。

⑤ 参见《无线电规则(2020版)》第1卷–"条款"，第5条，第Ⅱ节：业务种类和划分。

⑥ 某一频段如经频率划分表的脚注标明"亦划分"给比区域小的地区或某个国家内的某种业务，此即为"附加"划分。参见《无线电规则(2020版)》第1卷–"条款"，第5条，第Ⅱ节，第5.34~5.37：附加划分。

⑦ 某一频段如经频率划分表的脚注标明"划分"给比区域小的地区或某个国家内的一种或多种业务，即为"替代"划分，亦即在该地区或该国家内，此项划分替代频率划分表中所标明的划分。参见《无线电规则(2020版)》第1卷–"条款"，第5条，第Ⅱ节，第5.38~5.41：替代划分。

⑧ 关于"划分"的详细介绍和分析还可以参见胡建发、高国柱主编：《航天法概论》，西北工业大学出版社2021年版，第103页。

⑨ 参见《无线电规则(2020版)》第1卷–"条款"，第1条，第Ⅱ节：有关频率管理的专有名词，第1.17款。

卫星业务相关的频率分配规则。[①]

指配是由某一主管部门对某一无线电台在规定条件下使用某一射频或无线电频道的许可。[②] 频率指配一般是一国国内法的事情，但要符合相关国际法要求。例如，《无线电规则》规定各国在给电台指配频率时，如果这些频率可能对其他国家的电台所经营业务造成有害干扰，则必须按照频率划分表以及《无线电规则》的其他规定进行指配。[③]

(二)卫星轨道使用规则

自 1957 年人类具备外空活动能力后不久，国际电信联盟便对空间无线电通信的新发展作出了回应。1959 年在日内瓦召开的无线电行政大会在《无线电规则》中增加了空间业务、地球－空间业务以及射电天文业务 3 种涉及外空活动新业务的术语定义。[④] 1963 年，国际电信联盟召开了“分配外空无线电通信频带的非常无线电行政会议”，会议的主要任务是外空活动无线电频率的划分以及对无线电频率划分表的修订。[⑤] 会议上，来自国际电信联盟 70 个成员国超过 400 个代表表达了对公平使用无线电频率的关注，为此，会议通过了第 10A 号决议，指出国际电信联盟成员国享有公平合理使用分配给空间无线电通信频带的权利。[⑥] 1971 年召开的空间无线电行政会议

① 参见《无线电规则(2020 版)》第 2 卷－“附录”，25 (WRC－03，修订版)－“4000kHz 和 27，500kHz 频率间的水上移动业务专用频段内工作的海岸无线电话电台的条款及其频率分配规划”；“附录”，26(WRC－15，修订版)－“关于 3025kHz 和 18，030kHz 频率间划分给航空移动(OR)业务专用频段的条款和相关频率分配规则”；“附录”，27(WRC－19，修订版)－“航空移动(R)业务的频率分配规划及相关的资料”；“附录”，30(WRC－19，修订版)－“关于 11.7～12.2GHz(3 区)、11.7～12.5GHz(1 区)和 12.2～12.7GHz(2 区)频段内所有业务的条款以及与卫星广播业务的相关规划和指配表”；“附录”，30A(WRC－19，修订版)－“关于 1 区和 3 区 14.5～14.8GHz 和 17.3～18.1GHz 及 2 区 17.3～17.8GHz 频段内卫星广播业务(1 区 11.7～12.5GHz、2 区 12.2～12.7GHz 和 3 区和 11.7～12.2GHz)馈线链路的条款和相关规划和列表”；“附录”，30B(WRC－19，修订版)－“4500～4800MHz、6725～7025MHz、10.70～10.95GHz、11.20～11.45GHz 和 12.75～13.25GHz 频段内卫星固定业务的条款和相关规划”。相关介绍和分析也可参见胡建发、高国柱主编：《航天法概论》，西北工业大学出版社 2021 年版，第 105 页。

② 参见《无线电规则(2020 版)》第 1 卷－“条款”，第 1 条，第Ⅱ节：有关频率管理的专有名词，第 1.18 款。

③ 参见《无线电规则(2020 版)》第 1 卷－“条款”，第 4 条：频率的指配和使用，第 4.2 款。

④ 参见胡建发、高国柱主编：《航天法概论》，西北工业大学出版社 2021 年版，第 106 页。

⑤ See *Extraordinary Administrative Radio Conference to Allocate Frequency Bands for Space Radiocommunication Purposes*, ITU, https://www.itu.int/en/history/Pages/RadioConferences.aspx?conf=4.89.

⑥ See *Recommendation No. 10A-Relating to the Utilization and Sharing of Frequency Bands Allocated to Space Radiocommunications*, in Final Acts of the Extraordinary Administrative Radio Conference to Allocate Frequency Bands for Space Radiocommunication Purposes, Geneva, 1963.

对《无线电规则》作了进一步修改,确认了公平合理分配无线电频率的原则,[①]该原则后被纳入1973年修订的《国际电信公约》。[②]

研究者对20世纪70~80年代确立的卫星无线电以及地球静止轨道分配规则的特征概括为如下两个方面:一是各国均有权使用无线电频率,且该使用权不构成任何永久性的优先权;二是先到先得。[③] 对于不具备卫星制造和发射能力的发展中国家而言,"先到先得"规则显然不具合理性。另外,"先到先得"规则还会引起"纸卫星"的问题。[④] 因此,国际电信联盟在多次会议中对该规则进行调整。[⑤] 2019年,世界无线电大会再次修订《无线电规则(2020版)》,新修订的《无线电规则(2020版)》确定了卫星频率和轨道位置分配的规划法和协调法两种方式。[⑥]

综上,对于卫星频率和轨道位置的分配,一方面可以促进这一有限的自然资源公平、合理地使用,避免国家间产生冲突,最大限度地保障全人类利益;另一方面,也是在技术上避免有害干扰的需要。[⑦] 然而,随着卫星技术的不断发展以及参与外空活动主体的日益多元化,无线电频率和相关轨道的分配面临越来越多的挑战。

三、国际电信联盟合作框架及相关规则存在问题与面临挑战

国际电信联盟是推动全球电信业务合作的最重要的国际组织,影响其活动开展的因素包括技术、经济、政治以及社会等诸多方面,其参与主体则同时包括国家、公司、大学、国际组织和区域性国际组织等,其涵盖领域包括电报、电话、无线电、电视、外空与卫星、互联网以及移动连接等诸多方面。[⑧]

---

① See *Conclusion of the 2nd World Administrative Radio Conference for Space Telecommunications*, Telecommunication Journal, Vol. 38: 9, p. 619-620 (1971).

② 参见胡建发、高国柱主编:《航天法概论》,西北工业大学出版社2021年版,第107页。

③ 参见胡建发、高国柱主编:《航天法概论》,西北工业大学出版社2021年版,第107页。

④ See Francis Lyall& Paul B. Larsen, *Space Law: A Treatise*, Ashgate 2009, p. 396.

⑤ 参见胡建发、高国柱主编:《航天法概论》,西北工业大学出版社2021年版,第108页。

⑥ 关于规划法与协调法的具体介绍,可以参见胡建发、高国柱主编:《航天法概论》,西北工业大学出版社2021年版,第108~109页。

⑦ 《组织法》附件:"国际电信联盟本《组织法》、《电信公约》和行政规则内所用若干术语的定义"对于有害干扰的定义为:"危及无线电导航业务或其他安全业务的功能或严重损害、阻碍或不断阻断按照《无线电规则》操作的无线电通信业务的干扰。"

⑧ See *About International Telecommunication Union (ITU)*, ITU, https://www.itu.int/en/about/Pages/default.aspx.

因为需要处理如此庞杂且细致的问题,国际电信联盟无论是组织形式还是规则框架都异常复杂且不断随着外在条件的变化而完善或修改。作为一个电信业务合作平台,国际电信联盟成就斐然,其推动制定的规则也在很大程度上保障了相关领域的有序发展。当然,国际电信联盟机构框架和规则也存在一定问题且面临因新技术发展带来的挑战。

其一,国际电信联盟的财务问题。国际电信联盟的经费主要源于成员国和部门成员的会费。《组织法》规定,每一成员国和部门成员均需支付各自按照本法相关条款所选会费等级的单位数相应的金额。《电信公约》将会费等级分为从 40 个会费单位至 1/16 个会费单位,40 个至 2 个会费单位的等级,以一个会费单位为一个增减等级;2 个会费单位以下的会费等位等级包括:11/2、1、1/2、1/4、1/8 与 1/16。① 只有被联合国列为最不发达国家的成员国和理事会确定的成员国可以选择 1/8 和 1/16 个单位的会费等级。② 除电信发展部门的部门成员可以选择 1/4、1/8 和 1/16 个单位的等级外,其他部门成员均不可选择低于 1/2 个单位的会费等级。然而,1/16 个单位等级专门留给联合国开发计划署制定的名单上确定的并由国际电信联盟理事会审定的发展中国家的部门成员选择。③ 此外,依照《组织法》规定,理事会在全权代表大会召开前例会上,根据相应阶段的财务规划草案和会费单位总数,确定会费单位的临时金额。④ 然而,近年成员对于会费单位的选择不断下降,对于国际电信联盟的正常运转产生了一定影响。研究者将这一问题产生的原因归咎于国际电信联盟财务政策自身的不合理。对于参与组织的发展中成员而言,对会费等级选择的自由会使得组织财政来源不稳定。而对于发达国家而言,其作为组织中数量较少的一方承担了大比例的会费,但是并未在投票权中占据优势(国际电信联盟采用一国一票原则⑤),这种财政投入和权利获得的失衡虽然符合国际电信联盟关于对发展中国家利益予以特别考量的要求,但对于发达国家而言并不公平。⑥

① 参见《电信公约》第 33 条第 468 款。
② 参见《电信公约》第 33 条第 468A1 之二款。
③ 参见《电信公约》第 33 条第 468B1 之三款。
④ 参见《组织法》第 28 条第 161B 款。
⑤ 参见《电信公约》第 32A 条第 340A 款。
⑥ See Francis Lyall& Paul B. Larsen, *Space Law: A Treatise*, Ashgate 2009, p. 374.

其二,轨道拥挤与法律规制问题。归根结底,无线电频率和卫星轨道是有限的自然资源,国际电信联盟对于无线电频率和轨道的分配设置了极为复杂和烦琐的机制,其目的在于尽量保证公平分配和避免有害干扰,目前国际电信联盟仍能在技术允许范畴内予以协调。随着对无线电频率和卫星轨道的使用需求日益增大,轨道拥挤问题逐渐凸显,为国际电信联盟带来了新的挑战。如上述,随着微小卫星制造技术发展,卫星制造成本和发射成本的下降,被发射至轨道的卫星数量不断增加。① 2015 年 1 月,美国太空探索技术公司(SpaceX)CEO 埃隆·马斯克提出准备向近地轨道发射 4000 颗卫星组建卫星互联网,为全球提供高速、价格低廉的互联网服务。随后,这一项目被命名为"星链"(Starlink),计划发射卫星的数量也增至 42,000 颗。② 美国联邦通信委员会(Federal Communication Commission,FCC)已经授权了 12,000 颗"星链"卫星的发射,③而后,Space X 公司又向国际电信联盟提交了发射另外 30,000 颗卫星的申请。④ SpaceX 公司雄心勃勃的卫星星座建设计划并非孤例,卫星互联网这一巨大潜在市场同样引起了其他相关企业的重视,一网公司⑤以及亚马逊公司⑥都相继提出了自己的卫星星座发射计划和卫星互联网服务项目。近地小卫星星座部署带来轨道分配和避免有害干扰难题会随着时间的推移而愈加显现。

其三,月球、火星及其他天体探测活动的开展对新轨道分配规则的需求。《组织法》中对于频率和轨道的描述为"无线电频率和任何相关轨道包

① See Veronique Glaude, *International Telecommunication Union (ITU), Frequency Allocation for Operation Free from Interference in Outer Space*, United Nations/Chile Conference on Space Law and Policy: Governance and Legal Perspectives on Space Activities in Earth Orbit and Beyond (May 11,2022), https://www.unoosa.org/documents/pdf/spacelaw/workshops/SLC2022/presentations/H._Glaude_UNOOSA_ITU_frequency_management_20220511.pdf.

② See Adam Mann& Tereza Pultarova, *Starlink: SpaceX's Satellite Internet Project*, Space.com (Jan. 8, 2022), https://www.space.com/spacex-starlink-satellites.html.

③ See Reuters& David Shepardson, *U.S. FCC Approves SpaceX Satellite Deployment Plan*, Reuters (Apr. 27, 2021), https://www.reuters.com/technology/fcc-votes-approve-spacex-satellite-plan-official-2021-04-27/.

④ See Caleb Henry, *SpaceX Submits Paperwork for* 30,000 *More Starlink Satellites*, Space News (Oct. 15, 2019), https://spacenews.com/spacex-submits-paperwork-for-30000-more-starlink-satellites/.

⑤ See Amy Thompson, *Arianespace Launches* 36 *One Web Internet Satellites on Soyuz Rocket*, Space.com (May 29, 2021), https://www.space.com/arianespace-soyuz-launches-36-oneweb-7-satellites.

⑥ See Elizabeth Howell, *Amazon's 1st Kuiper Mega Constellation Satellites Will Launch on a ULA Atlas V Rocket*, Space.com (Apr. 20, 2021), https://www.space.com/amazon-kuiper-megaconstellation-atlas-v-rockets.

括地球静止轨道”。对于任何相关轨道的内涵,《组织法》中虽未做明确规定,但从《无线电规则》等文件中对卫星相关业务的界定可以看出,国际电信联盟关注的卫星轨道问题仍以地球轨道为主。然而,近年来,随着新一轮探月热潮的兴起,为满足地月间通信、监测等要求,对于月球相关轨道的利用活动逐渐增多。与地球轨道类似,月球相关轨道同样是有限自然资源且具有重要战略意义,[①]如何确保对这些轨道进行公平利用或许是国际电信联盟规则未来需要着重解决的问题。

综上,作为联合国在国际电信事务领域的专门机构,国际电信联盟在推动世界电信业发展及电信规则制定和完善等诸多方面作出了积极贡献。从外空国际合作角度看,作为具有超过百年历史的政府间国际组织,国际电信联盟在组织框架、合作模式、程序规则以及争端解决等多方面实践经验对于外空国际合作相关组织有借鉴和启示意义。而推动国际电信联盟与联合国外空委等机构的沟通与协调也是进一步完善外空国际合作机制的方式。此外,国际电信联盟相关规则所涉的无线电频率及卫星轨道分配以及避免有害干扰等规定本身便依赖各成员方的通力合作与协调,是外空国际合作的重要内容。

第三节 其他外空国际合作机构及规则

除了联合国外空委以及国际电信联盟之外,国际社会针对外空国际合作还建立了诸多其他机构。这些机构有的覆盖外空活动的全部领域,有的针对特定内容,有的为政府间国际组织,有的则为非政府间国际组织。本研究无法全面涵盖所有推动外空国际合作的机构及其法律规则内容,本节仅选择几个具有代表性的机构对其组织框架和规则进行介绍和分析。

---

① 关于月球轨道资源及其战略意义的分析,可以参见 Laura Duffy& James Lake, *Cislunar Space Power, the New Frontier*, Space Force Journal (Dec. 31,2021), https://spaceforcejournal.org/3859-2/。

一、全球探索战略:合作框架

2006年8月,14个国家(地区)的外空主管机构①讨论外空探索全球协调与合作的概念,依据讨论结果,2007年5月,这14个外空主管机构推出了名为《全球探索战略:合作框架》(The Global Exploration Strategy Framework: The Framework for Coordination)的文件,发起了全球探索战略合作框架(The Global Exploration Strategy Framework,GES)。② 发起GES框架的重要原因在于,主要空间国家意识到外空的可持续探索对于任何一个国家都是巨大的挑战,没有一个国家单凭一己之力可以完美应对这一问题。GES并非是一个专门的合作项目,该框架仅提供一个自愿参与、不具法律约束力的合作平台,通过在该平台的沟通与协调,希望可以增强各国空间活动能力。从长远合作、协调目标看,GES致力于推动对太阳系的探索,尤其是人类社会未来可能会建立永久性站所(如月球、火星等)天体的探索和开发。③

GES最大限度地为参与者提供讨论其在外空探索中的兴趣、目标和计划的可能性;促进全社会对外空探索的兴趣并参与到相关的活动中来,以实现如下目标:充分利用所有可能的资源、知识和技术能力;充分利用每一个空间机构的投入;认识到国家间项目的差距及存在的重叠;分享各国家和国际项目中获得的经验;通过完善生命支持的操作系统等改善人类在外空的安全性;提高全球外空探索的整体稳定性。④

作为一个推动各国对话、沟通的合作平台,GES并非传统意义上的国际组织,其组织模式较为松散。GES开展合作协调的基本原则包括如下几个方面。⑤ 其一,开放包容。接受所有在外空探索活动中进行投入、开展相关

---

① 这14个国家(地区)分别为澳大利亚、中国、加拿大、欧洲、法国、德国、印度、意大利、日本、韩国、俄罗斯、美国、英国、乌克兰。

② See *International Space Exploration Coordination Group*, NASA, https://www.nasa.gov/humans-in-space/international-space-exploration-coordination-group/.

③ See Executive Summary, The Global Exploration Strategy Framework: The Framework for Coordination, April 2007.

④ See Chapter 1, The Global Exploration Strategy Framework: The Framework for Coordination, April 2007.

⑤ See Chapter 6, The Global Exploration Strategy Framework: The Framework for Coordination, April 2007.

活动的机构的参与;在所有对外空探索活动感兴趣的机构(包括没有相关具体职能的外空机构和政府机构)之间提供协商的机会。其二,灵活渐进。考虑并结合已有的协商、协调机制;允许逐步建立协商、协调框架和机制,并根据外空活动的发展需求逐步演化;允许在外空探索活动中有既得利益和明确利益诉求的政府指派代表参加;提供不同层级的协商与协调。其三,有效性。鼓励参与机构接受协调程序的角色,并按照协调机制预期的结果行事。其四,维护共同利益。致力于贡献所有参与者的共同和平目标和利益;尊重参与机构的国内权利;允许各参与机构依照其不同利益诉求选择性参与相关活动。

2007 年 11 月,在柏林召开的 GES 会议上,各代表机构决定成立国际太空探索协调组(International Space Exploration Coordination Group,ISECG)以进一步推动 GES 框架的工作。① 此次会议通过了 ISECG“职责范围”文件,对 ISECG 的目标、活动范围、原则、成员、组成以及工作程序等进行了说明。② 从 2008 年起,陆续有相关国家的外空机构加入 ISECG,截至目前,ISECG 的成员方已达 27 个。③ 2011 年,ISECG 制定并发布了《全球探索路线图》第 1 版,④此后又分别于 2013 年和 2018 年发布了第 2 版和第 3 版。⑤ 2020 年和 2022 年则分别发布了对《全球探索路线图》第 3 版的补充版本。⑥《全球探索路线图》基于 ISECG 的目标总结了人类探索外空的国际共同理念,其主要

① See *About ISECG*, ISECG, https://www.globalspaceexploration.org/wordpress/?page_id=50.

② See *International Space Exploration Coordination Group: Terms of Reference*, ISECG, https://www.globalspaceexploration.org/wordpress/wp-content/uploads/2015/03/ISECG-ToR_Proposed-Update_clean-copy_150714.pdf.

③ See Stefaan De Mey, *ISECG-A Growing Global Effort and Momentum Going Forward to the Moon and Mars*, 28th UN/IAF Workshop on Space Technology for Socioeconomic Benefits: Space Exploration a Source of Inspiration, Innovation and Discovery, 22 October 2021.

④ See *The Global Exploration Roadmap*, ISECG (Sept. 2011), https://www.globalspaceexploration.org/wordpress/wp-content/uploads/2013/10/GER_2011.pdf.

⑤ See *The Global Exploration Roadmap*, ISECG (Aug. 2013), https://www.globalspaceexploration.org/wordpress/wp-content/uploads/2013/10/GER_2013.pdf; *The Global Exploration Roadmap* (3rd edition), ISECG (Jan. 2018), https://www.globalspaceexploration.org/wordpress/wp-content/isecg/GER_2018_small_mobile.pdf.

⑥ See *The Global Exploration Roadmap Supplement: Lunar Surface Exploration Scenario Update*, ISECG (Aug. 2020), https://www.globalspaceexploration.org/wp-content/uploads/2020/08/GER_2020_supplement.pdf. *The Global Exploration Roadmap Supplement: Lunar Surface Exploration Scenario Update*, ISECG (Oct. 2022), https://www.globalspaceexploration.org/wp-content/isecg/GER_Supplement_Update_2022.pdf.

内容随着外空活动的发展而不断调整,从最初关注国际空间站战略逐步发展为关注人类探索月球、小行星、火星和其他目标的战略。例如,2018 年发布的最新版本《全球探索路线图》对世界各国一致认可的月球探索对火星探索与开发的重要性进行了回应。2022 年的补充版本则进一步细化了月球探索目标并更新了各成员机构的任务目标等。

如果以太阳系探索包括在月球和火星建立人类新的栖息地为外空活动的目标的话,人类社会所能依赖的最有效方式只有紧密合作。这也是人类挣脱地球这个摇篮,从而走出“童年”时期的重要标志。GES 以及 ISECG 试图打造一个人类在更为宏伟的目标前摒弃其他不和谐因素,团结合作的框架。事实上,从人类具备外空活动能力的那一刻起,便有关于建立全球性合作机制的提议,以美、苏为代表的不同政治阵营经过激烈博弈,成立了联合国外空委。[①] 而今,人类再次面对外空活动领域的新问题,似乎有必要考虑建立更为紧密和有效率的全球性外空合作机制。GES 包括 ISECG 可以作为未来建立全球性外空合作框架的基础,但其仍有诸多不尽如人意之处,难以支撑建立更高程度的全球性外空合作。[②] 首先,从组织结构看,GES 仅是一个松散的框架倡议,并非国际组织,因此,其主要扮演一个合作沟通平台的角色。GES 对联合国外空委的工作有一定辅助作用,但远非具有全球意义的外空合作机制。其次,GES 的合作以自愿为主,不具法律约束力,因此,GES 在具体项目合作中能够起到的实质作用有限(也正如 GES 自身所定位的,其并非专门合作项目)。从现实发展看,目前国际社会已经开启了新一轮探月热潮,以美国为代表的相关国家发起的阿尔忒弥斯项目和中、俄发起的国际月球科研站呈现竞争状态,这对 GES 合作框架希望实现的目标造成了不小的冲击,当然,从另一方面看,GES 框架也为双方未来开展合作协调提供了可能性。

---

① See Stephan Hobe, *Historical Background of the Outer Space Treaty*, in Stephan Hobe, Bernhard Schmidt-Tedd& Kai-Uwe Schrogl eds., Cologne Commentary on Space Law (Vol. I), Carl Heymanns Verlag, 2008, p. 4.

② See Alain Dupas, *International Cooperation in Space Exploration: Lessons from the Past and Perspectives for the Future*, in Kai-Uwe Schrogl, Charlotte Mathieu& Nicolas Peter eds., Yearbook on Space Policy (2007/2008): From Policies to Programs, Springer Verlag, 2009, p. 186.

二、国际通信卫星组织与国际海事通信卫星组织

（一）国际通信卫星组织

在外空活动成为可能之后的相当一段时间里，只有美国和苏联具备卫星发射能力。不过，彼时美国便开始考虑如何推动其他国家广泛参与卫星通信领域活动的问题。1961 年 12 月 25 日，在联合国大会的一次演讲上，时任美国总统肯尼迪提出应考虑建立一个通信卫星全球性系统，通过电报、电话、广播和电视将全世界联通起来。[①] 1964 年 8 月 20 日，包括美国、英国、加拿大以及荷兰等在内的 7 国签订了《建立全球商业卫星通信系统临时安排的协定》，[②]国际通信卫星组织以临时机构的形式得以初步建立。从法律性质看，这一致力于对全球商业卫星通信进行临时安排的机制并非正式的政府间国际组织。[③] 临时安排由"临时协定"和"特别协定"两部分组成。"临时协定"由国家签订，其内容主要包括基本原则、规则以及组织的结构。[④]"特别协定"，由"临时协定"缔约国主管电信的部门签订。[⑤] 在所有"临时协定"的签字国中，除美国外，都指定了本国的政府部门作为特别协定的签字方，而美国则指定了通信卫星公司（Communications Satellite Corporation，COMSAT[⑥]）作为签字方。[⑦]"特别协定"则针对更为细节性的财政和技术条款进行了规定。[⑧] 依照"临时协定"规定，各签字国缔结该协定的目的在于建立一个单一全球商业通信卫星体系，并将之作为改进全球通信网络的一部

---

① See *Address to U. N. General Assembly*, John F. Kennedy: Presidental Library and Museum (Sept. 25, 1961), https://www.jfklibrary.org/asset-viewer/archives/JFKPOF/035/JFKPOF-035-048.

② See Agreement Establishing Interim Arrangements for a Global Commercial Communications Satellite System, and Special Agreement (with Annex), Washington, 20 August 1964.

③ See Francis Lyall& Paul B. Larsen, *Space Law: A Treatise*, Ashgate 2009, p. 327.

④ See Agreement Establishing Interim Arrangements for a Global Commercial Communications Satellite System, Washington, 20 August 1964.

⑤ See Art. 1(f), Special Agreement.

⑥ COMSAT 是美国国会于 1962 年批准成立的私营公司，用以开发商业通信卫星系统。关于该公司的更多介绍，可以参见 *COMSAT: American Corporation*, Britannica, https://www.britannica.com/topic/Comsat。

⑦ See Francis Lyall& Paul B. Larsen, *Space Law: A Treatise*, Ashgate 2009, p. 327.

⑧ See Special Agreement, Washington, 20 August 1964.

分。[①] 为实现这一目的,"临时协定"要求签字方为提供全球商业卫星通信系统空间段的设计、开发、建造、设立、维护与操作开展合作。[②] 在"临时协定"存续期间,共有19个国家加入,每个国家指定一个签字方加入"特别协定",每个签字方都被分配了相应比例的份额以投入协定合作项目之中。在所有签字国中,美国占有最高份额,达61%,占有最低份额的为梵蒂冈,仅为0.05%。[③] 此外,依照"临时协定"和"特别协定"的规定,空间段由"特别协定"签字方依照其对相关环节的投入份额不同比例拥有。[④] 每个"特别协定"的签字方则依其本国所承担份额比例对空间段的设计、开发、建造、设立、维护与操作所需资金进行投入。[⑤] 以"临时协定"和"特别协定"为基础的全球商业卫星通信临时安排始于1964年,直至1973年,国际通信卫星组织作为常设性国际组织成立。

1971年5月的一次会议上,78个成员对国际通信卫星组织的最终安排达成一致意见,签订《国际通信卫星组织(International Telecommunications Satellite Organization)业务协定》(以下简称"INTELSAT协定")。[⑥] 该协定于1973年2月12日正式生效,[⑦]标志着INTELSAT正式建立。[⑧] INTELSAT具备法律人格,可以在其职能和目的范围与国家或国际组织签订协议、订立合同、获得或处置财产以及参与法律诉讼程序。[⑨] 建立INTELSAT的目的在于在一个确定的基础上继续和进一步推进由"临时协定"和"特别协定"建立

---

① See Preamble, Agreement Establishing Interim Arrangements for a Global Commercial Communications Satellite System.

② See Art. 1, Agreement Establishing Interim Arrangements for a Global Commercial Communications Satellite System.

③ See Annex: List of Prospective Signatories to the Special Agreement, Washington, 20 August 1964.

④ See Art. 3, Agreement Establishing Interim Arrangements for a Global Commercial Communications Satellite System.

⑤ See Art. 3, Special Agreement.

⑥ See Agreement Relating to the International Telecommunications Satellite Organization "INTELSAT" (with an Annex), Washington, 20 August 1971.

⑦ See Francis Lyall& Paul B. Larsen, *Space Law: A Treatise*, Ashgate 2009, p. 330.

⑧ See Art. 1 (a), Agreement Relating to the International Telecommunications Satellite Organization "INTELSAT".

⑨ See Art. 4, Agreement Relating to the International Telecommunications Satellite Organization "INTELSAT".

的全球商业卫星通信系统空间段的设计、开发、建造、设立、维护与操作。[①] 与临时安排类似，INTELSAT 的相关协议文件也分为两个部分，其中，“INTELSAT 协定”由各成员国加入，“操作协定”则由各成员国或其指定的公共或私营电信机构签署加入。[②] INTELSAT 的首要目标是在商业和非歧视的基础上，为国际公共通信服务提供高质量的和可靠的空间段支持。[③] 关于 INTELSAT 的财政安排，“INTELSAT 协定”明确规定 INTELSAT 是其空间段和所有资产的所有者，每个签署方应拥有与其在所有签署方对 INTELSAT 空间段的所有利用中所占百分比相对应的投资份额。[④] 每个签字方都应对 INTELSAT 的资本需求进行投入，并依照“操作协定”的规定获取资本利用的返还或补偿。[⑤] 此外，所有 INTELSAT 的空间段使用者应平等支付相应费用。[⑥]

随着外空商业化的发展，包括卫星发射和运营在内的活动已不再仅由国家开展，越来越多非政府实体开始参与进来，卫星通信领域同样如此。在这样的背景下，以不同国家和政府机构为主要参与者的 INTELSAT 也开始走上私营化的道路。2001 年 7 月，为应对外空商业化和私营化竞争压力，INTELSAT 进行了结构调整，创立了一个私营公司，即国际卫星通信有限责任公司（Intelsat，Ltd.）。[⑦] 而原 INTELSAT 作为国际组织的职能则以一个新的机构国际电信卫星组织（ITSO）继续开展。[⑧] 依据《国际通信卫星组织协定》（Agreement Relating to the International Telecommunications Satellite Organization），ITSO 的主要目的和基本原则包括保障全球连接和覆盖，为生

---

① See Art. 2 (a), Agreement Relating to the International Telecommunications Satellite Organization “INTELSAT”.

② See Art. 2 (b), Agreement Relating to the International Telecommunications Satellite Organization “INTELSAT”.

③ See Art. 3 (a), Agreement Relating to the International Telecommunications Satellite Organization “INTELSAT”.

④ See Art. 5 (a), Agreement Relating to the International Telecommunications Satellite Organization “INTELSAT”.

⑤ See Art. 2(b) – (c), Agreement Relating to the International Telecommunications Satellite Organization “INTELSAT”.

⑥ See Art. 2 (d), Agreement Relating to the International Telecommunications Satellite Organization “INTELSAT”.

⑦ See *INTELSAT History*: *Our Story*, Intelsat, https://www.intelsat.com/about-us/our-story.

⑧ 关于 ITSO 发展历程的介绍可以参见 *ITSO*: *About Us*, ITSO, https://itso.int/about-us/。

命线连接客户提供服务,[①]提供非歧视的国际卫星通信系统连接。[②] 另外,ITSO 还负有监督 Intelsat Ltd. 开展的活动符合其核心原则以及保护轨道位置这一各方共同财产和相关频率分配的职责。[③]

无论是 INTELSAT 还是之后的 ITSO,对于推动通信卫星业务的全球化发展都起到重要作用。但是,作为一个政府间国际组织,INTELSAT 从建立之初便以美国为主导,这是由机构建立之时美国在通信卫星领域的绝对垄断地位所决定的。而随着越来越多国家开始具备卫星通信能力,加之外空商业化和私营化进程的快速发展,单纯地依赖一个美国占有绝对优势的政府间国际组织对全球卫星通信业务进行协调显然不再具有现实可行性,因此,INTELSAT 也审时度势,进行了私营化。从推动外空国际合作的角度看,INTELSAT 建立之初带有浓重的空间强国主导色彩,随着合作的逐渐深入,发展中成员国和发达成员国之间对于诸多问题也存在不少争议,但总体而言,INTELSAT 以及之后的 ITSO 在卫星通信这一具体领域的作用还是值得肯定的。

(二)国际海事通信卫星组织

1962 年,世界第一颗通信卫星——Telstar 发射后不久,国际海事组织(International Maritime Organization,IMO)便意识到卫星通信对支援海上危难情况的巨大潜力,并发起了一项关于卫星通信系统服务于海事目的操作需求的研究。[④] 1973 年,IMO 决定发起召开一场会议,以卫星技术为基础建设一个新的海事通信系统,会议最终于 1975 年召开,1976 年 9 月 3 日,《国

---

① "生命线"(Lifeline)是美国联邦通信委员会的一个计划,旨在说明低收入消费者减少通信服务费用。"生命线"为使用者提供参与计划的服务提供者推出的每月电话服务、宽频网际网络接入服务或附带语音宽频搭售服务的折扣。有了这种折扣,低收入消费者就能够负担得起 21 世纪宽频和随之而来的就业、医疗和教育资源。关于"生命线"计划的详细信息,可以参见《低价通讯的"生命线"支援》,Federal Communications Commission, https://www.fcc.gov/consumers/guides/di-jia-tong-xun-de-sheng-ming-xian-zhi-yuan。

② See Art. 3: Main Purpose and Core Principles of ITSO, Agreement Relating to the International Telecommunications Satellite Organization.

③ See Art. 5: Supervision, Agreement Relating to the International Telecommunications Satellite Organization.

④ See *Brief History of IMO*, IMO, https://www.imo.org/en/About/HistoryOfIMO/Pages/Default.aspx.

际海事卫星组织公约》以及一项"操作协定"正式通过。[①] 该公约于 1979 年 7 月 16 日正式生效。

国际海事卫星组织（International Maritime Satellite Organization，INMARSAT）的法律性质是政府间国际组织，成员方应签署《国际海事卫星组织公约》，且每个成员方或其指定的其管辖范围内的公共或私营职能机构，应签署"操作协定"。[②] 依照公约规定，建立 INMARSAT 的目的是通过提供改善海事通信的空间段（以及可行时的航空通信）协助改善海上遇险及生命安全通信、船舶效率和管理、海上公共函件服务以及无线电定位能力。[③] "操作协定"则规定了 INMARSAT 的初始资本上限以及投资份额等。依照规定，投资份额与对组织空间段的使用成比例。[④]

20 世纪 80 年代，INMARSAT 与国际民用航空组织开展合作，其覆盖范围也开始逐渐包括航空运输，尤其是航空安全保障问题。[⑤] 1994 年，INMARSAT 更名为国际移动卫星组织（International Mobile Satellite Organization，IMSO），这标志着该组织服务范围从海事领域扩展到更为广泛的其他交通运输领域，不过此次更名之后 INMARSAT 的缩写仍然予以沿用。[⑥] 1998 年，INMARSAT 成员国同意对组织进行私营化，并于 1999 年 4 月完成结构重组，重组后的组织包括两个部分：一部分为 INMARSAT 有限责任公司，负责组织的商业化活动，该公司受英国法规制，已于 2003 年年底全部私营化；另一部分则为 IMSO。IMSO 的性质为政府间国际组织，其主要目的是监督移动卫星通信系统提供某些公共卫星通信服务的安全。此外，

---

① 关于《国际海事卫星组织公约》及相关文件的发展历程的详细介绍，可以参见 *Convention on the International Maritime Satellite Organization*, IMO, https://www.imo.org/en/About/Conventions/Pages/Convention-on-the-International-Maritime-Satellite-Organization.aspx。

② See Art. 2：Establishment of INMARSAT, Convention on the International Maritime Satellite Organization.

③ See Art. 3：Purpose, Convention on the International Maritime Satellite Organization.

④ See Operating Agreement on the International Maritime Satellite Organization, 16 July 1979.

⑤ See *Proposed Amendments to the Convention on the International Maritime Satellite Organization*, International Civil Aviation Organization, https://web.archive.org/web/20110607182144/, http://www.icao.int/ICDB/HTML/English/Representative%20Bodies/Council/Working%20Papers%20by%20Session/169/C.169.WP.12002.EN/C.169.WP.12002.EN.HTM.

⑥ See *Convention on the International Maritime Satellite Organization*, IMO, https://www.imo.org/en/About/Conven tions/Pages/Convention-on-the-International-Maritime-Satellite-Organization.aspx.

IMSO 还担任远程识别与跟踪以及船舶跟踪的协调员。[①]

与 INTELSAT（以及之后的 ITSO）类似，INMARSAT 也经历了从政府间国际组织向私有化转型的过程。只不过 INMARSAT（以及之后的 IMSO）所关注的领域更为具体、明确。从推动全球外空合作的角度看，INMARSAT 与 INTELSAT 所扮演的角色类似，对于商业卫星通信的发展有重要的推动和协调作用。

三、国际宇航联合会与国际空间法学会

国际宇航联合会（以下简称国际宇航联）成立于 1951 年，目前共有来自 77 个国家的 513 个成员，成员包括所有主要国家的航天主管部门以及来自世界各地的公司、研究机构、团体、协会和研究所的代表。[②] 国际宇航联的主要目的是促进国际合作、发展与知识交流。其组织机构包括行政委员会和技术委员会，其中技术委员会涵盖了包括外空技术、产业、教育以及文化等在内的诸多领域。[③] 国际宇航联每年在不同国家举办年会，针对外空活动的诸多领域进行学术交流，同时也吸引商业和产业界参与，这些活动的开展对于外空国际规则的制定有重要意义。对于国际外空规则的发展有推动意义的另一机构，即国际空间法学会，就是在国际宇航联大会举办期间召开年会，力图将法律层面的研究和交流与技术界和产业界密切联系起来。国际空间法学会成立于 1960 年，[④]其主要目的是促成相关国家机构和国际组织在外空法领域的合作以推动外空法的发展，以及就外空法律与社会方面的问题开展学术会议及讨论等。[⑤]

国际宇航联的法律性质是非政府间国际组织，其参与主体数量众多且性质多元。因为涉及外空活动的诸多领域，国际宇航联对外空国际合作的

---

① See *IMSO*: *International Mobile Satellite Organization*, IMSO, https://imso.org/.

② See *About*: *A Space-faring World Cooperating for the Benefit of Humanity*, IAF, https://www.iafastro.org/about/.

③ See *IAF Administrative and Technical Committees*, IAF, https://www.iafastro.org/about/iaf-committees/.

④ 国际空间法学会于 2007 年，此前，其为国际宇航联的一个组成部分，成立于 1960 年。See *Statutes and Bylaws of the IISL*, IISL, https://iislweb.space/statutes-and-bylaws/.

⑤ 关于国际空间法学会职能的详细规定，参见 *International Institute of Space Law Statutes*, IISL, https://iislweb.space/wp-content/uploads/2022/01/IISLSTATUTES_2013.pdf。

开展有一定的促进和推动意义。而与国际宇航联关系密切的国际空间法学会致力于相关法律规则的交流与合作,对于外空国际合作的推动意义同样不可小觑。

第四节　本 章 小 结

从人类社会具备外空活动能力开始,世界各国便意识到在全球层面推动外空合作的重要意义,也为此作出了相当的努力。以联合国外空委为代表的全球性外空合作机构制定了至今为止仍为世界各国所普遍接受的外空活动国际规则体系,并在相当的一段时间里保障了全球性外空合作的开展。而伴随外空技术的不断发展,全球性外空合作的领域也逐渐增加,致力于保障和推动卫星通信合作的国际电信联盟、国际卫星通信组织、国际海事通信卫星组织等也在各自的领域发挥作用。然而,外空活动本身有其复杂性,外空国际合作更是受到国际政治、经济等诸多因素的影响。因此,无论是联合国外空委还是其他政府间和非政府间外空国际合作机构,包括在这些机构框架下制定的法律规则,都面临这样或那样的挑战,这便要求世界各国在未来外空活动和外空合作的开展过程中,努力寻求、探索有利于促进全球性外空合作的有效措施。

第三章

区域外空合作实践与法律规制

由于地理位置相近，文化上和传统上的相似以及相互间利益的相对一致，区域合作的开展具有得天独厚的优势。外空活动从其发展最初便具有军民两用性质，外层空间自身也极具战略意义。因此，即便是在区域层面，外空合作的开展也并不容易。从目前发展情况看，欧空局框架下的外空合作活动开展得最为成功。欧空局也构建了较为成熟的区域外空合作法律规则模式。其他地区如亚洲、非洲和拉丁美洲等也都存在区域外空合作实践，且在这些区域外空国际合作框架下发展出不同类型的法律模式，但这些地区的外空合作大多仍处在初级阶段，与欧洲尚有不小的差距。本章针对欧洲、亚洲、非洲和拉丁美洲区域外空国际合作实践的发展、法律规制模式以及存在的问题进行深入分析。

第一节　欧洲外空合作：欧空局与欧盟

作为维护欧洲全面合作的组织，欧盟具备超越传统的政府间国际组织的特征。[①] 从宏观层面看，欧洲地区的合作无疑是全世界所有区域合作之中最为紧密和成功的典范。从外空活动这一具体领域看，欧洲的实践也具有

① 研究者一般认为，与传统的政府间国际组织不同，欧盟是具有超国家性质的组织。相关分析可以参见 Roger J. Goebel, *Supranational? Federal? Intergovernmental? The Governmental Structure of the European Union After the Treaty of Lisbon*, Columbia Journal of European Law, Vol. 20, p. 78 – 142(2013)；另参见 Armin von Bogdandy, *Neither an International Organization nor A Nation State: The EU as A Supranational Federation*, in Erik Jones et al eds., The Oxford Handbook of the European Union, Oxford University Press, 2012, p. 761 – 776。

示范意义。本节首先对欧洲外空合作的发展历程进行梳理，之后对欧空局法律合作框架及保障欧空局合作成功的重要法律措施进行分析，同时关注欧盟与欧空局在外空合作领域的关系，最后对欧空局外空合作法律框架对其他地区开展外空合作的启示意义进行探讨。

一、欧洲外空合作发展历程与欧空局的建立

在苏联和美国具备外空活动能力之后不久，欧洲的科学家便意识到在外空领域开展合作的必要性。科学家们认为，应该在欧洲层面建立一个外空研究组织，只有这样才能使欧洲团结一致面对两大外空强国带来的挑战，在外空活动领域获得竞争力。此外，欧洲科学家们也意识到，外空活动的开展必然引领技术的进步，这对欧洲经济和工业的发展无疑至关重要。[①] 总体而言，促使欧洲诸国考虑开展外空合作的最主要动机在于获得独立开展外空活动的能力，从而在与美、苏的外空竞争中占有一席之地。对于促进欧洲地区经济和工业发展的考虑也是欧洲外空合作的重要因素之一。另外，有研究者指出，欧洲开展外空合作的另一个动机在于其一直未能建立外空军事项目，[②]从保障地区安全的角度看，这一缺失也促使欧洲各国开展相关合作。

在上述因素推动之下，1962 年，10 个欧洲国家联合澳大利亚成立了欧洲空间研究组织（European Space Research Organization，ESRO），这是欧洲地区成立的第一个致力于开展外空合作的组织。[③] 成立该组织的主要目标之一是专为和平目的促进欧洲国家在外空科学研究与技术方面的协调。[④] 为实现这一目标，在 ESRO 框架下开展的合作项目和活动包括：成员国或组织的探空火箭有效载荷、卫星、空间探测器以及运载设备的设计和建造，促进、组

---

① See Roger M. Bonnet& Vittorio Manno, *International Cooperation in Space*: *The Example of the European Space Agency*, Harvard University Press, 1994, p. 3.

② See Roger M. Bonnet& Vittorio Manno, *International Cooperation in Space*: *The Example of the European Space Agency*, Harvard University Press, 1994, p. 3.

③ See Frans von der Dunk, *European Space Law*, in Frans von der Dunk& Fabio Tronchetti eds., Handbook of Space Law, Edward Elgar Publishing, 2014, p. 209 – 210.

④ See Art. II: Purpose, Convention for the Establishment of a European Space Research Organization.

织外空发射,开展数据接收、收集、简化与分析等。[①] 此外,为了有效组织和协调不同国家针对外空科学技术研究的合作,还有诸多其他问题需要解决,包括:组织的预算、不同国家间财政义务的分配、人员安排以及基本法律规则的制定等。[②] ESRO以外空科学技术作为合作重点,其建立拉开了欧洲外空合作的序幕。ESRO与之后建立的欧洲运载火箭开发组织(European Launcher Development Organization,ELDO)合并成立了欧空局。

欧洲国家建立ELDO的主要目的是打破美国与苏联对外空发射的垄断。[③] 与ESRO主要依靠美国运载器发射外空物体不同,ELDO计划制造一枚三级火箭欧罗巴号(Europa)。此外,ESRO由科学家发起,主要致力于实现科学研究目标;ELDO由欧洲各国政府建立,各国政府一方面希望充分利用外空科技发展带来的裨益,另一方面则希望通过合作更好地满足外空活动的资金要求。ELDO框架下开展外空合作的目的涉及民事和军事等各个层面。[④] 然而,由于缺乏在负责不同火箭级的成员国之间进行有效的协调,欧罗巴项目以失败告终。即便此后ELDO又提出了欧罗巴-2与欧罗巴-3项目,但都未获成功。[⑤] ELDO的失败加之对于外空项目需求的日益高涨,使欧洲各国开始考虑建立一个能够更好满足其外空活动发展需求的组织,在这样的背景下,欧空局便应运而生了。

1975年,欧洲多国签订了《建立欧空局公约》将ESRO与ELDO合并,建立了欧空局。与ESRO和ELDO相比,这一新建立的欧洲外空合作机构不仅关注外空发射和科学技术研究,也关注外空应用系统,例如,通信卫星的操作等。[⑥]

① See Art. V: Program and Activities, Convention for the Establishment of a European Space Research Organization.

② See Roger M. Bonnet& Vittorio Manno, *International Cooperation in Space: The Example of the European Space Agency*, Harvard University Press, 1994, p. 6 - 9.

③ See John Krige, Arturo Russo, *A History of the European Space Agency* (1958 - 1987, *Volume I*), European Space Agency, 2000, p. 92.

④ See Roger M. Bonnet& Vittorio Manno, *International Cooperation in Space: The Example of the European Space Agency*, Harvard University Press, 1994, p. 12 - 13.

⑤ See Roger M. Bonnet& Vittorio Manno, *International Cooperation in Space: The Example of the European Space Agency*, Harvard University Press, 1994, p. 14.

⑥ See *ESA Convention Booklets*, ESA, https://www.esa.int/About_Us/ESA_Publications/ESA_Convention_Booklets.

截至目前,欧空局共有 22 个成员国,[1]是欧洲地区最为综合的外空合作机构,其合作领域涉及外空活动的方方面面。欧空局的主要合作项目涉及外空科学、[2]人类和机器人外空探索、[3]地球观测、[4]卫星通信与导航、[5]空间交通运输[6]以及外空操作等。[7]

欧空局外空合作项目取得了巨大的成功,欧洲外空合作也因此成为世界其他地区外空合作的典范。欧洲各国选择通过合作方式开展外空活动的主要原因可以概括为如下几个方面。其一,冷战背景下外空竞争的推动。如上述,欧洲国家开展外空合作的一个重要原因是摆脱对美、苏外空能力的依赖。事实上,苏联第一颗人造地球卫星发射成功之后,外空便成为世界各国必须予以重视的战略制高点。因此,美国、欧洲各国、亚洲主要国家如日本、中国以及印度等都相继开展了本国外空活动,其主要目的都是获得独立的外空活动能力,因为这对保障国家安全至关重要。其二,资源整合的需要。正如《建立欧空局公约》序言中所提到的,欧空局成员国充分意识到人力、技术和财政资源等对于开展外空活动的重要意义,而外空活动对于这些资源的需求超出了任何一个欧空局成员国的能力范围。换言之,通过合作对资源进行有效整合,从而实现开展外空活动的能力,对于欧空局成员国而言是最佳选择。

二、欧空局法律框架及保障外空合作的重要法律措施

冷战背景与资源整合的需求是欧洲各国开展外空合作的重要动机,这些因素对于其他地区的国家同样适用。然而,至今为止,世界其他地区虽然也进行了外空合作尝试,但都未取得可以与欧空局相媲美的成就。其中,政

① See *Member States & Cooperating States*, ESA, https://www.esa.int/About_Us/Corporate_news/Member_States_Cooperating_States.

② See *Space Science*, ESA, https://www.esa.int/Science_Exploration/Space_Science.

③ See *Human and Robotic Exploration*, ESA, https://www.esa.int/Science_Exploration/Human_and_Robotic_Exploration.

④ See *Observing the Earth*, ESA, https://www.esa.int/Applications/Observing_the_Earth.

⑤ See *Telecommunications & Integrated Applications*, ESA, https://www.esa.int/Applications/Telecommunications_Integrated_Applications; Navigation, https://www.esa.int/Applications/Navigation.

⑥ See *Space Transportation*, ESA, https://www.esa.int/Enabling_Support/Space_Transportation.

⑦ See *Operations*, ESA, https://www.esa.int/Enabling_Support/Operations.

治、经济与文化等原因至关重要,但法律因素同样不容忽视。本部分首先对欧空局法律框架加以阐释,之后对保障欧空局合作成功的重要法律措施进行分析。

(一)欧空局法律框架

于1975年5月30日开放签署并于1980年10月30日正式生效的《建立欧空局公约》是欧空局法律框架中最重要的组成部分。除序言外,《建立欧空局公约》共26条,此外,该公约还有5个附件。

《建立欧空局公约》第1条对欧空局建立的几个重要问题进行了概括性规定。第2条明确规定了欧空局的主要目标是仅为和平目的提供并促进欧洲国家之间在外空科学技术及应用方面的合作。为实现这一目标采取的具体措施包括:阐释和执行长期欧洲空间政策、对成员国外空活动目标进行建议及协调成员国之间和成员国与其他国际组织、机构之间的外空政策;在外空领域阐释和执行相关活动和项目;协调欧洲与成员国之间的空间项目,并逐渐将成员国的项目尤其是卫星应用发展项目尽量完整地整合到欧洲的项目中;阐释和执行与其计划开展的项目相适应的工业政策,并鼓励与成员国国内政策之间的衔接。[①]

成员国之间具体的合作活动规则主要规定在《建立欧空局公约》第3条至第9条。其中,第3条针对信息和数据的使用、管理以及在成员国之间的分享进行了规定。第4条则针对成员国之间人员的互换问题进行了规定。第5条对欧空局合作活动和项目进行了规定,依照该条规定,欧空局合作活动分为强制性活动和任择性活动。其中,强制性活动要求所有成员国参加,对于任择性性活动,成员国可以通过正式声明的方式排除参加。第6条对欧空局在具体项目实施过程中相关设施的使用及服务方面的协调进行了规定。[②] 第7条针对欧空局工业政策进行了详细规定,该条对公约第2条(d)款进行了进一步阐释,明确提出欧空局工业政策应该:满足欧洲外空项目需求并以有效方式与成员国的项目进行协调;通过发展外空技术、鼓励适应市

① See Art. 2: Purpose, Convention for the Establishment of a European Space Agency.

② See Art. 3: Information and Data, Art. 4: Exchange of Persons, Art. 5: Activities and Programs, Art. 6: Facilities and Services, Convention for the Establishment of a European Space Agency.

场需求工业框架合理发展、首先利用成员国的工业潜力等方式改善欧洲工业的世界竞争力；在考虑所有成员国财政贡献的基础上，确保其公平参与实施欧洲外空项目及相关技术发展，在项目执行过程中，欧空局应给予其成员国工业界最大优惠，给予成员国工业界参与欧空局技术开发工作最大的可能性；除与欧空局工业政策不符的情形外，在其他所有情形下都应充分发挥自由竞价的优势。[①] 此外，第 7 条还规定理事会可以在成员国一致同意的前提下设定新的工业政策目标，该公约附件 5 对于工业政策目标做了更为详尽的规定。[②] 第 8 条对运载器和其他外空运输系统的使用进行了规定。[③] 第 9 条规定了设备、设施使用，对成员国的协助以及产品供应等方面的内容。[④]

《建立欧空局公约》第 10 ~ 12 条对欧空局的机构进行了规定，其中，第 10 条规定欧空局的机构包括理事会以及由相关工作人员辅助的总干事。第 11 条对理事会进行了详细的规定，包括理事会组成、召开，理事会主席、副主席的职能，理事会的具体职能，理事会投票规则，理事会程序规则的制定以及理事会科学委员会及其他附属机构的建立等。第 11 条对总干事及协助其开展工作的员工进行了规定，具体内容包括总干事的指派，总干事的主要工作任务，辅助总干事的科学、技术、行政、文书与其他工作人员的指派以及相应职责等。[⑤]

第 13 条规定了成员国的财政贡献。依照规定，所有成员国都需要对强制性活动以及欧空局的一般花费依据相应比例进行财政投入，对于任择性活动，则仅由各项目参加国进行财政投入。[⑥] 该公约附件 2 对于各成员国财政贡献问题进行了细化规定。[⑦] 第 14 条对欧空局的国际合作进行了规定。在所有成员国一致同意的情况下，经理事会决议，欧空局可以与其他国际组

① See Art. 7: Industrial Policy, Convention for the Establishment of a European Space Agency.

② See Annex V: Industrial Policy, Convention for the Establishment of a European Space Agency.

③ See Art. 8: Launchers and Other Space Transport Systems, Convention for the Establishment of a European Space Agency.

④ See Art. 9: Use of Facilities, Assistance to Members States, and Supply of Products, Convention for the Establishment of a European Space Agency.

⑤ See Art. 11: The Council, Convention for the Establishment of a European Space Agency.

⑥ See Art. 13: Financial Contributions, Convention for the Establishment of a European Space Agency.

⑦ See Annex II: Financial Provisions, Convention for the Establishment of a European Space Agency.

织和机构，非成员国政府、组织和机构进行合作或缔结协议。[①] 第15条规定了欧空局的法律地位以及有关特权和豁免的内容。欧空局具有法律人格，欧空局、其成员国以及相关专家及成员国代表具有相应的法律能力，享有相关特权和豁免权。[②] 对此问题，该公约附件1进行了具体规定。

《建立欧空局公约》第16条规定了对公约及其附件进行修改的程序及与生效相关的其他事宜。第17条规定了成员国之间以及成员国与欧空局之间争端解决的方式和程序。第18条规定成员国不履行公约义务终止成员国资格的情形。第19条则规定欧空局应承接ESRO与ELDO的权利和义务，以保障连续性。[③] 该公约第20~26条分别针对签署、批准、生效、生效后加入、通知、终止、解除以及登记等程序性问题进行了规定。[④]

除序言和正文之外，《建立欧空局公约》还包括5个附件，对该公约相关条款进行了深入、详尽的规定。其中附件1规定了特权与豁免，附件2规定了财政相关条款；附件3对该公约第5条(1)b)中的任择性活动进行了规定；附件4规定了欧空局成员国国内项目的国际化；附件5规定了欧空局的工业政策。

作为欧空局法律框架体系的组成部分之一，欧空局理事会于1976年5月10~11日通过了《欧空局理事会程序规则》，该规则于1979年2月进行了修改。[⑤]《欧空局理事会程序规则》共规定了25项规则，分别对理事会的组成、理事会主席、理事会附属局、会议、理事会主席职能及初始规则、语言、记录、观察员以及下属机构等内容进行了规定。

(二)保障欧空局合作成功的重要法律措施

冷战的历史背景加之欧洲国家对资源整合的现实需求推动了欧空局的建立。而欧空局建立之后也的确为欧洲地区外空工业的发展作出了巨大贡

---

① See Art. 14: Cooperation, Convention for the Establishment of a European Space Agency.

② See Art. 15: Legal Status, Privileges and Immunities, Convention for the Establishment of a European Space Agency.

③ See Art. 16: Amendments, Art. 17: Disputes, Art. 18: Non-fulfilment of Obligations, Art. 19: Continuity of Rights and Obligations, Convention for the Establishment of a European Space Agency.

④ See Art. 20: Signature and Ratification, Art. 21: Entry into Force, Art. 22: Accession, Art. 23: Notification, Art. 24: Denunciation, Art. 25: Dissolution, Art. 26: Registration, Convention for the Establishment of a European Space Agency.

⑤ See ESA Council Rules of Procedure, Ref. ESA/C (79) 69.

献。欧洲外空合作模式也因其取得的骄人成绩成为世界范围内区域外空合作的典范。决定欧洲外空合作成功的因素复杂且多元，但以《建立欧空局公约》为代表的欧洲外空合作法律框架下确立的多项法律措施的保障意义不容小觑，下文予以详细分析。

1. 欧空局工业政策与“投资返还”原则

《建立欧空局公约》第 2 条中明确提及了工业政策的内容，该公约第 7 条与附件 5 对工业政策进行了详尽阐释。作为欧空局前身的 ESRO，因在其基础公约中未对工业政策及合同分配进行规定，[①]直接导致了该组织 1968 年的危机。在托尔德尔塔（Thor Delta-TD）项目中，[②]意大利认为其工业界并未获得充分的回报，即便这一危机通过政治协商的方式得以最终解决，但是在 ESRO 包括其继任者欧空局此后开展的项目中，制定固定标准对于合同进行地理分配的思路逐渐被接受。[③]

在《建立欧空局公约》中，工业政策的内容仅从基本目标层面做了宽泛规定，对于如何实现工业政策目标的具体安排，则主要规定在公约附件 5 之中。附件 5 共有 6 条规定，其主要内容可以概括为如下几个方面。

其一，关于成员国特权的规定。附件 5 规定，在合同的安排问题上，欧空局应优先考虑成员国的工业实体或者机构。而针对任择性项目，应该对参与国的工业实体或机构予以优先考虑。[④] 此外，附件 5 还规定了如何判定某一实体是否属于成员国。[⑤]

其二，关于“投资返还”原则的规定。附件 5 规定了对所有成员国的物理返还，即“投资返还”原则。此外，附件 5 对于欧空局理事会与总干事在执行工业政策过程中的权利分配问题也进行了说明。[⑥]

---

① See Stephan Hobe, Mahulena Hofmannova & Jan Wouters eds., *A Coherent European Procurement Law and Policy for the Space Sector: Towards A Third Way*, Lit Verlag, 2011, p. 43.

② 托尔德尔塔（Thor Delta-TD）项目因计划以托尔德尔塔的火箭发射的一系列天文卫星而得名。See Stephan Hobe, Mahulena Hofmannova & Jan Wouters eds., *A Coherent European Procurement Law and Policy for the Space Sector: Towards A Third Way*, Lit Verlag, 2011, p. 43.

③ See Stephan Hobe, Mahulena Hofmannova & Jan Wouters eds., *A Coherent European Procurement Law and Policy for the Space Sector: Towards A Third Way*, Lit Verlag, 2011, p. 43.

④ See Art. 2(1), Annex V, Convention for the Establishment of a European Space Agency.

⑤ See Art. 2(3), Annex V, Convention for the Establishment of a European Space Agency.

⑥ See Art. 4, Annex V, Convention for the Establishment of a European Space Agency.

“投资返还”原则是欧空局工业政策与采购政策的关键,也是欧空局合作取得成功的重要制度保障。关于“投资返还”原则,如下三个方面的问题有必要予以详细阐释:其一,“投资返还”原则对于实现欧空局工业政策的贡献,亦即该原则被欧空局成员国普遍接受为欧空局合作重要制度的原因;其二,“投资返还”的目标如何实现;其三,“投资返还”原则是否存在缺陷和问题。

在阐释第一个问题之前,有必要对“投资返还”原则的概念加以说明,所谓“投资返还”,是指从欧空局项目中获得的回报应按该项目参与成员国的投资比例返还,确保成员国从组织合作项目中所获得的利益与其投入相适应。[①] 换言之,成员国或参与国对于强制性项目或任择性项目的财政投入需要以签订合同的方式返还给其国内的工业企业。从实现欧空局工业政策的层面看,在采用“投资返还”原则的情形下,欧空局项目的参与国对于项目的财政投入本质上是对其本国外空工业发展的补贴,有利于其外空基础设施建设和外空活动的发展。从这一层面看,“投资返还”原则既满足了欧空局通过合作开展独立外空项目的需求,也满足了成员国各自发展外空产业的需要。

作为一个政府间国际组织,欧空局有一个主要目标,其所有活动都围绕目标的实现而展开。[②] 相应地,欧空局采购规则以及“投资返还”原则的设计都是为了实现这一目标。如上述,作为一个外空活动合作组织,欧空局的合作活动分为强制性和任择性两类,为了保障对于合作活动财政投入的稳定性,欧空局必须找到可以保障成员国愿意投资的方式。[③] 而从成员国的角度看,参与欧空局的相关活动除了显而易见的利益(通过技术和资本的聚集,完成任何一个单一国家都无法完成的外空项目)之外,它们也希望可以保证自己的资金投入有所回馈。也就是在这样的背景下,《建立欧空局公约》及

① 参见聂明岩:《欧空局的重要法律措施对亚洲空间合作的启示》,载《北京理工大学学报(社会科学版)》2016 年第 4 期。See Jean-Louis Van de Wouwer& Francois Lambert, *European Trajetories in Space Law*, Office for Official Publications of the European Communities,2008,p. 51.

② See Stephan Hobe,Mahulena Hofmannova & Jan Wouters eds. ,*A Coherent European Procurement Law and Policy for the Space Sector*: *Towards A Third Way*,Lit Verlag,2011,p. 45.

③ See Stephan Hobe,Mahulena Hofmannova & Jan Wouters eds. ,*A Coherent European Procurement Law and Policy for the Space Sector*: *Towards A Third Way*,Lit Verlag,2011,p. 46.

其附件5确定了“投资返还”原则以及成员国的特权规则。简言之,对于成员国特权的规定可以保证“投资返还”的实现。而“投资返还”原则的设计可以保证同时实现作为外空合作组织的欧空局的主要目标以及成员国对于其财政投入有所回馈的需求。

关于第二个问题,保障“投资返还”原则有效实施的法律规则可以分为两个层面:第一层面主要是《建立欧空局公约》及其附件5之中的一般性规定;第二层面则为欧空局“规章制度”中的细节性规定。

工业政策是实现欧空局目标的重要手段之一。《建立欧空局条约》第7条对工业政策进行了框架性规定,附件5则详细阐释了欧空局工业政策的要素。上文提及的“投资返还”原则以及欧空局成员国特权相关内容,也在附件5中作出了相应规定。而关于实现“投资返还”原则目标的更为细节性的规定,则主要体现在欧空局的诸多“规章制度”之中,如《欧空局采购规则》等。① 依照《建立欧空局公约》的规定,理事会可以经成员国2/3多数通过的前提下制定执行工业政策的细节性规则,②《欧空局采购规则》便是其成果之一。《欧空局采购规则》序言中提出欧空局采购系统的完整性和可预见性是其成员国、准成员国和合作国高效和有效地管理由其支配的公共资源并实现其各自工业目标的核心;以透明、公正和非歧视的方式履行采购活动并避免利益冲突至关重要;此外,使用和鼓励使用电子方式开展采购活动也应值得重视。③ 为实现上述目标,《欧空局采购规则》得以制定,该规则包括7个部分,共60条,涵盖的内容涉及一般条款与原则(包括对于机构、定义以及适用等方面的规定),采购方法、招标、招标程序、合同授予(定标)、审查以及(规则)的修改与生效。除采购规则之外,欧空局框架下还制定了《欧空局合同一般条款和条件》,④规定了适用于欧空局合同缔结的相关标准。⑤

通过上述对欧空局工业政策基本法律文件以及采购规则的介绍和分析,可以看出“投资返还”原则的建立是保障欧空局工业政策目标实现的重

---

① See European Space Agency Procurement Regulations, ESA/REG/001, Rev. 4, Paris, 1 January 2016.

② See Art. VII (1) – (d), Convention for the Establishment of a European Space Agency.

③ See Preamble, European Space Agency Procurement Regulations.

④ See General Clauses and Conditions for ESA Contracts, ESA/REG/002, Rev. 2, Paris, 29 June 2015.

⑤ See Stephan Hobe, Mahulena Hofmannova & Jan Wouters eds., *A Coherent European Procurement Law and Policy for the Space Sector: Towards A Third Way*, Lit Verlag, 2011, p. 57 – 58.

要前提。正如诸多研究者所意识到的,“投资返还”原则以及其配套制度同时保障了欧空局和成员方的利益,从而实现了欧空局的工业政策追求的灵活、高效目标的实现。

“投资返还”原则的有效实施还依赖对于返还率的具体规定。所谓返还率,是指成员国获得的合同总份额与其对欧空局总财政投入之间的比率。[①]每个成员国理想的返还率是1。[②] 返还率的概念不仅适用于成员国对于欧空局财政投入的总体,也适用于具体的合作项目。在具体的实践中,欧空局的成员国意识到不同种类的合同对其国内外空工业的发展的促进和推动作用并不一致,例如,开发新的遥感技术的合同,生产技术已经成熟的外空产品的合同以及一次性提供办公用品的合同,即便在合同数额上完全相同,但履行合同对于成员国的意义显然差异巨大。[③] 为了对不同种类合同存在的利益差异进行平衡,《建立欧空局公约》附件5规定了对于不同合同可以适用“权重系数”。[④] 只有那些具有较高技术属性的合同才能获得高“权重系数”。合同内容对于成员国外空工业发展意义较小的,则获得较低的“权重系数”。可以使用的“权重系数”包括0、0.25、0.5、0.75与1。[⑤]《建立欧空局公约》及附件5对于“权重系数”的规定很大程度上保障了“投资返还”原则的执行。

除了引入“权重系数”之外,为了有效实施“投资返还”原则从而保障工业政策目标的实现,欧空局还设计了其他调整和校正措施,[⑥]具体可总结如下。

(1)对于强制性和任择性项目的区分。如上述,欧空局框架体系下的合作项目分为强制性和任择性两类,各成员国可以自愿选择是否参加任择性

---

① See Art. 4 (1), Annex V, Convention for the Establishment of a European Space Agency.

② See Art. 4 (3), Annex V, Convention for the Establishment of a European Space Agency.

③ See Stephan Hobe, Mahulena Hofmannova & Jan Wouters eds., *A Coherent European Procurement Law and Policy for the Space Sector: Towards A Third Way*, Lit Verlag, 2011, p. 72.

④ See Art. 4 (2), Annex V, Convention for the Establishment of a European Space Agency.

⑤ See Stephan Hobe, Mahulena Hofmannova & Jan Wouters eds., *A Coherent European Procurement Law and Policy for the Space Sector: Towards A Third Way*, Lit Verlag, 2011, p. 72.

⑥ 关于欧空局具体校正和调整措施的介绍和分析,可以参见 Stephan Hobe, Mahulena Hofmannova& Jan Wouters, eds., *A Coherent European Procurement Law and Policy for the Space Sector: Towards A Third Way*, Lit Verlag, 2011, p. 74–76。

项目。从欧空局 2022 年财政预算情况看,任择性项目占总财政投入的份额约为 78%。[1] 在决定是否参加任择性项目之前,一般而言,一个国家的工业政策委员会或理事会会对其工业能力进行评估并计算其希望从项目中获取的返还收益。只有在收益符合预期时成员国才会加入相关项目。

(2)欧空局会实时针对“投资返还”的相关数据进行计算和统计,总干事每个季度都会向相关成员国通报“投资返还”数据情况。如认为必要,成员国工业政策委员会或理事会可以向总干事发出指南或者指令对相关措施进行询问。

(3)欧空局的很多大型合作项目持续周期很长,会存在连续多轮的采购,在后一阶段的采购合同中,相关方也可以将前一阶段“投资返还”实现情况作为条款纳入至合同之中,为成员方提供参考,最大限度保障其利益的实现。

(4)《建立欧空局公约》附件 5 第 4 条第 5 款规定每 5 年对合同的地理分布进行一次正式审查,在第 3 年结束之前进行一次临时审查。这一规定的目的在于及时发现“投资返还”原则执行状况,以便采取有效措施对返还率较低的成员国进行补救。

(5)强制性项目中的科学活动一般不纳入“投资返还”原则中加以考量,但是有关科学活动项目的合同可以授予给“投资返还”亏损的成员国的国内工业企业,以弥补其所受损失。

(6)依照《欧空局采购规则》的规定,在合同金额低于 10 万欧元的情形下,无须采取竞标的方式。总干事可以选择通过直接谈判的方式缔结合同。[2] 这也是可以在一定程度上调整返还不平衡的方式。

上述调整和校正措施的主要目的在于保障合理返还率的实现,从而在成员国投资与返还之间达成平衡,最终实现欧空局工业政策目标。可以说,“投资返还”原则的有效执行是保障欧空局合作成功的最主要原因。

---

① See *ESA Budget by Domain* 2022, ESA (Jan. 18, 2022), https://www.esa.int/ESA_Multimedia/Images/2022/01/ESA_budget_by_domain_2022.

② See Art. 14(1)-(f), European Space Agency Procurement Regulations.

2. 专为和平目的在欧洲国家间开展外空合作

1967 年《外空条约》序言中提出，为和平目的发展探索和利用外层空间，是全人类的共同利益。将序言中的这一说法与《外空条约》正文中的规定相集合，可以确定"外空和平利用"这一基本法律原则。[①] 另外，针对在月球及其他天体上开展的活动，《外空条约》确定了"专为和平目的"原则。对于外空和天体这种"双轨制"的规定，至今为止仍是学界讨论的重点问题之一。《建立欧空局公约》中明确提出"公约成员国在外空科学技术以及外空应用领域，专为和平目的开展和促进合作"。[②] 其中，采纳了"专为和平目的"原则，这一做法对于保障欧空局合作成功有积极意义。

关于"外空和平利用"原则的内涵，1967 年《外空条约》未作明确规定，学术界对于这一原则的理解存在两种不同观点：一种观点认为，这一原则仅禁止在外空开展具有侵略性质的活动而不禁止带有军事目的的活动；另一种观点认为，两种活动都在禁止之列。[③] 苏联支持第一种观点，美国则在外空时代一开始便倾向于支持后一种观点。[④] 1983 年，时任美国总统里根宣布"星球大战"计划，[⑤]这一举措使其他国家明确感受到当时的两大强国将军备竞赛延伸至外层空间，"外空战争"已经变成了两大空间强国全球军事战略的组成部分。[⑥] 与此同时，苏联也逐渐改变了其对"外空和平利用"原则的看法。[⑦] 时至今日，世界主要国家基本认可"外空和平利用"原则仅禁止侵略性活动的观点。《外空条约》第 4 条第 2 款规定了月球及天体活动"专为和平目的"原则，与"外空和平利用"原则相比，"专为和平目的"的内涵相

① 关于"外空和平利用"原则的详细分析，可以参见聂明岩：《外空安全国际法保障研究：以"人类命运共同体"理论为视角》，中国政法大学出版社 2023 年版，第 30～35 页。

② Art. 2：Purpose，Convention for the Establishment of a European Space Agency.

③ See Manfred Lachs，*The Law of Outer Space：An Experience in Contemporary Law-Making*，Martinus Nijhoff Publishers，2010，p. 97；see also Diederiks I. H/ph. Verschoor，*An Introduction to Space Law*（*second revised edition*），Kluwer Law International，1999，p. 140 – 141.

④ See Bruce A. Hurwitz，*The Legality of Space Militarization*，North-Holland，1986，p. 59.

⑤ 关于"星球大战"计划的发展和详细信息，参见 *Strategic Defense Initiative*（*SDI*），1983，US Department of State，https://2001 – 2009. state. gov/r/pa/ho/time/rd/104253. htm。

⑥ See Peter Jankowitsch，*Legal Aspects of Military Space Activities*，in Nandasiri Jasentuliyana ed.，Space Law：Development and Scope，Praeger，1992，p. 143.

⑦ See Gennady. P. Zhukov，*Tendencies and Prospects of the Development of Space Law：the Soviet Viewpoint*，in Edward McWhinney& Martin A. Bradley eds.，New Frontiers in Space Law，A. W. Sijthoff/Leyden Oceana Publications Inc.，1969，p. 79.

对清晰,[1]无论是从条约规定看,还是从此后的实践看,“专为和平目的”的内涵都应解释为“非军事化”。

如上所述,促使欧空局建立的一个重要原因是 ELDO 框架下的合作遭遇了危机。1975 年,《建立欧空局公约》开放签署,合并 ESRO 与 ELDO,欧空局随即成立。ESRO 是以科学研究为合作内容的组织,由科学家发起建立。而 ELDO 的合作内容更偏重于外空项目及应用,主要由各国政府建立。作为两个组织的继任者,很难断定欧空局对于哪个组织的特点继承的更多,但一般认为,欧空局是一个政府间科学合作组织。科学研究项目是欧空局强制性合作项目中的重要内容,其财政资金由所有成员国依照其国民生产总值情况按照比例投入。[2]

1957 年国际地球物理年以及苏联第一颗人造卫星的成功发射标志着冷战扩展到了外层空间,推动外空军事活动与外空科学技术发展影响着主要空间国家的国内政策。与美国和苏联不同的是,国际地球物理年使欧洲科学家意识到了欧洲外空科技的薄弱,并由此开始讨论推动开展长期协调的可能性。[3] 换言之,欧洲外空领域协调合作的开展最初源于科学技术领域,而科学家作为主力推动开展的科学领域的合作,自然是“专为和平目的”的。这一理念即便是沿用至之后具体的合作项目之中,也被证明对于成员国政府和外空工业界是有吸引力的。[4]

从保障欧空局外空合作的角度看,科学技术也具有极其重要的作用。对于欧洲国家而言,外空科学技术的发展是其获得独立外空活动能力的重要前提。而在冷战的大背景下,开展“专为和平目的”的外空科学技术合作也有利于减少阻碍,在欧洲国家之间达成合作共识。在上述诸多因素的推动下,无论是 ESRO 还是之后的欧空局都将科学技术合作作为最重要领域,

---

① 关于“专为和平目的”原则的具体分析可以参见 Bin Cheng, *Studies in International Space Law*, Clarendon Press, Oxford, 1997, p. 257。

② See Stephan Hobe, Mahulena Hofmannova & Jan Wouters, eds., *A Coherent European Procurement Law and Policy for the Space Sector: Towards A Third Way*, Lit Verlag, 2011, p. 46.

③ See Kazuto Suzuki, *Policy Logics and Institutions of European Space Collaboration*, Ashgate, 2003, p. 40 – 41.

④ See Wulf von Kries, *The ESA Convention and Europe's Security Interests in Outer Space*, in Stephan Hobe ed., German Journal of Air and Space Law, Carl Heymann Verlag, 1994, p. 223.

期待以此进一步推动引领其他应用领域的合作。欧空局合作的成功实践也证实了这一做法的有效性。总的来说,“专为和平目的”原则在欧空局法律框架中得以采纳,一方面受到了时代背景的影响,另一方面也的确助力了欧空局合作的开展。当然,应当明确的是,外空活动和外空技术的军民双重用途已是国际社会共识,随着国际环境变化,尤其是欧盟开始逐步介入欧洲外空活动之后,欧空局的相关项目也开始逐步被用作军事用途。

3. 对内与对外的开放灵活的合作规则

作为一个外空国际合作组织,除了协调不同成员国之间的合作之外,欧空局也与其他组织和机构开展合作。无论是处理内部还是外部合作关系,欧空局的相关规则都较为开放、灵活。

首先,从内部合作的角度看,欧空局通过制度设计给予成员国较大程度的合作自由以更好地实现其各自合作目标。例如,其一,《建立欧空局公约》虽然确定了“专为和平目的”开展合作的原则,但在实践中,其成员国在使用欧空局项目成果时并不受这一原则的限制。① 其二,依据《建立欧空局公约》,成员国以及欧空局应促进外空科技与应用信息的交流与交换,②但是,在特定情形下,成员国有权利决定是否交流和交换信息。③ 此外,属于欧空局的发明和数据等财产对成员国公开,且可供成员国管辖范围内的人员和机构免费使用。④ 其三,欧空局框架下同时存在强制性和任择性合作项目,任择性项目的设置为成员国保留了充分的自由选择空间。

除了协调成员国之间的关系,推动促进高效的合作,在经全体成员国一致同意的情况下,理事会可以决定欧空局与其他国际组织和机构以及非成员国政府、组织或机构合作,并签订合作协议。⑤ 具体合作形式可以是非成员国或国际组织参与一个或多个欧空局科学或任择性项目。⑥

依照以往的实践,欧空局与非成员国以及其他国际组织开展合作的法

① See Wulf von Kries, *The ESA Convention and Europe's Security Interests in Outer Space*, in Stephan Hobe ed., German Journal of Air and Space Law, Carl Heymann Verlag, 1994, p. 209 – 210.

② See Art. 3(1), Convention for the Establishment of a European Space Agency.

③ See Art. 3(1), Convention for the Establishment of a European Space Agency.

④ See Art. 3(4), Convention for the Establishment of a European Space Agency.

⑤ See Art. 14(1), Convention for the Establishment of a European Space Agency.

⑥ See Art. 14(2), Convention for the Establishment of a European Space Agency.

律模式包括如下几种类型。其一,框架协议。此类协议一般与外空科技发展水平尚未达到一定程度的国家签订,多数框架协议仅设定基本的合作原则和规范,个别框架协议也会包含针对特定项目的具体执行措施等内容。[①]其二,总协定。在某些情形下,欧空局(包括其前身 ESRO)会与非成员国签订总协定。总协定主要适用于非成员国对参与欧空局项目感兴趣,但由于当时的政治、经济或法律原因无法进一步与欧空局开展合作的情形。[②] 其三,紧密合作协议。一般而言,签订紧密合作协议的非成员国的地位与准成员国类似。[③] 除了上述合作法律模式之外,欧空局与非成员国和其他国际组织还有诸多其他的合作模式,但大多适用于具体问题。

为鼓励非成员国积极参与欧空局合作项目,《建立欧空局公约》设立了准成员国制度。对于准成员国参与的合作如何开展,该公约未作具体说明,但较为明确的是,一非成员国想要申请准成员身份,应至少对未来依照该公约第 5 条(1)a (i)款[④]开展的项目的研究作出贡献。[⑤] 这一要求的基本逻辑在于通过推动准成员国参与欧空局未来开展项目,使其在初始阶段对欧空局的合作形式和其他细节有所了解,以便进一步推动更为深入和广泛的合作。

对内、对外灵活开放的合作制度保障了欧空局合作的成功。欧空局成员国内部合作取得的成就自不必赘述,从欧空局对外合作角度看,一个成功的案例是与俄罗斯之间的合作。俄罗斯是欧空局第一个在长期进入外空领域开展合作的伙伴。欧空局与俄罗斯政府之间签订了框架协议,并在和平探索和利用外空诸多方面建立了伙伴关系。[⑥]

---

① See Catherine Baudin, *Cooperation and International Agreements Article XIV of the ESA Convention*, in ECSL ed., Legal Aspects of Cooperation between the European Space Agency and Central and Eastern European Countries: Proceedings of the International Colloquium, 11 – 12 September 1997, p. 14 – 15.

② See Catherine Baudin, *Cooperation and International Agreements Article XIV of the ESA Convention*, in ECSL ed., Legal Aspects of Cooperation between the European Space Agency and Central and Eastern European Countries: Proceedings of the International Colloquium, 11 – 12 September 1997, p. 15.

③ See Art. 14(3), Convention for the Establishment of a European Space Agency.

④ 参见《建立欧空局公约》第 5 条(1)a (i)款对欧空局强制性项目进行了详细规定。

⑤ See Art. 14(3), Convention for the Establishment of a European Space Agency.

⑥ See Catherine Baudin, *Cooperation and International Agreements Article XIV of the ESA Convention*, in ECSL ed., Legal Aspects of Cooperation between the European Space Agency and Central and Eastern European Countries: Proceedings of the International Colloquium, 11 – 12 September 1997, p. 19.

4. 鼓励外空活动商业化和私营化

近年来,商业化与私营化愈加成为外空活动的重要特征,这一特征无论是对国家还是国际组织的政策与法律制定都有极为显著的影响。欧洲外空活动的发展经历了从获取独立开展外空活动地位到外空商业化的过程。① 从具体法律规定上看,《欧洲运载火箭开发组织公约》第10条奠定了在组织框架内推动商业合作的基础,第11条对为第三方提供商业空间发射做了规定。② 不过,由于ELDO合作开发项目的失败,其所设定的商业化目标最终未能得以实现。欧空局的建立替代了ERSO与ELDO的职能。从性质上看,欧空局是一个科学技术研发合作组织,但其并不限制外空项目的合作,这为商业化活动的开展提供了可能性。1980年,世界上第一个商业卫星发射公司,阿丽亚娜公司(Arianespace)创立。该公司股东包括来自10个不同欧洲国家的科学、技术、财政和政治机构。欧空局并非阿丽亚娜公司股东,但与其签署了协议,这为欧空局在一定程度上控制公司的活动并参与公司决策提供了法律基础。③

总体而言,欧洲各国间在政治、经济、文化等方面紧密的联系,加之冷战的特殊背景,推动了欧洲地区外空合作组织的建立。从最初的ESRO到ELDO,直至欧空局,欧洲外空合作也经历过失败和挫折。欧空局的建立保障了欧洲外空合作的成功,这在很大程度上得益于欧洲多年外空合作实践的积累,当然也与欧空局的法律措施密切相关。

三、欧盟对欧洲外空活动的推动及其与欧空局的关系

欧空局是组织、管理和维护欧洲外空合作的最重要机构,但作为欧洲层面最重要的国际组织,欧盟在推动欧洲外空合作中的作用同样不可忽视。

---

① See Jean-Pierre Fouquet& Jean-Yves Le Gall, *Commercial Use of Space in Europe: From A Matter of Independence to A Matter of Business*, in Sa'id Mosteshar ed., Research and Invention in Outer Space Liability and Intellectual Property Rights, Martinus Nijhoff Publishers and International Bar Association, 1995, p. 53 – 57.

② See Walter M. Thiebaut, *Aspects of Commercialization of Space Activities in Europe*, in Proceedings of the Thirty-Seventh Colloquium of the Law of Outer Space, 1994, Jerusalem, p. 347.

③ 关于阿丽亚娜公司的更多内容,可以参见 Catherine Baudin, *A Brief History of the Ariane Program and Its Evolving Legal Infrastructure*, in Proceedings of the Sixth ECSL Summer Course on Space Law and Policy, August 8 – 24, 1997, p. 194 – 195。

欧盟与欧空局在外空合作问题上的关系也值得探讨。

欧盟对于外空活动的参与主要通过与欧空局建立伙伴关系实现,[①]建立伙伴关系的法律基础是欧盟与欧空局于 2003 年签订的一份框架协议,该协议于 2004 年生效。[②] 两个机构签订该框架协议的主要动机在于认识到可以充分发挥其各自优势,促进欧洲外空活动的发展。应当明确的是,虽然欧盟与欧空局签订了合作的框架协议,但该协议并不改变两个组织的决策作出机制以及相关的财务规则。随着冷战的结束以及外空技术的日益发展,外空活动的参与者呈现多元化特征,在这样的大背景下,作为欧洲地区最重要的国际合作机制,欧盟参与外空活动的开展是必然趋势,欧盟与欧空局的合作也便顺理成章了。不过,框架协议只能在总体层面进行初步协调,欧盟与欧空局毕竟是两个具有不同功能的独立国际组织,如果希望进一步推动二者之间在外空活动领域更为紧密的合作,仍有不少问题需要解决。

其一,欧盟与欧空局的成员国不尽相同。目前,有两个欧空局成员国并非欧盟成员,即挪威与瑞士。有 8 个东欧国家是欧盟成员国但并非欧空局成员,即保加利亚、克罗地亚、塞浦路斯、拉脱维亚、立陶宛、马耳他、斯洛伐克与斯洛文尼亚。另外,英国脱欧之后,进一步加剧了这种不一致性。如果期待进一步加强欧空局与欧盟之间的合作(例如,将欧空局作为一个分支机构并入欧盟之中),则必须解决由于二者成员国不一致带来的法律挑战。

其二,保障欧空局成功合作的相关基础性法律措施可能与欧盟相关法律规则存在冲突。例如,欧空局较为灵活的合作项目规则(如任择性项目);欧空局合作活动“专为和平目的”原则;欧空局的工业政策(如“投资返还”原则)。[③] 如果推动欧盟与欧空局的进一步合作,建立一个综合性的法律框架以避免两个机构之间法律存在的冲突也是极为必要的。

---

① See Leopold Mantl, *Outer Space-A Legal Issue* (*Chapter* 3.4.2 *The European Union*), in Christian Bruenner& Alexander Soucek eds., Outer Space in Society, Politics and Law, Springer Verlag, 2011, p. 417.

② See Framework Agreement between the European Community and the European Space Agency, 12858/03, Brussels, 7 October 2003.

③ See Stephan Hobe, *ESA and the EU: A Coherent Approach in Space*, in Stephan Hobe, Bernhard Schmidt-Tedd& Kai-Uwe Schrogl eds., Legal Aspects of the Future Institutional Relationship between the European Union and the European Space Agency (Projects 2001 Plus), Proceedings of the Workshop, 5 – 6 December 2002, Brussels, p. 15.

综上所述,对于欧盟与欧空局关系的协调与发展,可做如下总结:其一,在未来一段时间里,欧盟与欧空局仍然会以各自独立的状态开展外空活动,二者之间的合作与协调仍会以框架协定为依据;其二,作为一个以开展外空活动为目的的国际组织,在过去40余年里,欧空局保障了欧洲外空活动的独立性与快速发展,可以预见的是,在未来的相当长一段时间内,欧空局仍然会是欧洲最重要的外空合作组织。

四、欧洲外空合作法律框架对其他地区的启示

欧空局框架下开展的外空合作是世界范围内区域外空合作成功的典范。前文对欧空局合作成功的因素进行了详细分析。总的来说,决定欧空局成功的因素较为复杂多元,包括历史和现实原因。当然,欧空局框架下设置的详尽的法律措施也是保障其合作活动可以高效、顺利开展的重要因素。

对于世界其他地区而言,其政治、经济、文化关系与历史发展进程形态各异。不同地区国家的外空技术发展水平、开展外空活动的历史背景以及现实动机也不尽相同。对于这些地区而言,想要完全复制欧空局的成功存在诸多限制。但欧空局的诸多法律措施已被证实是可以相对有效保障合作活动开展的,且这些法律措施的制定和执行并不过分依赖不同国家之间关系的发展。相反,通过对相关法律措施的执行还可能推动不同国家在其他方面的合作。因此,对于希望开展外空合作的世界其他地区而言,可以在借鉴欧空局相关法律措施的基础上,依照本地区合作实践的发展情况进行逐步协调。

第二节　亚太外空合作实践及法律模式

与欧洲地区相比,亚洲外空合作的发展情况较为复杂。虽然不少亚洲国家意识到外空技术和项目应用对于区域发展的意义重大,且开展区域外空合作有利于集中资源,但是与欧洲国家不同的是,亚洲主要国家如中国、日本等都较早地具备了独立开展外空活动的能力。作为亚洲地区唯一的政府间空间合作组织,即亚太空间合作组织(Asia-Pacific Space Cooperation

Organization, APSCO)的公约于2005年开放签署时,[①]作为发起国的中国已经实现了载人航天发射,成为世界上第三个有能力将宇航员送入外空的国家。[②] 亚洲地区另一个外空技术强国日本与中国在外空领域存在竞争关系,1993年日本发起成立了亚太地区空间机构论坛(Asia-Pacific Regional Space Agency Forum, APRSAF),[③]这与中国发起创建APSCO的时间几乎相同。[④]对于亚洲主要拥有外空技术的国家而言,开展外空合作不仅是集中资源推动开展更大规模外空项目的方式,也是进行外空竞争的手段。以中国和日本为代表的外空技术强国通过发起区域合作可以最大限度地吸引地区合作伙伴从而在二者之间的外空竞争中取得优势。[⑤] 这种对于合作的竞争是亚洲外空合作的重要特征,也决定了亚洲外空合作的发展和法律模式的构建。本部分主要对日本主导的APRSAF的建立、发展、法律框架及其对推动亚洲外空合作的优势和存在不足进行分析、讨论。关于中国主导的APSCO的具体情况可参见本书第六章第二节的内容。

一、APRSAF的建立与发展

1993年,日本发起创建了APRSAF,该机构创建的主要目的是促进亚太地区外空活动的发展。从组织形式看,APRSAF是一个松散的合作论坛,其参与者包括外空活动主管机构、政府部门、国际组织、私营公司、大学和研究机构等。[⑥] APRSAF每年召开一次会议,由日本文部科学省、日本宇宙航空研究开发机构以及东道国相关机构联合举办。1993年9月,APRSAF举办第一届年会,至今为止该会议已经举办29届,第30届会议将于2024年11

---

① 关于亚太空间合作组织的详细分析,可以参见本书第六章第二节的内容。

② 有关中国首次实现载人航天的具体内容,可以参见《神舟五号专辑》,载中国科学院,https://www.cas.cn/zt/jzt/kpzt/szwhzj/,最后访问日期:2024年7月10日。

③ See *About APRSAF*, APRSAF, https://www.aprsaf.org/about/.

④ 1992年,中国、巴基斯坦与泰国签订了《亚太空间技术与应用多边谅解备忘录》,此后,经过多次论坛和会议,各方提出建立常设性国际组织开展亚太空间合作的思路,最终推动建设了亚太空间合作组织。相关内容可以参见 *Asia-Pacific Space Cooperation Organization (APSCO)*, Global Civil Society Database, https://uia.org/s/or/en/1100034967。

⑤ See Jonathan F. Galloway, *International Implications of National Space Legislation*, IISL, http://www.iislweb.org/docs/2011_galloway/Galloway.pdf.

⑥ See *Asia-Pacific Regional Space Agency Forum (Brochure)*, APRSAF, https://www.aprsaf.org/about/leaflet/APRSAF_leaflet_en.pdf.

月在澳大利亚召开。① 有来自超过40个国家的相关机构和组织参与了此前的会议。②

从性质看,APRSAF并非国际组织,而是一个松散的合作论坛,其开展合作的特征与一般开展外空合作的政府间国际组织有所差异。首先,开放与灵活的区域外空合作框架。意识到亚太地区不同国家对于外空活动需求的复杂和多元性,在APRSAF框架下开展外空合作采用灵活模式,并未制定具有法律约束力的协定。对于合作参与方,APRSAF的要求也充分体现出开放灵活特征。无论是政府机构、私营公司、学术机构和国际组织,都可以参与APRSAF的活动。其次,参与方自愿参与合作活动。鉴于APRSAF合作框架的灵活与开放性,各参与方对于相关活动的参与以自愿选择为基础。而APRSAF则通过其相应工作组在全年度组织研讨会,为参与者提供参与便利。最后,通过发起具体合作项目倡议,应对地区发展需求。虽然秉持灵活、开放与自愿原则,但在APRSAF框架下,仍然建立了具体的合作项目。

随着APRSAF的参与者级别越来越高,开展外空活动能力越来越强,APRSAF逐步具备了开展具体的合作项目的能力,而合作项目的开展是实现APRSAF目标的重要手段。从这一角度看,APRSAF的职能愈加趋近于外空合作的政府间国际组织。具体而言,APRSAF框架下发起的合作项目包括如下内容。

其一,亚洲哨兵项目(Sentinel Asia)。从世界范围看,亚洲地区无论从自然灾害的数量还是受损害程度都是最为突出和严重的。③ 基于此,APRSAF于2005年发起了亚洲哨兵项目,在各国外空管理机构、灾害管理机构以及相关国际机构之间进行沟通协调,通过有效结合地球观测技术、互联网实时传播以及网络地理信息系统(Web-GIS)制图工具的优势支持亚太地区的灾害管理。④ 目前,该项目有来自29个国家和地区的96个组织(机构)以及17个国际组织参加。⑤ 亚洲哨兵项目的主要目标包括:通过信息、通信

① See *Annual Meetings*, APRSAF, https://www.aprsaf.org/annual_meetings/.

② See *About APRSAF*, APRSAF, https://www.aprsaf.org/about/.

③ 相关数据统计与具体分析可以参见 *Natural Disasters Data Book*, Asian Disaster Reduction Center (ADRC), https://www.adrc.asia/publications/databook/DB2022_e.php。

④ See *Sentinel Asia*, APRSAF, https://www.aprsaf.org/initiatives/sentinel_asia/.

⑤ See *Sentinel Asia: Members*, APRSAF, https://sentinel-asia.org/jptmember/JPTMember.html.

以及外空技术改善社会安全;改善灾害防备和早期预警的速度与精确度;尽量减少受害者人数以及社会经济损失。亚洲哨兵项目开展的相关活动包括:重大灾害发生时利用地球观测卫星开展紧急观测;工作组活动重点关注特定灾害,如火灾、洪水、冰湖溃决洪水与海啸;为灾害有效管理开展的能力建设与人力资源发展。①

其二,为环境目标的空间应用(Space Application for Environment,SAFE)。极端的气候变化是导致亚太地区自然灾害频发的重要原因之一,而全球性的气候变化又加剧了气候灾害。如果对气候变化置之不理,对于全社会而言都是一个巨大的风险。基于上述原因,APRSAF 于 2008 年年底召开的第 15 届会议上提出了 SAFE 项目。② SAFE 的主要目标是通过利用遥感卫星、导航卫星以及其他多种信息通信技术,收集信息和数据开展环境监测,为相关国家、地区以及全球的长期可持续发展作出贡献。作为 APRSAF 框架下的项目,SAFE 秉持自愿加入原则,且最初以与参与国家或其空间机构之间进行双边合作的方式开展活动。因逐渐意识到多边合作模式对于集中资源和科技力量的巨大优势,2018 年,SAFE 项目改变了合作模式,开始吸纳更多组织机构参与。③ 目前,10 个国家和 1 个组织参加 SAFE 项目框架下的 5 个领域合作,包括水资源、农业、森林、海岸和渔业。④

其三,Kibo-ABC 项目(Asian Beneficial Collaboration through "Kibo" Utilization)。建立 Kibo-ABC 项目的主要目的是希望协调亚洲国家有效利用日本在国际空间站的 Kibo 试验舱并从中获益。⑤ 其具体目标包括:推动亚太地区国家研究者和工程师对 Kibo 的应用;通过利用 Kibo 执行项目,提高亚太各国开展外空活动的能力;促进项目参与国与日本的双边合作。目前,来自 14 个国家和地区的 19 个组织、机构参加了 Kibo-ABC 项目。⑥

---

① See *Sentinel Asia*, *APRSAF*, https://www.aprsaf.org/initiatives/sentinel_asia/.

② See *SAFE*: *Space Applications for Environment*, APRSAF, https://www.aprsaf.org/initiatives/safe/.

③ See *SAFE*: *Space Applications for Environment*, APRSAF, https://www.aprsaf.org/initiatives/safe/.

④ See *About SAFE*: *History*, JAXA, https://www.eorc.jaxa.jp/SAFE/about/history/.

⑤ See *Kibo-ABC*: *Asian Beneficial Collaboration through "Kibo" Utilization*, JAXA, https://www.aprsaf.org/initiatives/kibo_abc/.

⑥ See *Kibo-ABC*: *Asian Beneficial Collaboration through "Kibo" Utilization*, JAXA, https://www.aprsaf.org/initiatives/kibo_abc/.

其四，国内外空法项目（National Space Legislation Initiative，NSLI）。NSLI是APRSAF框架下最新倡议项目，于2019年11月召开的第26届会议上，在空间政策与实践研讨会上提出，经APRSAF执行委员会审核，在APRSAF第26届会议上经全体大会通过。① 通过在亚太国家的外空法律与政策的实践者间建立研究小组，NSLI希望实现如下目标：促进亚太地区国家外空立法和（或）政策实践及范例的信息共享和相互学习；提高亚太国家根据国际规范起草和执行其国内外空法和（或）政策的能力。NSLI研究小组开展的活动包括交换有关国内外空立法的信息；起草一份关于国家外空立法现状报告，并由NSLI的参加国联合提交给联合国外空委法律小组委员会。②

除上述项目外，APRSAF框架下还曾发起过主要气候项目区域准备审查项目（Regional Readiness Review For Key Climate Missions，Climate R^3），该项目的主要目标是确定APRSAF国家和机构在未来几年中在选定的气候相关卫星任务提供的数据和信息中受益的能力。目前，该项目已经完成。③ 另外，APRSAF也有一些新的项目尝试，例如，联合发展创新小型立方星、亚太外空政策以及高等教育项目等。④

二、APRSAF的组织框架与法律规则

（一）APRSAF组织框架

从法律性质看，APRSAF并非政府间国际组织，而是一个松散的机构间国际论坛。在相当长的一段时间里，APRSAF每年召开的会议是最重要的组织形式。在2011年12月的第18届会议上，APRSAF成立了特别小组研究如何使APRSAF取得持续性成功并更具活力。作为该特别小组的成果之一，2012年12月，APRSAF第19届会议核准成立了APRSAF执行委员会。⑤ 执行委员会的主要职能包括坚持原则、制定议程、协助实现论坛目标以及落实执行论坛作出的决定。执行委员会的成员包括两类：一类是来自过去、现

---

① See *About NSLI*，APRSAF，https://www.aprsaf.org/initiatives/national_space_legislation/.

② See *About NSLI*，APRSAF，https://www.aprsaf.org/initiatives/national_space_legislation/.

③ See *Climate R^3：Regional Readiness Review for Key Climate Missions*，APRSAF，https://www.aprsaf.org/initiatives/climate/.

④ See *Other Activities*，APRSAF，https://www.aprsaf.org/initiatives/new_efforts/.

⑤ See *Executive Committee（ExCom）*，APRSAF，https://www.aprsaf.org/about/excom.php.

在以及确定在未来组织 APRSAF 年会的组织者的成员,此类成员总数不超过 5 名;另一类是每个工作组指派的一名代表,任期不超过 4 年。该委员会成员身份由 APRSAF 全体会议予以确认。

APRSAF 框架下另一个值得重视的形式是工作组。从 APRSAF 第 1 届直至第 7 届年会,APRSAF 的主要工作是通过召开会议,促成不同国家之间的信息交换,探讨亚太地区未来外空合作开展。在第 8 届和第 9 届会议上,APRSAF 建立了 4 个工作组,分别为地球观测工作组、通信卫星应用工作组、外空环境利用工作组以及外空教育与认知工作组。在之后的第 10 届和第 11 届年会上,3 个工作组开展了相关工作,外空环境利用工作组的问题在外空教育和认知工作组进行讨论。APRSAF 第 12 届会议上建立了外空环境利用工作组。在 APRSAF 第 21 届会议上,4 个工作组的结构进行了相应调整,调整的整体思路以社会经济效果为导向,在新框架下,工作组与用户组织、发展援助机构和外空领域的其他实体开展合作增多,以期为解决亚太地区的共同问题作出贡献。在 2021 年 12 月召开的第 25 次会议上,工作组结构进行了最新调整,原 4 个工作组发展为 5 个,并增加 1 个新的工作坊(Workshop),①简述如下。

(1)卫星应用于社会效益工作组(Satellite Applications for Societal Benefit Working Group, SAWG),SAWG 的前身为外空应用工作组(Space Applications Working Group),其主要活动包括促进互动和信息共享、探求整合地球观测卫星数据、导航卫星数据、地基信息和信息通信技术的新的可能性从而解决社会问题;利用亚洲哨兵和 SAFE 项目的成功,加强区域协调和合作以提高地区安全;与国际组织开展合作,提供讨论和分享有关灾害风险管理、气候变化、环境问题的外空应用信息的机会,同时,在亚太地区增加空间应用最佳实践的数量;在 APRSAF 年会上组织 SAWG 会议(或是亚洲哨兵项目或 SAFE 的单独会议)。②

(2)增强外空能力工作组(Enhancement of Space Capability Working

① See *About Working Groups*, APRSAF, https://www.aprsaf.org/working_groups/about/.

② See *Satellite Applications for Societal Benefit: Working Group*, APRSAF, https://www.aprsaf.org/working_groups/sa/.

Group, SCWG)。该工作组前身是外空技术工作组,作为新成立的工作组,SCWG 涵盖了工程管理的内容。① SCWG 的目标是提供交换信息的机会以改善亚太地区外空科技发展能力。工作组关注外空科技和工程管理知识的最新发展,例如系统工程、项目管理、安全和任务保障,工作组希望借此建立基础,推动区域外空合作。②

(3)全民外空教育工作组(Space Education for All Working Group, SE4AWG)。该工作组前身为外空教育工作组,2021 年新组建的 SE4AWG 加入了高等教育和普及教育的概念。SE4AWG 的主要目标包括通过有效利用外空教育素材提高科学、技术、工程、艺术以及数学教育;为全民提供外空教育和培训的机会;通过经验、知识和信息交流促进地区国家间的互信等。③

(4)外空前沿工作组(Space Frontier Working Group, SFWG)。该工作组的前身是外空环境利用工作组,SFWG 纳入了外空探索相关内容。④ 该工作组的目标是研究外空前沿问题,着重关注日本在国际空间站的 Kibo 试验舱的利用问题,所涉领域不仅包括科学实验,还包括未来外空探索任务的技术演示。此外,SFWG 还参与空间站之外的其他外空探索议题。通过对 Kibo 的利用,工作组期待进一步推进亚太地区探索月球及其他天体活动的开展。⑤

(5)外空政策与法律工作组(Space Policy and Law Working Group, SPLWG)。SPLWG 是最新建立的工作组,其建立的原因是 APRSAF 合作各方意识到外空技术与政策和法律不可分割,建立 SPLWG 有助于推动各国外空政策与法律能力的提高。依照 NSLI 研究小组的建议,SPLWAG 于 2021 年正式建立。该工作组的主要活动包括对各国外空政策与法律实践以及共同区域的政策选择问题进行信息分享和相互学习,同时,工作组也对全球性问题(例如,外空活动长期可持续性以及外空稳定利用问题等)进行讨论以

① See *About Working Groups*, APRSAF, https://www.aprsaf.org/working_groups/about/.

② See *Enhancement of Space Capability Working Group*, APRSAF, https://www.aprsaf.org/working_groups/sc/.

③ See *Space Education for All: Working Group*, APRSAF, https://www.aprsaf.org/working_groups/se4a/.

④ See *About Working Groups*, APRSAF, https://www.aprsaf.org/working_groups/about/.

⑤ See *Space Frontier: Working Group*, APRSAF, https://www.aprsaf.org/working_groups/sf/.

期为亚太地区作出贡献。[①]

(6)外空工业工作坊(Space Industrial Workshop,SIWS)。SIWS 并非工作组,其前身为外空工业论坛,在 2021 年 APRSAF 会议上成为官方活动。SIWS 由代表参与国和机构的小组成员组成,其主要目标是讨论外空工业的现状及相关问题,以推动亚太地区外空工业的进一步发展。[②]

作为一个松散的机构间合作论坛,APRSAF 的组织框架并不像政府间国际组织那样严密和健全。但纵观 APRSAF 的发展历程,无论是执行委员会的建立,还是工作组的不断调整,都保障了其有效应对外空活动发展变化,同时,APRSAF 对于项目的组织和执行能力也在不断提高,这并非其他松散的合作论坛可以比拟的。换言之,APRSAF 虽然并不以国际组织自居,但从组织框架上看,其在很大程度上发挥了国际组织的功能。

(二)APRSAF 法律规则

APRSAF 的性质决定了其缺少成体系的法律规则,不过近年来,随着 APRSAF 具体合作项目的开展和组织结构的日益复杂,相关法律规则也有一定发展。其中,较具代表性的规则包括《APRSAF 原则》,APRSAF 第 26 届年会发布的"联合声明"与《名古屋愿景》以及配合工作组结构调整推出的《APRSAF 工作组章程》。

1.《APRSAF 原则》

2012 年 2 月 27 日,APRSAF 特别小组第 1 次会议上通过了《APRSAF 原则》,同年 8 月 28~29 日召开的特别小组第 2 次会议以及 2013 年 5 月 23 日召开的 APRSAF 执行委员会第 2 次会议对该原则进行了修改。《APRSAF 原则》明确 APRSAF 的法律性质是落实空间机构开展合作协调的论坛,并对 APRSAF 的主要目标、具体目标、工作方式和活动参与进行了说明。

首先,APRSAF 的目标是为亚太地区社会经济的发展,促进和扩大外空活动的开展与和平利用。具体而言,APRSAF 致力于实现如下目标:(1)为亚太地区的外空科学技术和应用机构和国际组织提供一个论坛,用以交换有关外空项目、资源和外空科学技术应用的观点和信息;(2)发现和采取责

① See *Space Policy and Law: Working Group*, APRSAF, https://www.aprsaf.org/working_groups/spl/.

② See *Space Industrial Workshop*, APRSAF, https://www.aprsaf.org/working_groups/si/.

献于亚太地区社会经济持续发展的方式,同时通过外空技术及应用保护本地区环境;(3)促进和扩大亚太地区外空科学与发展机构、外空服务与产品提供者及用户之间的互利合作,同时考虑与地区之外的机构合作的可能性。

其次,为实现上述相关目标,APRSAF 采取的相关措施如下:(1)提供一个开放、灵活的合作框架;(2)各方自愿参与 APRSAF 的相关活动;(3)APRSAF 开展的项目关注亚太地区共同利益并通过具体活动予以施行。

最后,关于 APRSAF 活动的参与问题,《APRSAF 原则》提出 APRSAF 会议及其他活动对亚太地区所有外空科学、技术与应用管理机构,政府部门,私营公司,大学,研究机构以及国际组织开放。认同 APRSAF 目标的本地区之外的相关机构和组织,也可以参与 APRSAF 活动。

2. “联合声明”与《名古屋愿景》

2019 年 11 月 26 日至 29 日,在日本名古屋召开的名为“向外空新时代推进多样化联系”的 APRSAF 第 26 届年会上通过了两项文件,一项为“联合声明”,主要对本次会议进行记录;另一项名为《名古屋愿景》,设定了 APRSAF 未来 10 年发展的四项目标。无论是“联合声明”还是《名古屋愿景》都并非严格意义上的法律规则,但两个文件的内容揭示了 APRSAF 的未来发展路径,并对其职能进行了进一步界定,因此有必要进行分析。

“联合声明”是对第 26 届年会的记录,会议参与者针对如下几个问题达成了共识:(1)促进新的参与者加入 APRSAF,推动多样化协调;(2)努力推进外空的可持续利用;(3)协调区域活动与全球活动;(4)推动与新一代的对话;(5)改善地区外空技术能力;(6)推动参加月球探索活动。①

《名古屋愿景》确定 APRSAF 未来 10 年的四项工作目标,详述如下。②

其一,推动解决广泛的社会问题。经过了 25 年的发展,通过开展合作项目,APRSAF 已经解决了很多共同问题,有力地保障了亚太地区的共同利益。在未来发展中,APRSAF 应进一步对相关合作项目进行革新,在多边框架下

① See *Joint Statement*: *Record of the 26th Asia-Pacific Regional Space Agency Forum*, APRSAF, https://www.aprsaf.org/annual_meetings/aprsaf26/pdf/outcome_documents/Joint_Statement.pdf.

② 关于《名古屋愿景》的主要内容,可以参见 *APRSAF Nagoya Vision*, APRSAF, https://www.aprsaf.org/annual_meetings/aprsaf26/pdf/outcome_documents/Nagoya_Vision.pdf。

有效利用卫星数据(如 SAFE 项目)。此外,APRSAF 将进一步利用外空技术,包括卫星数据,以贡献于解决更广泛的社会问题。此外,APRSAF 还将利用外空发展最新成果实现联合国可持续发展目标。

其二,提升人力资源发展、能力建设及外空技术能力。通过开展 Kibo-ABC 项目激发年轻一代的求知欲,APRSAF 对于亚太地区年轻一代的研究者、工程师人力资源发展和能力建设作出了卓越贡献。此外,通过提供外空教育项目和材料,APRSAF 对年轻一代的教育进行了有力支持。未来,APRSAF 将在改善地区外空技术发展能力信息交换问题上扮演重要角色,同时,继续共同发展创新小立方星。此外,APRSAF 也将致力于培养有志于在各国发挥领导作用的具有先进知识的人才。

其三,提高本地区在共同事务上的政策执行能力。APRSAF 始终致力于通过对外空政策及其相关实践的信息交流,在本地区为外空政策专家及工程师打造一个共同体。未来,APRSAF 将继续促进本地区外空政策共同体的活动,为提高本地区各国外空政策执行能力作出贡献。鉴于外空活动参与者不断增加,APRSAF 还将对解决全球性问题作出贡献,例如,保障外空活动长期可持续性以及外空利用的稳定性。

其四,鼓励本地区新的参与者参加 APRSAF 活动,加强多元化联系。APRSAF 的参与方一向具有多元化特征,这得益于 APRSAF 二十余年的成功实践。在建立初期,APRSAF 的参与方以各国的外空活动主管机构为主,工业界、学术界以及其他相关机构是随着其活动的不断开展而逐渐参与进来的。考虑亚太地区外空活动的发展趋势,APRSAF 欢迎新的参与者,并致力于打造经验交流平台,创建多元化合作。此外,为进一步推动未来外空经济的发展,APRSAF 也将在亚太地区开展新的服务和商业活动。

“联合声明”和《名古屋愿景》为 APRSAF 之后活动的开展指明了方向,总体而言,在未来 10 年中,APRSAF 将进一步巩固现有合作项目,同时推动区域外空合作在更多领域和更广范围发挥作用。

3.《APRSAF 工作组章程》

在《名古屋愿景》的基础上,APRSAF 第 26 届会议参会代表认为有必要对工作组进行调整以适应论坛未来合作发展的要求。APRSAF 第 27 届会议通过了《APRSAF 工作组章程》。[1] 该章程提出对工作组进行调整的主要目的是适应亚太地区未来 10 年经济和社会的发展需求。具体目标包括在工作组工作中纳入与地区新利益相关事宜，在本地区促成新合作以及促进更多新的参与者加入 APRSAF 的合作。此外，工作组章程还纳入了《名古屋愿景》中提及的工作目标。

三、APRSAF 推动亚洲外空合作的优势与不足

作为亚太地区最重要的外空合作平台之一，APRSAF 建立数十年来，取得了不小的成就，这得益于 APRSAF 合作模式的设计。当然，作为一个松散的合作论坛，APRSAF 也有诸多不足，需要在未来的发展中予以进一步完善。

APRSAF 推动亚洲外空合作的优势可以总结为如下几个方面。其一，APRSAF 并非政府间国际组织，其参与主体具有多元化特征。除了政府部门之外，与外空活动相关的非政府机构如公司和学术机构等均可参与。随着外空商业化的快速发展，非政府实体逐渐成为参与外空活动的重要力量。相较于政府机构，非政府实体更为重视商业利益，因此较为容易开展合作和协调。在 APRSAF 框架下，允许多元化主体的参与，在很大程度上保障了合作参与者的规模。在《名古屋愿景》中，APRSAF 进一步强调鼓励新的参与者加入合作，足见多元化参与主体对维护 APRSAF 合作的重要意义。其二，正是由于 APRSAF 的性质，所以其框架下的合作活动具有灵活和松散的性质，并不给合作参与方施加强制性义务。这一特征的优势在于可以最大程度减少参与方参加相关活动的顾虑，从而提高其合作积极性。当然，这也可以起到保障合作规模的作用。其三，在 APRSAF 框架下开展了具体的合作项目，从这一方面看，其与政府间外空国际组织发挥了同样的职能。APRSAF 合作项目得以开展的重要原因在于项目合作内容大多涉及地区公共事务，符合所有参与方的共同利益。而以合作项目为基础协调参与方之间的关系则避免了由于 APRSAF 对于合作的松散要求带来的不便。

从另一方面看，也正是由于 APRSAF 的性质，其在推动亚洲外空合作方面还有一定的不足。其一，松散的国际论坛模式很显然无法促成紧密的合

① See Charter of APRSAF Working Group, APRSAF/EC/4/2021.

作关系，而 APRSAF 逐步开展的合作项目事实上使其具备了外空国际合作组织的职能。目前，以项目为基础的“一事一议”的合作管理模式仍可以很好地保障合作项目的运行，但随着合作规模的进一步扩大、合作参与方的增加以及新的合作项目的开展，现行方式可能会受到一定冲击。其二，正如上述，目前，APRSAF 框架下合作项目仍以应对地区公共事务问题为主要目的，伴随外空商业化发展，如若未来 APRSAF 计划开展外空商业合作，现行协调模式可能会遇到一定问题。其三，与欧洲外空合作实践相比，亚太地区的外空合作对于外空技术强国的依赖明显过重。作为 APRSAF 的发起国，日本在所有合作项目中都拥有绝对的主导地位，这当然与亚太地区特殊的政治、经济和外交环境相关，但从未来发展的角度看，这种由某国主导合作的模式显然不是长久之计。其四，亚太地区外空合作呈现竞争态势，其中最主要的竞争双方为日本和中国。如上述，两国在几乎同一时期分别发起创建了 APRSAF 与 APSCO，但两个机构之间却几乎没有开展实质性合作。诚然，这一情形的出现同样源于亚太地区特殊的政治、经济和外交关系，并非 APRSAF 或 APSCO 通过完善合作机制便可以解决的。但应当指出的是，作为亚太地区最重要的外空国家，如果中国和日本都认同进一步完善本地区外空合作的必要性，那么在两国和其发起的机构之间开展有效合作协调是未来发展的必然要求。

第三节 非洲外空合作实践与法律规制

非洲地区国家外空活动普遍起步较晚，多数非洲国家的外空活动始于冷战之后，其中，较早开展外空活动的非洲国家包括尼日利亚、阿尔及利亚、埃及以及南非等。[①] 由于非洲各国外空技术基础薄弱，外空活动经济投入较为有限，所以非洲外空活动发展早期，在非洲联盟框架下便开展了外空合作。之后，非洲外空合作又以多种形式出现。2023 年 1 月，非盟正式成立了非洲空间局，非洲外空合作进入了发展的新阶段。本节对非洲外空合作的

---

① See Danielle Wood& Annalisa Weigel, *Charting the Evolution of Satellite Programs in Developing Countries-The Space Technology Ladder*, Space Policy, Vol. 1, p. 15 (2012).

发展历程、法律规制进行分析,并探讨其面临挑战和问题。

一、非洲外空合作的发展历程

1992年5月,非洲区域卫星通信组织(Regional African Satellite Communication Organization,RASCOM)成立。[①] 该组织的主要目的是利用卫星系统为非洲国家所有区域提供高效和经济的卫星通信,包括满足音像转播的需要,从而促进非洲国家发展。[②] 1998年,尼日利亚和摩洛哥建立了隶属于联合国的非洲地区空间科学与技术教育中心。[③] 2000年左右,非洲诸国提出了非洲资源管理卫星星座项目,该项目于2003年由阿尔及利亚、肯尼亚、尼日利亚和南非建立。[④] 除了开展上述零散的合作项目之外,在新世纪之初,受到欧空局成功合作经验的启发,非洲各国也开始讨论成立区域外空合作组织的可能性。之后,这一设想被纳入非洲联盟2009~2012年的战略计划之中。[⑤] 2011年9月,非洲外空科学与技术可持续发展领导人会议上提出可以在建立泛非机构之前开展相关合作。[⑥] 2012年,非洲联盟部长会议再次呼吁制定非洲联盟外空政策。[⑦] 与此同时,非洲外空(AfriSpace)的概念被提出,在非洲外空框架下,一项长期的非洲外空政策将被执行,其将向成员国建议外空活动的目标,协调轨道位置和外空资源等。[⑧]

2016年1月,非洲各国首脑通过了《非洲外空政策与战略》,以期利用外空科学与技术促进非洲大陆的发展。《非洲外空政策与战略》提出要重点发

---

① See *Background of RASCOM*, Rascom, http://www.rascom.org/info_detail.php? langue_id = 2&id_r = 23&id_sr = 0&id_gr = 2.

② See *RASCOM's Mission and Objectives*, Rascom, http://www.rascom.org/info_detail.php? langue_id = 2&id_r = 19&id_sr = 0&id_gr = 2.

③ See *Regional Centers for Space Science and Technology Education*, UNOOSA, https://www.unoosa.org/oosa/en/ourwork/psa/regional-centres/index.html.

④ See Peter Martinez, *Is There A Need for An African Space Agency?*, Space Policy, Vol. 3, p. 143 (2012).

⑤ See Timiebi Aganaba-Jeanty, *Precursor to an African Space Agency: Commentary on Dr Peter Martinez "Is There A Need for An African Space Agency?"*, Space Policy, Vol. 3, p. 168 (2013).

⑥ See Peter Martinez, *Is There A Need for An African Space Agency?*, Space Policy, Vol. 3, p. 144 (2012).

⑦ See Timiebi Aganaba-Jeanty, *Precursor to an African Space Agency: Commentary on Dr Peter Martinez "Is There A Need for An African Space Agency?"*, Space Policy, Vol. 3, p. 169 (2013).

⑧ See Ian Timberlake, *Africa Eyes Joint Space Agency*, Phys Org (Sept. 4, 2012), https://phys.org/news/2012-09-ministers-african-space-agency.html.

展地球监测系统、导航与定位、卫星通信及外空科学与探索等能力。[①] 2018 年1月29日,《非洲空间局公约》通过,非洲空间局(African Space Agency-ASA)正式建立。[②] 依照《非洲空间局公约》规定,建立 ASA 的主要目标是增进非洲和世界的福祉,促进、建议和协调非洲外空科学与技术及相关规则的发展与利用,稳步推动非洲内部以及国际合作。[③] 此外,《非洲空间局公约》对东道国的概念进行了界定,提出所谓东道国是指 ASA 总部或活动中心所在国。[④] 2019 年2月召开的非洲联盟大会第32届常会核准埃及作为 ASA 的东道国。[⑤] 2023 年1月,埃及政府与 ASA 达成最后协议,推动 ASA 总部建设。[⑥]

总体而言,经过多年探索,非洲各国最终建立了区域外空合作组织。随着 ASA 东道国的确定以及总部建设完成,其合作活动将逐步走上正轨,成为推动非洲外空合作的最重要平台。

二、《非洲空间局公约》与非洲空间局法律规则

《非洲空间局公约》共21条,其中,第1~3条规定了相关概念、[⑦]空间局建立[⑧]以及该机构的法律人格。[⑨] 第4条对非洲空间局建立的目标进行了细化规定。[⑩]

① See *African Space Policy & Strategy: Redefining Satellite Navigation and Positioning in Africa*, Space in Africa (Sept. 8, 2020), https://africanews.space/african-space-policy-strategy-redefining-satellite-navigation-and-positioning-in-africa/.

② 关于非洲空间局建立的详细信息,参见 *Signature of the Host Agreement for the African Space Agency, in Cairo*, 24 January 2023, African Union, (Jan. 24, 2023), https://au.int/en/pressreleases/20230124/signature-host-agreement-african-space-agency-cairo-24-january-2023。

③ See Art. 2, Statute of the African Space Agency.

④ See Art. 1, Statute of the African Space Agency.

⑤ See 32nd *Ordinary Session of the African Union Commission Endorsed Egypt to Host the African Space Agency*, Space in Africa (Feb. 11, 2019), https://africanews.space/32nd-ordinary-session-of-the-african-union-commission-endorsed-egypt-to-host-the-african-space-agency/.

⑥ See *Egypt to Host African Space Agency Headquarters*, Egypt Today (Jan. 24, 2023), https://www.egypttoday.com/Article/1/122128/Egypt-to-host-African-Space-Agency-headquarters.

⑦ See Art. 1, Statute of the African Space Agency.

⑧ See Art. 2, Statute of the African Space Agency.

⑨ See Art. 3, Statute of the African Space Agency.

⑩ 依照《非洲空间局公约》第4条的规定,ASA 的主要目标是推动和协调非洲外空政策与战略的实施,开展外空技术与应用活动,以保障非洲人民的福利和可持续发展。See Art. 4, Statute of the African Space Agency.

第5条对ASA的功能进行了说明。提出ASA的主要功能是践行非洲联盟通过的外空政策与战略。具体而言:(1)推动和协调非洲外空理事会批准的项目和活动的执行;(2)解决用户需求以保证外空项目在改善非洲经济和提高非洲人民生活水平过程中扮演重要角色;(3)支持成员国和区域经济共同体建立外空项目,协调非洲大陆外空活动;(4)平衡非洲大陆的外空惠益,提升各国对外空资源和服务的利用;(5)支持成员国和区域经济共同体建立关键外空基础设施,并逐步发展、改善和运行关键外空基础设施;(6)通过适当开展教育和培训项目,最大程度发展非洲外空科学、技术和创新能力;(7)促进区域协作与协调;(8)推动促进非洲地区与国际层面的战略伙伴关系;(9)增进对外空科学技术的研究、发展与创新;(10)协调和促进非洲为全人类福祉参与国际层面的和平利用外空的科学和技术活动;(11)增强非洲对外空活动能够带来的利益的认识;(12)以促进合作和避免重复活动为目标,推动成员国参与非洲外空活动和研究;(13)最大限度利用成员国外空活动,推动成员国间外空活动的协调;(14)在国际合作的基础上开展活动。①此外,若ASA与其他国内或国际机构在非洲大陆开展外空合作活动,则应制定一个全洲的法律框架。当涉及与成员国共同协调非洲大陆的外空活动时,ASA将直接与相关国内外空主管机构进行沟通、协调。非洲地区共同的多边外空事务由ASA主导开展。②

第6条对ASA的管理机构进行了总括性规定。ASA的机构框架包括如下几个部分:非洲外空理事会、咨询委员会、秘书处和局长。

其一,非洲外空理事会。《非洲空间局公约》第7条至第11条对理事会的组成、理事会成员资格和选举、任期、理事会的职能和理事会会议进行了详细规定。其中,有关理事会职能的规则值得重视。依照规定,非洲外空理事会有权对ASA活动进行监督;签发指令;审查和批准战略计划、工作计划、财政、规则、政策和指令以管理ASA的日常活动和运营。此外,理事会需通过成员国或政府教育、科学和技术首脑向大会进行报告。理事会每年召开一次会议,具体时间应在理事会咨询委员会会议之后,成员国或政府教育、

---

① See Art. 5 (1), Statute of the African Space Agency.

② See Art. 5 (2) - (4), Statute of the African Space Agency.

科学和技术首脑年会之前。

其二,咨询委员会。建立咨询委员会的主要目标是为理事会提供必要建议。《非洲空间局公约》第 12 ~ 14 条对咨询委员会的组成、职能和会议召开进行了详细规定。其中,咨询委员会的主要职能包括:对理事会为管理 ASA 日常活动和操作而批准的战略计划、年度工作计划、预算、外部审计报告、规则、政策、指南等进行审查和建议;向理事会进行报告;每年召开一次会议,会议时间在理事会会议之前;制定咨询委员会自身的程序规则。

其三,ASA 局长。局长是 ASA 的最高行政长官和法定代表人,其主要职责是对 ASA 活动进行管理,为实现对 ASA 的高效、顺利管理,可以指派必要职员对局长的工作予以协助。局长由理事会选派,任期 4 年。局长的权力和职责等则应制定具体的程序规则予以确定。

第 16 条对 ASA 的财政情况进行了说明。依据规定,ASA 的财政预算由非洲联盟承担,归属于非洲联盟财政框架之内。ASA 应准备其财政预算计划,并将之提交给非洲联盟政策机构予以批准并纳入联盟的财政预算之中。

《非洲空间局公约》第 17 ~ 21 条对 ASA 的总部、特权与豁免、工作语言、公约的修改与生效等内容进行了规定。

总体而言,《非洲空间局公约》建立了 ASA,并对其组织机构进行了相应规定,确定了在非洲开展外空合作的基本原则,为非洲外空合作的进一步开展奠定了良好基础。

三、非洲外空合作法律规则的未来发展

作为非洲外空合作的最新发展,ASA 建立时间不长,上文提及的诸如咨询委员会程序规则等细节性法规仍有待随着 ASA 实践的进一步深入而逐渐制定。与欧空局的法律规则体系相比,ASA 的法律框架还很难被评价为完善。ASA 依托非洲联盟,其财政来源也高度依赖非洲联盟,这与欧空局的财政投资方式和项目合作方式明显不同。即便与并非严格意义上的区域外空合作组织的 APRSAF 相比,ASA 的法律合作框架也有不足之处。APRSAF 虽未制定成体系的法律规则,但在 APRSAF 的合作项目开展过程中,相关法

律规则能够有效执行。当然,应当明确的是,无论是在外空技术的发展方面,还是在外空合作实践方面,非洲地区都是后来者。以一个刚刚建立的区域外空合作机构的法律框架,与已经有多年实践经验的欧空局甚或 APRSAF 相比都并不公允。

非洲地区外空活动有其自身特征,作为一个以发展中国家和不发达国家为主的区域,非洲地区外空活动进展缓慢,但也蕴含巨大潜力。据估计,非洲地区 2021 年外空经济总值达到 194.9 亿美元,未来 4 年还将增长 16%。① 对于非洲国家而言,开展外空活动的最主要目的并非取得战略优势,而是通过外空活动的开展为本地区的社会经济发展提供支持。相应地,非洲开展外空国际合作的主要目的也是为实现其外空政策目标服务的。此外,由于非洲主要国家都不具备独立外空发射能力,所以非洲外空国际合作呈现明显的"双轨制"特征,除了非洲国家内部的合作之外,非洲与其他国家和地区的合作也是其外空国际合作的重要内容。从法律角度看,非洲外空国际合作的开展除了需要进一步细化完善 ASA 框架下的规则和机制之外,还要推动与其他国家和地区间的合作规则和机制的完善。这也与非洲外空政策目标相符,从内部合作角度看,非洲期待创建协调、统一的外空项目以满足本地区的社会、经济、政治和环境需要,同时获得国际竞争力。从与外部合作的角度看,非洲则期待建立支持非洲外空项目的法律框架以保障非洲对于外空的负责任和和平利用。② 据统计,非洲主要国家在外空领域重要的合作伙伴包括欧盟、中国和美国等。③ 其中,近年来与中国开展的合作发展迅速。在"一带一路"框架下,诸多非洲国家与中国成功开展了外空合作项目,④无论是对于非洲还是中国而言,未来进一步完善双方外空合作的规则框架都至关重要。

---

① See Kate Bartlett, *Why China, African Nations Are Cooperating in Space*, VOA News (Sep. 13, 2022), https://www.voanews.com/a/why-china-african-nations-are-cooperating-in-space/6745595.html.

② See *African Space Policy: Towards Social Political and Economic Integration*, African Union, https://au.int/sites/default/files/documents/37433-doc-african_space_policy_isbn_electronic.pdf.

③ See Samuel Oyewole, *Space Research and Development in Africa*, Astropolitics, Vol. 15, p. 188 – 192 (2017).

④ See Kate Bartlett, *Why China, African Nations Are Cooperating in Space*, VOA News (Sep. 13, 2022), https://www.voanews.com/a/why-china-african-nations-are-cooperating-in-space/6745595.html.

第四节 拉丁美洲与加勒比地区国家外空合作机制与法律规制

一、拉丁美洲与加勒比地区外空合作的发展及拉丁美洲与加勒比空间局的建立

早在1982年联合国和平探索和利用外层空间第二次会议(UNISPACE - Ⅱ)召开期间,智利便提出仿照欧空局建立南美地区的外空区域合作组织。之后,于1991年在哥斯达黎加召开的一次会议上,拉美国家再次讨论建立区域外空合作组织的可能性,但是由于遭到巴西反对,这一提议便不了了之。①1997年,拉丁美洲与加勒比地区国家外空科技教育中心(Regional Center for Space Science and Technology Education for Latin America and the Caribbean, CRECTEALC)建立,这一中心隶属联合国,非洲和亚洲等也建有性质相同的中心。此类教育中心的主要合作内容为在外空科学和技术的教育和培训的同时为合作参与国提供一个沟通和信息交换的平台。总的来说,限于其性质,CRECTEALC框架下并不会开展外空项目合作,但是对于拉丁美洲和加勒比地区国家而言,由于其外空科技基础薄弱加之复杂的政治环境,首先推动在教育和培训领域的合作具有较高的可操作性,也有可能推动各国在更广泛的层面开展合作。

2021年9月18日,《建立拉丁美洲与加勒比空间局公约》开放签署,18个拉丁美洲和加勒比国家签署了公约,拉丁美洲与加勒比空间局(Latin American and Caribbean Space Agency, ALCE)正式建立。ALCE旨在协调外空技术、研究、探索和相关应用方面的合作,为区域外空项目的综合和可持续发展作出贡献,从而造福拉丁美洲和加勒比地区人民。ALCE框架下的具体合作目标是提高本地区地球监测系统能力建设,从而促进农业、自然灾害监测、安全监管、海洋学、气象学、自然资源勘探以及城市职能建设等领域的

① See Robert C. Harding, *Space Policy in Developing Countries: The Search for Security and Development on the Final Frontier*, Routledge: Taylor& Francis Group, 2013, p. 191.

发展。ALCE 的总部位于墨西哥,并视需要在其他成员国建立办公室或代表处。①

二、拉丁美洲与加勒比空间局法律规制存在的不足

ALCE 的建立对于拉丁美洲和加勒比地区的外空合作的进一步发展有重要意义,但也存在一定问题。从目前公布的信息看,ALCE 开展合作的具体法律规制模式尚不明朗。但与其他地区已经建立的外空合作组织一样,ALCE 期待通过推动不同国家之间的通力合作,有效整合人力、财力和物力资源投入外空活动这一对技术和资本要求都极高的领域之中。如上述,欧空局的法律框架是目前区域外空合作法律规制的典范,其之后的效仿者无论是 APSCO 还是 ASA 都并未完全仿照其法律规则,因此,期待 ALCE 完全复刻欧空局的框架也并不现实。以拉丁美洲与加勒比地区国家外空技术及经济发展水平与其他地区展开比较的话,ALCE 面临的问题与 ASA 存在诸多类似之处。但与 ASA 不同的是,拉丁美洲地区最重要的国家之一巴西并未加入 ALCE,②这一情况与亚太地区的外空合作又异曲同工。换言之,拉丁美洲与加勒比地区也存在区域外空合作主导权争夺。这一由于政治原因而引起的博弈会极大冲淡区域合作法律规则能够起到的效果。此外,拉丁美洲与加勒比地区国家对于 ALCE 的资金投入较为有限,这一情况与非洲类似,据统计,出资最多的阿根廷投入额度为 8150 万美元,而作为倡议发起者的墨西哥及其他主要参与者的资金投入额度仅为 300 万美元。加上其他成员国的投入,ALCE 框架下开展合作的资金额度约为 1 亿美元,与欧空局的资金投入相比,这一数额显然还有很大差距。投资数额不足必然会限制合作规模,从而也会在很大程度上折损法律规则的效力。当然,如果对比欧空局的法律框架,可以发现其诸多规则自身便涉及财政投入和安排。例如,“投资返还”规则及与之相关的一系列配套规则。但同样也应当明确的问题

① See *Signing of the Convention Establishing ALCE, the Latin American and Caribbean Space Agency*, Gobierno de México (Sept. 20, 2021), https://www.gob.mx/sre/en/articulos/signing-of-the-convention-establishing-alce-the-latin-american-and-caribbean-space-agency-283235?idiom=en.

② See Christian Santana, *The Latin American Space Agency Gets off the Ground*, University of Navarra (Jan. 17, 2022), https://en.unav.edu/web/global-affairs/el-despegue-de-la-agencia-latinoamericana-del-espacio.

是，欧空局法律规则，包括“投资返还”相关的规则得以制定和有效实施源于欧洲地区的政治、经济以及文化背景的推动，法律框架和规则反过来会有效维系欧空局合作活动的开展，这在某种意义上是一种双向互动、相辅相成的关系。对于欧洲之外的其他地区而言，由于不具备类似的政治、经济和文化背景，其外空合作的法律规则的制定和实施自然不能完全仿照欧空局，但无论是APSCO、ASA还是ALCE都期待复制欧空局的成就。于是存在的矛盾便是，在欧空局框架下已经证实为行之有效的法律规则事实上是无法在其他地区的合作机构下完全实施的。换言之，对于APSCO、ASA以及ALCE而言，只能结合本地区的发展情况，探索出一套适用于本地区的有效法律规则。不过从几个组织的合作情况看，这种探索的成果仍差强人意。

总的来说，拉丁美洲与加勒比地区国家推动区域外空合作的努力起步较早，从最初在联合国框架下开展教育培训方面的合作，逐步推动建立了ALCE这样的区域外空合作组织。但同时也应注意到的问题是，拉丁美洲与加勒比地区国家在外空合作问题上存在一定分歧，ALCE中巴西的缺席便是最明显的证明。从法律规则角度看，区域外空合作组织都期待复制欧空局模式，ALCE也不例外。不过，从目前ALCE法律规则发展情况看，其完全复制欧空局模式难度较大，需要结合本地区情况探索出相对有效的规则模式。

第五节 本章小结

欧洲地区外空合作的成功经验使得世界其他地区纷纷效仿，以各种形式开展本地区的外空合作。欧洲外空合作的成功开展得益于诸多历史和现实因素的推动，世界其他地区大多不具备与欧洲类似的诸多利好条件，因此无法完全复制欧洲模式。经过多年发展，欧空局已经发展出一套完整的法律规则体系，这一规则体系中的诸多具体措施对世界其他地区外空合作活动的开展有一定的指导意义，值得其他地区借鉴。本章对欧洲外空合作的发展及欧空局法律规制措施进行了梳理，并对其相关法律措施的借鉴意义进行了分析。此外，本章对亚洲、非洲、拉丁美洲与加勒比地区的外空合作发展、外空合作机制以及相应的法律规制的缺陷进行了讨论。总的来说，作为区域外空合作的后起之秀，亚洲、非洲、拉丁美洲与加勒比地区还有很长的路要走。即便是取得了巨大合作成就的欧洲，也在不断完善、调整自己的合作措施，以期取得更好的合作成果。

第四章

典型外空国际合作项目的法律规制

外空国际合作实践本身表现出复杂、多元的特征。以覆盖地理范围为依据进行划分,本书前文分别对全球性外空合作、区域性外空合作的法律规制进行了分析。除此之外,以项目为表现形式的外空国际合作法律规则同样值得重视。其中最具代表性的是国际空间站项目以及近年来日渐受到关注的月球探索与开发合作项目(例如,美国发起的阿尔忒弥斯项目)。本章以国际空间站和阿尔忒弥斯项目为例,对典型外空国际合作项目的法律规则框架进行全面梳理、分析。

第一节　国际空间站项目建设及其法律规制

国际空间站(International Space Station, ISS)是多国合作建设的外空项目,也是迄今为止人类向外空发射的最大的单体结构。其主体构造完成于1998~2011年,至今已有来自20多个国家超过250人访问过国际空间站。[①]国际空间站的建设是人类向更为深远的外层空间进发的重要一步,同时,国际空间站也为在地球上无法开展的试验提供了条件。在国际空间站的建设和运行过程中,其对人类社会的诸多意义也逐步显示出来。NASA总结了国际空间站对人类社会的15项意义,包括推动近地轨道商业利用、支持世界范围内水净化工作、培养高质量的蛋白质晶体、开发改良疫苗、为学生提供在

① See Elizabeth Howell, *International Space Station-Everything You Need to Know*, Space. com (Jun. 11, 2023), https://www.space.com/16748-international-space-station.html.

外空开展科学研究的机会、在外空监测水质以及自然灾害等。[①] 无论从规模还是从合作成果看，国际空间站无疑是成功的。因此，国际空间站项目建设和实施的过程以及保障项目运营的法律框架尤为值得探讨。本节首先介绍国际空间站建设的历史背景及过程，之后梳理其法律框架，最后对国际空间站合作框架与法律规制面临的挑战进行分析。

一、国际空间站的建设背景与过程

目前的国际空间站项目主要由美国、俄罗斯以及其他诸多国家合作建设。不过，最初美国是希望通过自身努力将之作为国内项目建设的。1980年，时任美国总统里根批准NASA于10年内建成这一项目（当时的项目名称为“自由号”），但是由于项目对于资金和技术的苛刻要求，1990年，项目预算进行了削减调整，同时，美国开始考虑扩大国际社会对于项目的参与。1993年，美国和俄罗斯达成协议，同意将其各自的空间站计划进行整合，同时纳入欧空局国家以及日本作为合作伙伴。1998年11月20日，俄罗斯控制的“曙光号”模块发射标志着国际空间站正式组建。随后，美国航天飞机和宇航员开始在轨道上开展组件连接工作。2000年年中，俄罗斯建造的“Zvezda模块”——一个栖息地和控制中心，组装至国际空间站，同年11月2日，国际空间站迎来首批常驻宇航员。自此之后，陆续有宇航员进驻国际空间站。[②]

国际空间站宇航员早期的任务是验证人类在轨长期生存，同时也利用外空的特殊环境开展材料科学试验等。2003年2月哥伦比亚号航天飞机事故之后，[③]航天飞机一度停飞，国际空间站的宇航员数量也有所减少，其最主要的职责也变成了驻守，试验的数量也相应地减少了。2006年，航天飞机恢复飞行，国际空间站的建设随之恢复，欧洲和日本建设的空间站部位也开始组装，国际空间站规模逐渐扩大。2010年，国际空间站投入全面运营，开始

① See 15 *Ways the International Space Station is Benefiting Earth*, NASA (Oct. 30, 2015), https://www.nasa.gov/mission_pages/station/research/news/15_ways_iss_benefits_earth.

② 关于国际空间站发展历程的具体介绍可以参见 David M. Harland, *International Space Station*, Britannia (Jan. 1, 2021), https://www.britannica.com/topic/International-Space-Station。

③ See Dave Dooling, *Columbia Disaster*, Britannia (Jan. 25, 2024), https://www.britannica.com/event/Columbia-disaster#ref1026192.

容纳 6 名宇航员同时在站。这便要求两艘联盟号救生艇一直与国际空间站进行对接。6 名宇航员一般由 3 名俄罗斯宇航员、2 名美国宇航员以及 1 名来自日本、加拿大或欧空局的宇航员组成。国际空间站完工后,美国的航天飞机于 2011 年退役,之后,国际空间站的物资供给和其他运输任务主要有俄罗斯的"进步号"、[①]欧洲的 ATV、[②]日本的 H-II 运载火箭[③]以及两个商业运载公司提供的运载设备,即 SpaceX 公司的龙飞船[④]以及轨道科学公司的天鹅座飞船承担。[⑤] 总的来看,因为美国国内航天发射任务的商业化和私营化转型,国际空间站的运载任务也呈现相同的特征。时至今日,国际空间站运营状态良好,不过日前拜登政府宣布美国将支持国际空间站的运营直至 2030 年,[⑥]俄罗斯也宣布将于 2024 年年底退出国际空间站项目并开始建设自己的轨道空间站。[⑦]

无论是从技术层面还是从国际协调层面看,国际空间站项目都极为复杂。因此,该项目也被评价为人类社会取得的最重要成就之一。国际空间站项目的建设与具体实施需要美国、俄罗斯、欧洲、日本以及加拿大多国空间机构进行有效组织和协调,因此,该项目也是政治关系最为复杂的外空探索项目。[⑧] 应当指出的是,人类外空活动在发展之初便呈现竞争与合作并存

---

① 俄罗斯"进步号"飞船是定期为国际空间站提供补给的无人货运飞船,具体信息可以参见 *Progress: Russian Unmanned Cargo Spacecraft*, ESA, http://wsn. spaceflight. esa. int/docs/Factsheets/34%20Progress%20LR. pdf。

② "自动运载飞船"(Automated Transfer Vehicle)是欧空局建造的为国际空间站提供补给的无人货运飞船,详细信息可以参见 Erik Gregersen, *Automated Transfer Vehicle: European Space Agency spacecraft*, Britannia (Mar. 20, 2023), https://www. britannica. com/technology/Automated-Transfer-Vehicle。

③ "H-II 运载飞船"(H-II Transfer Vehicle)为日本建造的为国际空间站提供补给的无人货运飞船,详细信息可以参见 Erik Gregersen, *H-II Transfer Vehicle: Japanese Spacecraft*, Britannia (Mar. 20, 2023), https://www. britannica. com/technology/H-II-Transfer-Vehicle。

④ 关于 SpaceX 龙飞船参与国际空间站货物运输的更多信息可以参见 Jeff Foust, *SpaceX Launches Cargo Dragon Mission to ISS*, Space News (Nov. 9, 2023), https://spacenews. com/spacex-launches-cargo-dragon-mission-to-iss-2/。

⑤ 关于轨道科学公司的天鹅座飞船的更多信息可以参见 Erik Gregersen, *Cygnus: Spacecraft*, Britannia (Feb. 18, 2024), https://www. britannica. com/technology/Cygnus-spacecraft。

⑥ See Brian Dunbar, *Biden-Harris Administration Extends Space Station Operations Through* 2030, NASA, (Dec. 31, 2021), https://blogs. nasa. gov/spacestation/2021/12/31/biden-harris-administration-extends-space-station-operations-through-2030/.

⑦ See David M. Harland, *International Space Station*, Britannia (Jan. 1, 2021), https://www. britannica. com/topic/International-Space-Station.

⑧ See *International Space Station*, NASA, https://www. nasa. gov/mission_pages/station/cooperation/index. html.

的状态，当竞争状态表现得较为明显时，主要空间强国之间开展合作便较为困难，甚至可能导致外空竞赛。国际空间站是外空合作的典范，其难能可贵之处在于推动了冷战时期开展外空竞赛的两大空间强国美国和俄罗斯之间的合作，究其原因，可以概括为如下几个方面。

其一，国际空间站项目对于技术和资金的苛刻要求使得开展国际合作是最好的解决方式。如上述，早在1988年，美国里根政府便提出了建立美国自己的“自由号”空间站项目的想法，但是由于预算原因，项目一度停滞。1993年4月，时任美国总统克林顿要求NASA重新设计“自由号”，因为彼时国会和政府正在努力减少NASA的预算，所以克林顿总统要求NASA提出经济上比较合算的方案。1993年6月，克林顿总统批准了NASA的提议，保留了“自由号”大部分的设计，但是增加了一个现有的宇宙飞船巴士作为初始构建模块，并提出随着项目的推进加入更多的其他设计。[①] 此外，有研究者指出，美国航天史上最惨重的事故“哥伦比亚号”事故产生的一个重要原因同样与NASA的低预算有关。据统计，1993年至2002年，NASA预算无任何增加，但其实际购买力降低了13%。国际空间站项目的开启使原本就捉襟见肘的预算雪上加霜，在此背景下，NASA不得不大量裁员，1991年，NASA的全体员工和雇用工人共3.2万人，而至1997年就只剩1.9万人了。[②] 无论是“自由号”的一度停滞还是之后重新设计运行，甚至是与国际空间站建设密切相关的“哥伦比亚号”事故，预算都是重要的影响因素。在这样的背景下，NASA广泛邀请其他国家参与国际空间站项目，充分利用国际合作模式分担预算压力的做法也便不难理解了。

其二，国际空间站项目合作是美国拓展、稳固外交关系的工具。除去对预算的考虑，邀请其他国家参与国际空间站项目对于美国而言也能够起到拓展外交关系的作用。作为世界上最重要的空间技术强国，美国在航天活动的多个领域都占有绝对的优势，多项航天技术处于引领地位。在国际空间站建设中，美国的合作伙伴包括比利时、加拿大、丹麦、法国、德国、意大

① See *Beginnings of the International Space Station*, https://clinton.presidentiallibraries.us/exhibits/show/space4diplomacy/space4diplomacy-space-station.

② 参见张楠：《“哥伦比亚”号事故原因调查：NASA文化毁了它》，载新浪网，https://news.sina.com.cn/w/2003-08-28/0223646736s.shtml。

利、日本、荷兰、挪威、西班牙、瑞典、瑞士以及英国等,即便存在分摊预算方面的考量,与其他合作伙伴的投入相比,美国仍旧扮演最重要的角色。[①] 而对于其合作伙伴而言,单凭其自身外空活动能力很难支撑国际空间站这么大规模的项目,参与国际空间站项目建设可以充分利用空间站建设成果,反过来也会促进其本国外空科学技术的进步。而对于美国而言,通过项目开展,自然会拓展其与合作伙伴之间的关系。

其三,国际政治关系缓和尤其是美苏争霸结束的结果。在国际空间站所有的合作国家中,俄罗斯的参与尤其值得引起重视。对于俄罗斯而言,其航天活动实力与美国不相上下,且早在美国"自由号"空间站项目之前,苏联便于1971年4月19日发射了世界上第一个空间站——"礼炮1号",并于1973年至1982年相继发射了"礼炮2号"至"礼炮7号"共6个空间站。[②] 换言之,在美国于1980年开始推出空间站计划时,俄罗斯(苏联)已经积累了相当的经验。但从之后的发展看,俄罗斯加入了美国发起的国际空间站项目,其独立开展的空间站项目则一度中止。究其原因,冷战结束是美、俄双方得以开展外空国际合作的最重要基础。正如美国时任总统克林顿在1994年1月25日的一次演讲中所指出的,由于美国和俄罗斯已经达成了协议,俄罗斯的战略核导弹将不再对准美国,美国也不再对准俄罗斯。俄罗斯不再在外空建造武器,取而代之的是帮助美国建设国际空间站。[③] 美、俄双方政治关系的缓和是国际空间站项目框架下双方开展合作的重要前提。当然,对于俄罗斯而言,经济发展的迟滞使其有足够的动力参与美国主导的国际空间站项目之中,从而使其科学技术有新的用武之地。相应地,其科学研究人员也有机会参与军事项目之外的其他项目并赚取收入。对于美国而言,与俄罗斯开展外空合作,推动俄罗斯的航天科技对于民用项目的参与会进

① 据研究者计算,国际空间站每年运营费用大约为30亿美元,约占NASA年度载人航天飞行预算的三分之一。See NASA's Management of the International Space Station and Efforts to Commercialize Low Earth Orbit, Office of Inspector General and Office of Audits, Report No. IG－22－005, 30 November 2021.

② 参见《详解"礼炮号"空间站》,载中国载人航天,http://www.cmse.gov.cn/kpjy/htzs/tkjy/201104/t20110423_44783.html。

③ See *Partnering with Russia*, https://clinton.presidentiallibraries.us/exhibits/show/space4diplomacy/space4diplomacy-partnering.

一步保障其遵守核不扩散承诺,美国的这一思路在2000年《伊朗不扩散法》中体现得较为明显。[①]

其四,国际空间站项目是人类外空活动发展的必然产物。从人类活动的历程看,陆、海、空、天活动的发展进程体现出明显的不断拓展空间范围的特征。而一旦人类具备了在近地轨道、中地轨道和地球静止轨道活动的能力,下一步发展计划则必然是走向深空。国际空间站的建设便是人类活动走向深空的重要中继站。当然,对于深空探测和开发的最终目的还是造福人类。上文概述了国际空间站建设的主要目的和意义,不过从助力深空探索和开发从而造福人类的角度看,建设国际空间站的意义包括:通过在外空建设一个永久性的实验室,推动新的科学和技术发展、同时也有助于观测地球和全宇宙;国际空间站作为一个人类智力成果和服务能力的结合,可以提高外空商业化的机会,而外空商业化是保障外空活动可持续发展的重要方式;除了实验室的功能之外,国际空间站还可以作为有效载荷、运载工具停放和推进到目的地的节点以及维护和修理的服务设施;作为一个在轨的大型设备,国际空间站还可以作为其他大型结构组装和检验以及有效载荷和设备储存的中转站。[②]

综上所述,国际空间站作为典型的外空国际合作项目,其得以成功建设得益于诸多因素的叠加影响。其中,美、俄两国政治关系的缓和是该项目成功建设的坚实的基础。从未来发展看,美国已经明确了支持国际空间站运营的截止时间,俄罗斯也提出了退出空间站合作意向,其中的原因纷繁复杂,但总体上与当前各国关系的变化高度相关。当然,国际空间站合作项目终止的一个更深层次的原因是,美、俄等空间强国已经将深空探测的目光转移至地球静止轨道之上直至月球的广阔的地月空间,未来地月空间活动的合作和竞争将成为新一轮外空活动的特征。但无论如何,国际空间站的成功实践,尤其是在很大程度上保障项目成功开展的法律框架体系值得重视。

---

① 依照《伊朗不扩散法》的规定,美国总统可以依照俄罗斯是否遵守了不对伊朗扩散核武器和大规模毁灭性武器规则决定在国际空间站项目上是否对俄罗斯进行支付。See Section 6, Iran Nonproliferation Act of 2000, Public Law 106 – 178, 14 March 2000.

② See Roger Launius, *What is the Reason for a Space Station*?, Roger Launius's Blog (May 25, 2011), https://launiusr.wordpress.com/2011/05/25/what-is-the-reason-for-a-space-station/.

二、国际空间站法律框架体系

国际空间站法律框架的主要功能是对项目的各参与国的权利和义务予以明确规定，同时确定各参与国对其所拥有的部分的管辖权与控制权。总体而言，国际空间站法律框架分为三个层次：第一层次为国际空间站政府间协议（International Space Station Intergovernmental Agreement，IGA）；第二层次为NASA与其他合作方空间局及相关当局，即欧空局、加拿大空间局（Canadian Space Agency，CSA）、俄罗斯联邦空间局（Russian Federal Space Agency，RSA）[①]以及日本政府（Government of Japan，GOJ）签署的4个机构间谅解备忘录（Memoranda of Understandings，MoUs）；第三层次则为空间机构之间签署的执行谅解备忘录要求的双边安排。[②]

（一）国际空间站政府间协议

1988年1月29日，美国与加拿大、欧空局各国签订了IGA，之后的1989年3月，日本加入IGA，IGA确定了国际空间站合作的基本原则，在项目合作伙伴关系基础上，确定了国际空间站长期合作的工作框架。[③] 随着20世纪90年代国际政治关系的剧变，俄罗斯加入国际空间站合作项目成为可能。1996年7月，NASA与俄罗斯航天国家集团（Roscosmos）达成谅解，俄罗斯成为国际空间站的合作方。NASA与俄罗斯航天国家集团的这一谅解备忘录解决了很多突出的技术和管理问题，例如，共同运营成本的分担、空间站的使用权、人员组成以及与物流和其他服务有关的问题等。[④] 由于俄罗斯的加入，对于1988年IGA进行重新谈判便变得必要了。1998年1月29日，国

---

① 俄罗斯联邦空间局成立于1992年。2015年8月，俄罗斯成立了航天国家集团（Roscosmos）。俄罗斯航天国家集团对俄罗斯航天工业进行全面改革，负责保障俄罗斯航天项目的建设和法律的执行。此外，俄罗斯航天国家集团负责对航天设备和航天基础设施的开发及建造进行安排，承担俄罗斯外空国际合作任务等。关于俄罗斯航天国家集团的更多信息，可以参见 *Federal Space Agency*，Government of the Russian Federation，http://archive.government.ru/eng/power/106/。

② See *International Space Station Legal Framework*，ESA，https://www.esa.int/Science_Exploration/Human_and_RoboticExploration/International_Space_Station/International_Space_Station_legal_framework.

③ See Rochus Moenter，*The International Space Station：Legal Framework and Current Status*，Journal of Air Law and Commerce，Vol. 64，p. 1033 – 1034（1999）.

④ 关于俄罗斯参与国际空间站的发展过程的介绍，可以参见 Daniel V. Jacobs，*The International Space Station：Background and Current Status*，The Space Congress Proceedings（Apr. 30，1997），https://commons.erau.edu/cgi/viewcontent.cgi? article = 1501&context = space-congress-proceedings。

际空间站的 15 个合作国家的代表签订了新的政府间协议,[①]即 IGA 1998。[②]

IGA 1998 共 28 条,涉及国际空间站合作的诸多方面内容,其旨在建立一个长期合作框架,为和平目的且在遵守国际法的前提下制定详尽的国际空间站设计、开发、运行和使用规则。换言之,IGA 1998 的规定应符合包括《外空条约》《营救协定》《责任公约》《登记公约》在内的国际条约的规定,在一般情况下其相关条款不得被解释为改变和影响现行国际条约的义务。[③]同时,IGA 1998 也期待通过对机制和协议的设计保障国际空间站合作目标的实现。[④]

1. 国际空间站的合作方分工及管理规定

从合作方的分工看,美国负责国际空间站的总体管理和协调,美国和俄罗斯利用其载人航天技术的优势生产作为国际空间站基础的组件,欧洲合作国家与日本生产提升空间站能力的组件,加拿大也为国际空间站提供重要组成部分。[⑤] 各方按照《登记公约》第 2 条的规定对其相应部分进行外空物体登记并依据《外空条约》第 7 条以及《登记公约》第 2 条对其所登记部分以及其上人员享有管辖和控制权。[⑥] 在所有权方面,各空间站合作方对其所属相应部分拥有所有权并通过其合作机构,彼此通知其对空间站上相关设备的所有权。对于空间站内或者其上的设备所有权的转移,不影响依照 IGA、谅解备忘录以及执行安排所享有的权利。未经其他合作方同意,空间站之上或之内的设备不得由非合作方或处于非合作方管辖权下的私人实体所有,空间站组件的所有权亦不得转移给上述主体。任何针对组件所有权的转移行为都应提前通知其他合作方。用户所提供的设备或材料的所有权不因该等设备或材料在空间站之内或之上存在而丧失。此外,组件的所有权或登记或者设备的所有权在任何情况下都不得被视为表明对源于空间站

① 这 15 个合作国家包括美国、俄罗斯、加拿大、日本以及欧空局的 11 个国家,参见 A. Farand, *The Space Station Cooperation Framework*, ESA Bulletin, Vol. 94, p. 4 (1997)。

② See Agreement Between the United States of America and Other Governments, Washington, 29 January 1998.

③ See Art. 2: International Rights and Obligations, IGA 1998.

④ See Art. 1 (1): Object and Scope, IGA 1998.

⑤ 参见 Art. 1 (2): Object and Scope, IGA 1998, 另外, IGA 1998 的附件中对各合作方为空间站提供的部分进行了详细说明, Annex: Space Station Elements to be Provided by the Partners, IGA 1998。

⑥ See Art. 5: Registration, Jurisdiction and Control, IGA 1998.

之内或之上从事活动结果产生的材料或数据拥有所有权。[①]

国际空间站合作方一般通过其机构具体实施和管理相关活动，IGA 1998 针对各合作方对国际空间站的管理、细节设计和开发、使用与运行、日常活动开展等问题做了相应规定。

其一，针对国际空间站的管理，IGA 1998 规定各合作方在多边基础上依据备忘录和执行安排建立管理机构，并参与管理和承担相应责任。管理机构应该计划和协调影响空间站设计和发展以及其安全、高效和有效运行的相关活动。管理机构决议的作出应以实现全体合作方协商一致为目标。[②] 具体而言，美国通过 NASA 履行其在国际空间站项目中的义务和职能，依据相关谅解备忘录和执行安排要求，美国负有对其自身项目及应用活动进行管理的义务；另外，除了另有规定外，美国还对空间站项目总体管理和协调、项目系统工程与集成、制定总体安全要求与计划以及空间站一体化运行统筹规划协调负有责任。[③] 其他合作国家，包括加拿大、欧洲各国、日本以及俄罗斯通过其国内相关机构，依照相关谅解备忘录和执行安排要求，分别对其各自项目以及应用活动、其各自所属组件的系统工程和整合、开发以及细节性安全要求的制定和规划等进行管理。此外，其他合作方还应对美国总体性职责的履行予以支持。对于仅涉及加拿大、欧洲各国、日本以及俄罗斯组件的问题，且相关问题并未在谅解备忘录中达成的相关文件中进行规定，则各合作方可自行针对其相关组件作出决定。[④]

其二，针对细节性设计和开发问题，IGA 1998 规定各合作方应通过其相关机构，依照谅解备忘录和执行安排的要求，设计和开发其提供的组件，包括空间站独特的基础组件以充分支持空间站的持续运行以及对飞行组件的国际应用。此外，各合作方还应通过其相关机构与其他合作伙伴沟通互动，以提出对其各自组件进行设计和开发的解决方案。[⑤]

其三，针对国际空间站的使用，IGA 1998 规定各合作方对于空间站使用

① See Art. 6：Ownership of Elements and Equipment，IGA 1998.

② See Art. 7(1)，IGA 1998.

③ See Art. 7(2)，IGA 1998.

④ See Art. 7(3) -(4)，IGA 1998.

⑤ See Art. 8：Detailed Design and Development，IGA 1998.

的权利源于其提供了用户组件或结构组件。提供用户组件的合作方可以使用这些组件,为空间站建设运行和使用提供资源的合作方,其使用空间站的权利来源于结构组件提供,作为交换,这些合作方可以获得一个固定份额的用户组件的使用权,而对于这个份额的具体分配等问题则由谅解备忘录和执行安排予以详细规定。合作方有权交换或出售其所拥有的份额,具体安排则可由交易方依据具体情况自行确定。合作方或其选定的使用者可以对其拥有的份额用于任何目的,当然,这些应用要符合 IGA 目标、谅解备忘录以及执行安排的要求。此外,如果用户组件的使用者是非合作方或非合作方管辖下的私人实体,则应进行提前通知并及时在所有合作方之间达成一致意见。组件的提供方还应判定相关应用是否符合和平目的。[①] 合作方在利用空间站过程中,不应对其他合作方的活动产生有害干扰,此外,合作方还应保障其他合作方对其所述组件的进入和利用。[②]

其四,针对空间站日常活动,IGA 1998 第 11 条至第 14 条分别对人员、运输和通讯进行了规定。首先,对于国际空间站人员问题,IGA 1998 第 11 条规定,每个合作方都有权利在平等的基础上提供符合条件的人作为国际空间站工作人员,对于合作方人员选拔和飞行安排应遵循谅解备忘录和执行安排的相关程序。[③] 合作方应按照其国内程序以及谅解备忘录的要求制定并通过空间站人员行为准则,且这一行为准则需要在其提供人员之前通过。合作方还有义务保障其提供的人员遵守行为准则的规定。其次,IGA 1998 第 12 条针对运输问题进行了规定,提出任何合作方都可以利用其拥有的或其私人实体的运载工具开展国际空间站运输服务。一合作方也可以为其他合作方或其用户提供有偿运输服务,此类服务的提供应在类似情况和相同基础上进行。提供运输服务的合作方应尽最大努力满足其他合作方提出的要求以及对飞行计划的安排。[④] 作为国际空间站的发起国,美国应按照空间站的综合性规划,对空间站的运输进行计划和协调。此外,依照规定,每个合作方都应尊重他方在其空间运输系统中运输的被适当标记的数据和

① See Art. 9(1) - (3),IGA 1998.
② See Art. 9(4) - (5),IGA 1998.
③ See Art. 11: Crew,IGA 1998.
④ See Art. 12(1),IGA 1998.

货物的所有权和保密性。[①] 再次,IGA 1998 第 13 条规定了与通讯相关的事宜。美国和俄罗斯应通过其相关机构提供两个最主要的空间和地面的数据中继卫星系统以满足指挥、控制和操作空间站组件和有效载荷及其他通信目的。其他合作方通信系统若与空间站及两个主要系统适配,亦可提供相应通讯服务。[②] 在符合谅解备忘录与执行安排的前提下,各方可以在有偿的基础上尽最大努力用各自通讯系统为他方提供相应服务以满足其通信需求。[③] 在遵守谅解备忘录与执行安排文件要求的前提下,美国应通过 NASA 与其他合作方在管理机构中合作,对空间站与地面通信进行计划和协调。[④] 此外,应依照谅解备忘录的规定,执行具体措施保障通过空间站信息系统和与空间站有关的其他通信系统传输的数据的私密性。当一参与方为他方提供通信服务时,其应尊重他方通过其通信系统传输的数据的财产权和保密性。[⑤]

国际空间站的建设处于一个动态发展过程,这在空间站建设之初便有所体现。因此,作为空间站建设的基础性法律文件,IGA 1998 第 14 条明确规定各合作方应通过能力的不断增加而发展空间站,并应努力最大限度地通过所有合作伙伴的贡献实现这一发展进程。为此目的,每一合作伙伴应酌情向其他合作伙伴提供机会,就其提出的提高发展能力的建议进行合作。[⑥] 此外,本条还规定了各合作方提高发展能力的其他问题。[⑦]

IGA 1998 第 15 条规定了国际空间站的资金问题。依照规定,每个合作参与方都应按照 IGA 要求承担出资责任,包括依照谅解备忘录和执行安排在公平的基础上分摊议定的共同系统业务费用和整个空间站运营活动的费用。依照 IGA,每个合作方的财务义务取决于其融资程序和拨款的可适用性。每个合作方都应认识到空间站合作的重要性,承诺尽最大努力根据其各自程序获得资金批准,以履行其供资义务。如果出现可能影响某一合作

① See Art. 12(2) - (4), IGA 1998.
② See Art. 13(1), IGA 1998.
③ See Art. 13(2), IGA 1998.
④ See Art. 13(3), IGA 1998.
⑤ See Art. 13(4), IGA 1998.
⑥ See Art. 14(1), IGA 1998.
⑦ See Art. 14(2) - (7), IGA 1998.

伙伴履行其在空间站合作中出资义务的事件,该合作伙伴应通过其相关机构与其他合作方进行通知和协商。各合作方应尽量减少空间站运营成本,按照谅解备忘录的规定,制定相关程序将总体系统运行成本和操作控制在批准的预估水平之内。另外,合作伙伴还应尽量在空间站合作的过程中减少资金交换,包括通过履行谅解备忘录或执行安排中的具体操作活动,或者在相关合作方同意的情况下,通过以物易物的方式。①

2. 国际空间站主要法律制度

(1)交叉免责制度

交叉免责制度是国际空间站法律框架下最重要的制度之一。设立交叉免责制度的目的在于最大限度鼓励合作方及其相关机构通过国际空间站参与探索、开发和利用外层空间。② 详言之,各国际空间站合作方同意交叉免责,每一合作国放弃对适格实体和个人在受保护的外空操作活动中产生损害的请求权。交叉免责仅适用于造成损害的个人、实体或财产参与受保护的外空操作活动,且受损害的个人、实体或财产因参与受保护外空操作活动之中而受到损害的情形。③ 其中,所谓适格实体和个人包括国际空间站另一合作国、另一合作国的相关实体以及合作国和实体的雇佣人员。④ 而所谓受保护的外空操作活动是指所有的发射活动,空间站活动和为履行 IGA、谅解备忘录以及执行安排而开展的地球、外空和地球与外空之间的运输活动。具体而言,受保护的外空操作活动包括:研究、设计、发展、测试、制造、组装、组合、运营或使用发射或运输工具,空间站或载荷,以及相关支持设备设施和服务等;此外,所有与地面支持、测试、培训、模拟、或制导以及控制设备和相关设施或服务有关的活动也被包括其中。⑤ 受保护的外空操作活动还包括所有与空间站发展有关的活动,⑥但要排除在地球上开展的从空间站回收燃油为有效载荷的进一步生产或加工而非执行 IGA 1998 的空间站相关活

① See Art. 15: Fund, IGA 1998.
② See Art. 16(1), IGA 1998.
③ See Art. 16(3), IGA 1998.
④ See Art. 16(3), (a), IGA 1998.
⑤ See Art. 16(2), (f), IGA 1998.
⑥ IGA 1998 第 14 条对空间站的发展进行了规定。See Art. 14: Evolution, IGA 1998.

动。[1] 为避免疑问，交叉免责制度中所述责任包括源于《责任公约》的相关责任。[2] 交叉免责制度的适用存在一些例外情况，包括：合作方与其相关机构或其相关机构之间的损害请求，自然人、其遗产、遗属或代位人（代位人为合作方时除外）就该自然人身体伤害、其他健康损害或死亡提出的赔偿请求，由于故意行为造成损害的请求以及有关知识产权损害的请求等。[3]

IGA 1998 第 17 条针对《责任公约》做了详尽规定，提出各合作方包括欧空局应按照《责任公约》的要求承担责任。如果各合作方的损害请求源于《责任公约》，各方应立即就任何潜在的责任、责任分配以及关于索赔的辩解进行磋商。对于发射和返回服务的提供问题，[4]各相关合作方可以达成单独协议对《责任公约》中规定的潜在的共同或单独责任进行分配。

（2）数据与产品交换相关制度

为满足国际空间站合作方对相关谅解备忘录及执行安排的责任要求，各参与方应通过其合作机构转移所有相关的技术数据和产品。每一合作方承诺迅速处理另一合作伙伴的相关机构为空间站合作目的提出的任何关于技术数据和产品转移的请求。当然，所有数据和产品转移的行为都以不违反相关国内规则为前提。[5] 此外，每一合作伙伴应迅速处理其他个人和实体，例如，公司等关于技术数据和产品转移的请求许可，并应鼓励和促进此类与空间站合作相关的数据和产品交换活动。[6]

当然，技术数据和产品对于任何合作伙伴而言都是重要的资源，为空间站合作的目的，IGA 1998 规定了数据和产品转移和交换制度，但是这种对于转移的要求并非毫无限制，详言之，如下。①提供数据的合作伙伴相应机构应专门作出标记或明确指示技术数据或产品应为出口控制的目的而受到保护。[7] 这一标记或指示应对接收者或者其承包商或分销商表明如何使用相

① See Art. 16(2),(f),2),IGA 1998.

② See Art. 16(3),(c),IGA 1998.

③ See Art. 16(3),(d),IGA 1998.

④ IGA 1998 第 12 条第 2 款对于发射、返回服务进行了规定。See Art. 12(2),IGA 1998.

⑤ See Art. 19(1),IGA 1998.

⑥ See Art. 19(2),IGA 1998.

⑦ 关于航天技术数据或产品出口控制法律规制的详细信息，可以参见 Ulrike M. Bohlmann, *Space Technology Export Control*, in Kai-Uwe Schrogl et al. eds., Handbook of Space Security, Springer 2015, p. 273－289。

关技术数据或产品。[1] ②提供数据的机构应以通知的形式明确标注对于技术数据财产权的保护，这一通知可以对接收方及其承包商和分销商提出任何与使用有关的具体条件。[2] ③如果在IGA框架下转移的技术数据或产品具有涉密属性，提供方应以通知的形式对此进行标示或明确提出。请求方可以要求相关转移活动依照信息安全协议或安排进行，相关协议或安排则对转移活动和技术数据或产品保护设定条件。如果接收方不对专利申请中秘密性及涉及国家安全的信息进行保护，转移则不必开展。总的来说，除非供、受双方达成协议，否则在IGA框架下不得转移任何涉密技术数据或产品。[3]

此外，为了实现国际空间站可持续性运营和充分利用，IGA 1998要求各合作伙伴在其国内法律框架下最大限度地为空间站技术数据转移提供条件。例如，允许其他合作伙伴，包括其合作机构或用户的相关技术数据或产品快速过境。[4]

(3)知识产权保护制度

针对知识产权的概念，IGA 1998采用了与1967年《建立世界知识产权组织公约》第2条相同的说法。[5] 而关于知识产权保护，IGA1998对于国际空间站自身以及在国际空间站开展不同活动做了特别规定。

由于国际空间站不同的组成部件登记国不同，因此，为保护知识产权的目的，在国际空间站飞行部件之内或之上开展的活动应仅视为在该部件登

① 依据IGA 1998第19条第3款a项的规定，此类技术数据或产品应仅被接收的合作伙伴用于履行其在本协定或相关谅解备忘录所应担负责任的目的；另外，未经伙伴国合作机构通过事先书面许可，任何此类技术数据或产品都不得被接收方合作机构，包括其承包商及分包商之外的个人或实体以任何目的使用。

② 依据IGA 1998第19条第3款b项的规定，此类技术数据的使用、复制和披露仅可用于接收方为履行其在本协议及相关谅解备忘录所担负责任的目的；另外，未经伙伴国合作机构通过事先书面许可，任何此类技术数据或产品都不得被接收方合作机构，包括其承包商及分包商之外的个人或实体以任何目的使用。

③ See Art. 19(3),c),IGA 1998.

④ 当然，提供技术数据或产品快速过境存在一定的条件。本条仅适用于进出空间站的数据和货物，包括但不限于其国界与境内发射或着陆场之间以及发射或着陆场与空间站之间的过境。See Art. 20: Treatment of Data and Goods in Transit, IGA 1998.

⑤ 《建立世界知识产权组织公约》第2条第8款规定："知识产权"包括有关下列项目的权利：文学、艺术和科学作品，表演艺术家的表演以及唱片和广播节目，人类一切活动领域内的发明，科学发现，工业品外观设计，商标、服务标记以及商业名称和标志，制止不正当竞争，以及在工业、科学、文学或艺术领域内由于智力活动而产生的一切其他权利。

记国领土内发生。欧空局登记的飞行部件之上或之内的活动则视为在任一欧洲合作国的领土内发生。[①] 如果一项发明是由非本国国民或居民在合作伙伴登记的空间站飞行部件之上或之内开展的,该登记合作伙伴不得适用本国有关发明保密的法律而妨碍该发明在任何其他对包含机密或为国家安全目的而受保护的信息提供秘密保护的合作伙伴国进行专利申请。[②]

针对国际空间站的欧洲参与国,IGA 1998 对保护知识产权问题进行了更为细化的规定。其一,如果个人或实体拥有的知识产权在多个欧洲国家都受到保护,那么该个人或实体不得对发生在欧空局组件上的同一知识产权损害向多个欧洲国家主张赔偿。若同一侵权行为发生在欧空局所注册的部件上,由于不同欧洲国家都认为行为发生在自己领土而引发不同知识产权所有者提起诉讼,法院可以暂时中止后提起的诉讼,等待前诉结果。在提起多个诉讼的情况下,在任何一项诉讼中对损害赔偿作出的判决得到满足,应禁止在基于同一侵权行为的任何未决或未来侵权诉讼中进一步追回损害赔偿。[③] 其二,如果某一活动发生在欧空局注册的组件之内或之上,且若该许可在任何欧洲伙伴国家都是可执行的,任何欧洲合作国家不得拒绝承认行使知识产权的许可。此外,遵守关于这一许可的条文则同时禁止了向任何欧洲合作伙伴国对侵权行为进行追诉。[④]

(4)刑事管辖制度

国际空间站由不同国家提供的组件构成,且处于外层空间这一非国家主权范畴的"全球公域"。这些特殊性使得国际空间站合作伙伴意识到应设定专门的刑事管辖规则,以保障国际空间站日常活动的正常有序开展。

IGA 1998 首先规定了加拿大、欧洲合作各国、日本、俄罗斯以及美国对其各自的国民在国际空间站任何飞行组件之内或之上的行为享有刑事管辖权。[⑤] 这是属人管辖权在国际空间站合作实践中的具体体现。与 IGA 1998 相比,IGA 1988 对于刑事管辖权的规定体现出了完全由美国主导的特征。

---

① See Art. 21(2),IGA 1998.

② See Art. 21(3),IGA 1998.

③ See Art. 21(4),IGA 1998.

④ See Art. 21(5),IGA 1998.

⑤ See Art. 22(1),IGA 1998.

IGA 1988 第 22 条第 2 款规定，在空间站上任何人发生的严重不法行为，如果影响了空间站或工作人员的安全，均由美国管辖。[①] IGA 1998 的规定突出了属人管辖原则的优先性，这一改变与俄罗斯加入国际空间站合作有关。[②] 当然，对美国主导权的限制也体现出合作伙伴之间在空间站合作中权利、责任分配日益均衡和协调。

此外，针对在轨不当行为，IGA 1998 规定，如果该行为危害到其他合作国国民生命或安全，或者有关行为发生在他国所有的太空舱或对该部件造成损害，应受到影响的合作伙伴国的请求，该国民所属国与受影响国就刑事管辖权问题进行协商，自协商之日起 90 天内或双方一致同意的其他期限内，如果双方同意或者国民所属国未能确保对案件移交有关机构处理，受影响的国家可以对该国民行使刑事管辖权。[③] 如果一个以存在条约为引渡条件的伙伴国收到另一与之没有引渡条约合作伙伴国关于引渡的请求，该国可以选择将 IGA 1998 作为引渡的法律基础。当然，引渡应遵守被请求国相关的程序要求及其他法律规则。[④]

3. 其他有关国际空间站合作的规定

IGA 1998 第 23 条和第 24 条规定了国际空间站合作的其他问题。其中，第 23 条规定了国际空间站合作框架下有关磋商的要求。依照规定，空间站合作伙伴通过其相应机构可以与其他伙伴就合作产生的任何问题进行磋商。各合作伙伴应依照谅解备忘录规定的相关程序尽最大努力通过磋商解决相关问题。[⑤] 任何合作伙伴可以要求与其他伙伴就国际空间站的任何问题开展政府层面的磋商。被请求的伙伴应迅速同意这种请求。若请求方通知美国，表明其所提议题适合所有合作方共同磋商，美国则应尽快发起多边磋商，并邀请所有合作伙伴参加。[⑥] 任何合作方如果计划对重要飞行组件设

① 参见赵云：《中国空间站运行所涉基本法律问题探析》，载《上海政法学院学报（法治论丛）》2022 年第 2 期。

② 参见赵云：《中国空间站运行所涉基本法律问题探析》，载《上海政法学院学报（法治论丛）》2022 年第 2 期。

③ See Art. 22(2), IGA 1998.

④ See Art. 22(3), IGA 1998.

⑤ See Art. 23(1), IGA 1998.

⑥ See Art. 23(2), IGA 1998.

计进行改变且可能会影响到其他合作方,应尽早通知。收到通知方可以要求依照规定对相关事宜进行磋商。[①] 如果某一问题未能通过磋商解决,相关方可以将该问题提交至双方同意的其他机制,通过调解、仲裁等方式予以解决。[②] 总的来说,磋商是 IGA 1998 明确规定的空间站合作伙伴之间争端解决的重要方式,覆盖合作过程中的一切问题。这种对于争端解决方法的选择与国际外空活动其他领域的实践以及相关国际规则的发展保持一致。[③] 虽然 IGA 1998 也提到了磋商无法达成一致情形下对仲裁等争端解决方法的引入,但总体而言,国际空间站合作框架下争端解决的司法化程度较弱。这与国际空间站合作的特殊情形相关,对于其他空间站项目(如中国空间站)而言,这一做法有一定借鉴意义,但也有必要予以进一步完善和改进。

IGA 1998 第 24 条对国际空间站合作的审查要求进行了规定。国际空间站合作具有长期、复杂性和发展性的特征。因此,所有合作方应密切关注可能影响其相互合作的最新发展。从 1999 年开始,此后每隔 3 年各合作伙伴应召开会议对涉及合作的问题进行处理和审查,以促进空间站合作的进一步开展。[④]

综上所述,IGA 1998 确定了诸多空间站合作基本原则并从多个方面对空间站合作活动进行规范,为空间站的安全有序运行奠定了重要基础。与 IGA 1988 相比,IGA 1998 最大的特点在于着重考虑了俄罗斯加入带来的变化,对美国优势地位进行削弱,同时对各合作伙伴多边参与加以突出。在 IGA 1998 框架下,空间站作为一个多部件组合的设施的特征更为突出。[⑤] 当然,作为国际空间站的发起国,美国的重要影响依然存在,这在 IGA 1998 中的多处规定中都有所体现。此外,针对交叉豁免、刑事管辖权问题的规定,

---

① See Art. 23(3), IGA 1998.

② See Art. 23(4), IGA 1998.

③ 因为外空活动的特殊性,国际社会一直希望建立专门针对外空争端的解决机制,对此,不同机构也做了相关尝试。但至目前为止,相关机构的实践并不十分成功。现实中,通过司法方法解决外空相关争端的做法亦不十分普遍。关于外空争端解决机制及相关规则的发展历程的介绍和分析,可以参见 Huan Yu, Mingyan Nie, *Space Dispute Settlement in Asia in the Context of the Belt &Road Initiative*: *An Appraisal from China's Perspective*, Air& Space Law, Vol. 6, p. 563 – 566 (2022)。

④ See Art. 24: Space Station Cooperation Review, IGA 1998.

⑤ See Rochus Moenter, *The International Space Station*: *Legal Framework and Current Status*, Journal of Air Law and Commerce, Vol. 64, p. 1048 – 1049 (1999).

IGA 1998 都有所完善，对除美国外其他合作伙伴的需求进行了一定程度的考量。[1]

(二)国际空间站谅解备忘录

国际空间站法律体系的第二层次是谅解备忘录。1998 年 1 月和 2 月，NASA 分别与空间站合作伙伴的外空主管机构及相关部门(CSA、ESA、RSA、GOJ)达成了四份新的国际空间站合作谅解备忘录。谅解备忘录对国际空间站的细节性设计、发展和运行进行了详细规定。谅解备忘录并不对签订者设置权利和义务，并非严格意义上的国际协议，其在性质上仅为签订者之间的政治和道德承诺。[2] 然而，国际空间站法律框架下的谅解备忘录是对 IGA 的执行，所以一般认为其区别于传统的谅解备忘录的性质，对相关方应具备法律约束力。[3] 四个谅解备忘录的内容大同小异，都为 22 条，具体内容包括：目的；空间站的一般描述；空间站组件；空间站的进入和使用；主要的里程碑式项目；各方责任；主要涉及设计和开发的空间站项目管理方面；主要涉及运营和使用的空间站项目管理方面；运营成本和活动的责任；安全(与项目保障)；空间站人员；运输、通信与其他非空间站设施；高级开发项目；空间站的发展；责任交叉豁免、数据与产品的交换、数据与产品过境待遇、海关与出入境、知识产权、刑事管辖权；财政安排；公共信息；磋商与争端解决；备忘录的生效与退出；备忘录修改；语言；审查。

NASA 与其合作伙伴相关机构签订谅解备忘录的主要目的在于执行 IGA 相关规定，具体目标包括：为 NASA 与合作伙伴机构依照现行国际法和平利用空间站过程中的细节设计、开发和利用提供基础；在全面考虑其他合作伙伴在空间站细节设计、开发、运营和利用的基础上阐明 NASA 与合作伙伴的角色，同时，记录双方以及双方对其他合作方所作出的承诺；建立必要的管理框架和接口以保障空间站的细节设计、开发、运营和利用的有效协调和规划；为最大程度利用空间站总体能力，满足使用者需求提供合作基础，

---

① See Rochus Moenter, *The International Space Station: Legal Framework and Current Status*, Journal of Air Law and Commerce, Vol. 64, p. 1049 – 1050 (1999).

② 关于谅解备忘录模式的更多介绍，可以参见 Will Kenton, *Memorandum of Understanding (MOU) Defined, What's in It, Pros/Cons, MOU vs. MOA*, Investopedia (May 2, 2023), https://www.investopedia.com/terms/m/mou.asp。

③ See A. Farand, *The Space Station Cooperation Framework*, ESA Bulletin, Vol. 94, p. 5 – 6 (1998).

保障空间站安全、有效率运营；对空间站及其组成部件进行整体描述。

总的来看，NASA 试图以 IGA 及其他相关国际规则为基础与合作伙伴相关机构分别制定更为细节性的规定，从而保障国际空间站的运营和使用。在四个谅解备忘录中，除了上述介绍的相关条款之外，如下几个方面规定值得进一步探讨。

其一，空间站管理的设计与开发方面。与设计和开发有关的管理问题需要在诸多方面加以协调，对此，四个谅解备忘录的规定类似。谅解备忘录的第 7 条分别针对管理和审查、项目文件以及联络人等问题进行了规定。① (1)关于管理和审查问题，第 7 条提出 NASA 以及其他合作方当应对其各自的空间站细节设计和开发活动进行管理，同时，提出应建立一个管理机制对各方相关活动进行协调、制定可适用的相关要求、保障安全运营、建立空间站各部件之间的连接、审查决策、制定日程、审查相关活动情况、报告进展以及解决相关问题等。四个谅解备忘录分别建立了 NASA/CSA、NASA/ESA、NASA/RSA 与 NASA/GOJ 项目协调委员会（Program Coordination Committee，PCC），PCC 由 NASA 及相关合作方指定代表共同主持，在整个空间站项目生命周期内定期召开会议或应任何一方要求及时召开会议审查双方各自的详细设计和开发活动，并针对设计及开发活动执行等相关问题共同作出决定。NASA 及其合作伙伴在必要时可以对双边和多边合作项目进行审查，双边项目的审查在 NASA 与相应合作方共同同意时便可开展，并由双方共同主持。多边项目的审查可由任何合作方提出，并由 NASA 组织开展。在必要时，也可以开展非正式的状况审查与技术会议，合作各方代表皆可参加。此外，第 7 条建立了空间站控制委员会（Space Station Controt Board，SSCB）负责对空间站要求、配置以及装配顺序、综合性交通规划、为设计目的分配内务资源等诸多事项进行处理。SSCB 由 NASA 主持，四个谅解备忘录分别对 CSA、ESA、RSA 以及 GOJ 在 SSCB 中的角色和功能进行了详细规定和说明。(2)关于项目文件问题。谅解备忘录规定 NASA 与相关合

① See Article 7: Management Aspects of the Space Station Program Primarily Related to Detailed Design and Development, Memorandum of Understanding Between NASA and CSA/ESA/RSA/GOJ Concerning Cooperation on the Civil International Space Station.

作机构制定联合管理计划(Joint Managemant Plan,JMP)以界定双方用于空间站设计、开发和活动实施的方案,技术协调过程以及联合开发文件等。相关项目文件包括运营与使用文件、①空间站系统规范、②合作方所属部分规范③以及接口控制文件等。④ (3)关于联络人问题。NASA 空间站项目办公室作为美方开展技术联络活动的机构,加拿大、欧空局、俄罗斯与日本则分别指派了 CSA、ESA 载人航天飞行与微重力理事会、RSA 载人航天飞行部门与 GOJ 代表作为联络方。双方应尽最大可能为与对方进行联络和沟通作出努力,以促进彼此合作关系。

其二,运营与使用方面的空间站管理。四个谅解备忘录的第 8 条分别从一般规则、运营、使用对此问题进行了详细规定。⑤ (1)针对运营和使用空间站方面管理的一般规定,第 8 条提出建立一个空间站运营管理机制,NASA 有责任通过此机制对空间站运营和使用进行总体性管理和协调。运营和使用活动由战略一级组织执行的长期计划和高层管理与协调;由战术一级组织执行的对战略级组织的细节性计划与支持;以及由执行一级组织对这些计划的实施活动组成。此外,第 8 条建立了多边协调委员会(Multilateral Coordination Beard,MCB)并对 MCB 的组成、职能、决策作出等进行了规定。MCB 成立专门小组,包括系统操作小组(System Operations Panel,SOP)和用户操作小组(User Operations Panel,UOP),负责对空间站运行和利用进行长

① 运营和使用文件包含描述空间站如何操作的信息。文件的内容应与合作方承担的任务和其准备的相关产品保持一致。这些文件在项目具体设计和开发阶段应处于 SSCB 的控制之下。See Art. 7.2.c, Memorandum of Understanding Between NASA and CSA/ESA/RSA/GOJ Concerning Cooperation on the Civil International Space Station.

② NASA 与其他合作伙伴一起制定空间站系统总体规范,规范制定以各成员国提供的信息为基础,这些信息的内容包括空间站飞行部件和地面设施硬件和软件的性能和设计要求等。空间站系统规范由 SSCB 通过,规范应包含有关各合作方部件要求的内容。See Art. 7.2.d,Memorandum of Understanding Between NASA and CSA/ESA/RSA/GOJ Concerning Cooperation on the Civil International Space Station.

③ NASA 与其他合作伙伴共同签署该伙伴所属部分的规范,以满足系统规范的要求。See Art. 7.2.e, Memorandum of Understanding Between NASA and CSA/ESA/RSA/GOJ Concerning Cooperation on the Civil International Space Station.

④ NASA 与其他合作伙伴应签署接口控制文件以控制相关接口:需控制的接口应连接作为基础设施部件的飞行组件与作为居住设施的飞行部件;连接不同的作为基础设施部件的飞行组件;以及连接任何飞行组件;连接飞行组件和地面组件及不同地面组件。See Art. 7.2.f, Memorandum of Understanding Between NASA and CSA/ESA/RSA/GOJ Concerning Cooperation on the Civil International Space Station.

⑤ See Art. 8: Management Aspects of the Space Station Program Primarily Related to Operations and Utilization, Memorandum of Understanding Between NASA and CSA/ESA/RSA/GOJ Concerning Cooperation on the Civil International Space Station.

期战略协调,包括运输和通讯等支持服务等。(2)关于运营问题,该解备忘录提出各合作方的一个目标是保障运营者和用户都可以安全、高效地操作空间站,SOP 的建立便是为了实现这一目标。此外,该解备忘录第 8 条还对 SOP 的组成、决策程序以及职能等进行了规定,并对 NASA 与各合作伙伴相关机构的职责进行了详细说明。(3)关于使用问题,第 8 条规定 NASA、CSA 以及 RSA 提供空间站的基础设施部件用以组装、维护、操作和服务空间站,三个机构同样向其他合作伙伴提供源于这些基础设施部件的资源。此外,该条对资源分配,在站人员时间的分配,空间站资源、运输与通讯服务,保障空间站安全使用 MCB 采取的具体措施,空间站使用计划以及 NASA、CSA、ESA、RSA 与 GOJ 在空间站使用中的角色、职责等诸多问题进行了详细规定。

其三,安全与任务保障。[①] 各谅解备忘录为保障安全有如下规定。(1)NASA 有责任与谅解备忘录签署方以及其他所有合作方共同建立涵盖空间站细节性设计和开发活动以及成熟运营和使用等方面的空间站安全和项目保障总体要求。(2)每个合作伙伴都应为空间站的硬件和软件制定安全和项目保障要求和计划。此类要求和计划应满足或超越合作伙伴间已经制定的要求或计划。每一合作伙伴都有责任在项目的生命周期内实施全面和详细的空间站安全和任务保障要求与计划,并证明其所提供的空间站组件和载荷满足了上述要求和计划。NASA 对空间站的整体以及其载荷的安全保障负有总体责任。(3)NASA 将对其他合作伙伴支持的组件、发射包阶段以及载荷进行全面系统的安全审查。各合作伙伴应对其各自提供的组件和载荷进行安全审查,NASA 将参与并支持其他合作伙伴的此类审查。每个合作伙伴也应该参加并支持其他合作伙伴的相关安全审查。合作伙伴对安全审查进行支持的方式包括提供必要的安全信息以保障其他伙伴可以顺利开展审查。合作伙伴可以酌情参加由 NASA 管理的任何空间站安全审查委员会。(4)NASA 及其合作伙伴应针对在轨紧急情况建立应急程序,以保护空间站及人员安全。在没有应急程序的情形下,NASA 及其合作伙伴还应制

① See Art. 10: Safety and Mission Assurance (Safety), Memorandum of Understanding Between NASA and CSA/ESA/RSA/GOJ Concerning Cooperation on the Civil International Space Station.

定一套磋商程序。如果由于紧急情况性质或在所需时间内无法达成一致意见导致磋商程序无法遵守,NASA 有责任在遵守实现商定的程序基础上作出必要决定以保护空间站及其人员的安全。

其四,空间站人员。该谅解备忘录第 11 条对空间站人员进行了规定。① 一般而言,从共同承担系统运营责任时起,每个合作伙伴都有权利提供人员作为空间站的工作人员。不过,在空间站不同的发展时期,如 3 名在站人员时期、7 名在站人员时期,人员分配规则也有所差异。② 除在不同合作伙伴间对空间站人员数量进行分配,对人员的管理也是第 11 条的重要内容之一。依照规定,MCB 建立多边人员行动小组(Multilateral Crew Operations Panel,MCOP)作为对影响合作伙伴的相关问题进行顶层协调和解决的主要平台,这些问题包括空间站人员选择、认证、分配和培训的过程和标准等。NASA 与其他合作伙伴相关机构建立多边医疗政策委员会(Multilateral Medical Poliey Board,MMPB)对空间站工作人员健康问题进行监督和协调。此外,NASA 与其他合作伙伴相关机构还建立了人类研究多边审查委员会(Human Research Multilateral Review Board,HRMRB)。HRMRB 负责保障人类研究计划不会危害空间站上人类研究对象的健康、安全和福祉,同时确保试验的开展遵守道德准则。此外,HRMRB 还对合作伙伴提交的空间站人类研究计划在实施之前进行审查和批准。HRMRB 作出决策的程序原则同样为协商一致。③ 空间站工作人员是一个整体,由一名指挥官指挥,所有在站人员在统一的时间表下开展所有的操作和利用活动。指挥官负责项目实施和人员在站安全保障。NASA、CSA、ESA、RSA 与 GOJ 对其各自的空间站人员的所有花费、医疗费用、在地球上的生活费用以及训练费用负责。各合作方还应制定空间站活动行为准则并提交 MCB 通过。2000 年 9 月 15 日,MCB 通过

---

① See Art. 11: Space Station Crew, Memorandum of Understanding Between NASA and CSA/ESA/RSA/GOJ Concerning Cooperation on the Civil International Space Station.

② 关于国际空间站在站人员的介绍,可以参见 Doris Elin Urrutia, Crowded Space Station: There Are 9 People from 4 Different Space Agencies in Orbit Right Now, Space. com (Oct. 1, 2019), https://www.space. com/space-station-crowded-nine-crewmembers-expedition-60. html。

③ 关于外空领域协商一致原则的介绍和分析可以参见 Eilene Galloway, *Consensus Decision Making by the United Nations Committee on the Peaceful Uses of Outer Space*, Journal of Space Law, Vol. 7, p. 3 – 13 (1979)。

了《国际空间站人员行为准则》,为空间站工作人员的活动设定标准。①

(三)国际空间站执行安排

IGA 1998 第 4 条规定各合作伙伴相关机构应该按照 IGA,NASA 与其他合作伙伴机构签订的谅解备忘录以及 NASA 与其他合作伙伴机构之间的执行安排的规定开展空间站合作活动。谅解备忘录的规定应受到 IGA 的约束,而执行安排则应与谅解备忘录保持一致并受其约束。②

从 IGA 1998 第 4 条的这一规定可以作出如下总结。首先,国际空间站法律框架体系包括 IGA,谅解备忘录与执行安排三个方面的内容。三个方面内容之间体现出从高到低的法律层级关系。其次,整个空间站法律体系将美国置于绝对核心位置。如上文所述,美国是国际空间站的发起国,也是空间站建设的最重要力量,因此,无论是在 IGA 中还是在谅解备忘录的相关规定中,都对美国的特殊地位进行了确认。而作为四个谅解备忘录的签署方,NASA 同时也会作为每个执行安排中的一方面存在,这一地位是其他任何合作伙伴都不具备的。在国际空间站活动规则的具体执行过程中,事实上形成了以 NASA 为核心的规则体系。

国际空间站合作参与主体众多、涉及问题纷繁复杂。对此,IGA 与四个谅解备忘录虽然在很大程度上做了法律层面的协调,但对于诸多细节性问题仍旧需要执行安排予以细化、落实。也正因如此,无论是 IGA 还是四个谅解备忘录中都有多处提及进一步制定执行安排的要求。从这个意义上讲,IGA 与谅解备忘录只是空间站合作伙伴及其相关机构开展合作需要遵循的法律规则的冰山一角,③国际空间站执行安排在空间站合作法律框架中的重要意义不容小觑。

综上所述,作为人类社会有史以来最大规模的外空合作项目,国际空间站不仅在技术应用上取得了巨大突破,也在法律框架构建上开创了全新的模式,为不同国家间开展外空合作项目提供了可供借鉴的优秀经验。当然,限于时代背景,空间站合作法律框架也存在一定不足,有必要在未来发展中

① See A. Farand, *The Code of Conduct for International Space Station Crews*, ESA Bulletin, Vol. 105, p. 64 – 68 (2001).

② See Art. 4: Cooperation Agencies, IGA 1998.

③ See A. Farand, *The Space Station Cooperation Framework*, ESA Bulletin, Vol. 94, p. 5 – 7 (1998).

予以进一步完善和改进。

三、国际空间站法律框架体系的优势及不足

国际空间站目是外空技术发展的产物，其法律规则框架体系是保障项目合作的重要方式。如上文所述，国际空间站法律框架模式具有创新性，对之后类似合作的开展有借鉴意义。但国际空间站规则框架有深刻的时代烙印，具有一定的局限性。本部分分别对国际空间站法律体系的优势及不足进行简要剖析。

国际空间站法律体系的主要优势可以概括为如下几个方面。

其一，在履行现行国际外空法原则和规则的同时，依据国际空间站合作的特殊性予以细化。本书前文对外空法发展的几个阶段进行了详细的分析，[①]国际空间站法律规则框架体系形成之时，以 1967 年《外空条约》为代表的外空国际条约已经受到国际社会的普遍认可。IGA 1998 序言中对包括《外空条约》在内的现行国际条约进行了回顾，[②]第 2 条进一步明确空间站的开发、运营和使用都以现行国际法包括外空国际条约为依据。[③] 在 IGA 1998 的其他具体规定中，对外空法原则和规则的执行同样有所体现。例如，IGA 1998 第 1 条明确提出建立国际空间站长期合作框架，并为和平目的使用空间站。[④] 这是对外空国际合作原则与外空和平利用原则和规则的执行。此外，第 5 条明确规定依据《外空条约》和《登记公约》的相关规定对空间站组件进行登记，相关方也以该条约规定为依据享有对其登记的空间站组件以及在空间站上的本国人员享有管辖和控制权。[⑤] 第 17 条规定空间站各合作方对《责任公约》相关条款的履行。[⑥] 国际空间站的合作方皆为主要外空国际条约缔约国，因此，对于现行外空法原则和规则的遵守是开展空间站项目合作的必然选择。此外，国际空间站是具有创新意义的外空国际合作模式，其合作法律框架必然涉及对现行规则的细化和创新。对现行原

① 参见本书第一章第二节相关内容。

② See Preamble, IGA 1998.

③ See Art. 2: International Rights and Obligations, IGA 1998.

④ See Art. 1: Object and Scope, IGA 1998.

⑤ See Art. 5: Registration, Jurisdiction and Control, IGA 1998.

⑥ See Art. 17: Liability Convention, IGA 1998.

则和规则的遵守为细化和创新提供了依据，也为经细化和创新的原则、规则得到合作方的普遍认可奠定了基础。

其二，具有综合性的三级规则体系构建具备科学、合理性。从国际外空法的总体发展脉络看，以国际条约、联合国大会决议和国内措施为主要表现形式的法律框架并不十分合理。具有法律约束力的几个国际条约虽然在总体上确定了外空活动的基本原则、规则，但预留了过多空间。而可以在一定程度上针对新生事物进行具体规定的联合国大会决议却仅具有“软法”性质，约束力较弱。国内法律规则虽以履行国际义务为基本遵循，但也难免向制定者的国家利益倾斜从而扩大解释，甚至架空条约相关规定。与传统的外空国际法体系相比，国际空间站因围绕特定项目展开且开展合作国家数量相对有限，因此较为容易达成具有可操作性的规则体系。而国际空间站的三级规则体系在很大程度上助力了空间站的成功合作。详言之，IGA 1998 作为整个空间站法律框架的基础，确定了项目合作的基本原则和规则，并作出了诸多创新。而 NASA 分别与 CSA、ESA、RSA 与 GOJ 签订的四个谅解备忘录对空间站的管理、运营、使用等诸多问题作出了具体规定，对各合作伙伴相关机构在空间站合作过程中的职责、义务等进行了明确说明，这使得空间站活动规则清晰且具有可操作性。而执行安排则进一步对相关细节进行了规定。总体而言，国际空间站三级规则体系建构合理、效果显著，对于之后的其他类似合作项目而言，很难超越这一规则体系另辟蹊径。

其三，诸多具有创新性的制度设计，在尊重各合作伙伴主权和权利的同时保障了空间站合作效率。本章上文中对 IGA 1998 中规定的几个重要合作制度进行了梳理、分析。作为一个多国家参与的外空合作项目，各合作伙伴一方面为空间站的建设作出自己的贡献，另一方面也期待通过合作获得利益。而国际空间站项目本身又涉及在其内和其上的日常活动以及为项目开展及因项目操作而产生的一系列数据、产品和技术等问题。国际空间站法律框架体系下对于交叉免责、数据与产品交换、知识产权保护以及刑事管辖权制度的设计，对合作伙伴国家主权与其他权利进行了有力保障，同时，通过在一定程度上协调推动各合作伙伴让渡权利的做法也保障了项目开展的效率。相关制度设计（如刑事管辖权制度），也从最初的完全由美国控制的模式发展为各方协调模式。国际空间站法律框架下的诸多制度设计具创新意义,保障了空间站项目的成功开展,取得了良好的效果。

其四,允许私人实体参与空间站活动,为空间站商业化发展预留可能性,有利于空间站项目建设。外空商业化与私营化及其相关法律规制是一个很复杂的问题。而从空间站法律框架角度看,私人实体被允许参与空间站相关活动,[①]这为空间站商业化活动的开展奠定了基础。从表现形式看,空间站商业化包括私人实体为空间站提供的运输等服务,也包括通过空间站开展以商业为目的的项目。其中前者比较典型的事例是前文提及的 Spacex 公司龙飞船以及轨道科学公司的天鹅座飞船为空间站提供运载商业服务。后者比较典型的事例则为空间站为外空游客提供外空旅游服务。[②] 私人实体已逐渐成为参与外空活动的重要主体,而外空商业活动也逐渐成为开展外空活动的最重要模式。换言之,商业化与私营化是外空活动的未来发展趋势。国际空间站法律框架对私人实体商业化活动预留了可能性,这为国际空间站未来的进一步建设和发展奠定了良好基础。

国际空间站法律体系保障了项目合作的成功开展,然而,随着外空科技的进步,世界各国开始将目光转向更为广阔的地月空间。局限在地球静止轨道之下的国际空间站项目虽然意义依然重大,但更具开创性意义的月球开发、探索站点计划已经被相继提出,[③]人类社会外空探索的重点已经开始转移。作为项目发起者的美国也已经宣布了国际空间站项目的结束时间为2030年。显然,在可预见的将来,这一人类具备外空活动能力以来开展的最复杂的合作项目即将结束。不过正如上文所述,国际空间站项目的法律体系对于未来其他的合作项目仍有重要的借鉴和启示意义。当然,应该承认的是,国际空间站法律体系并非完美无缺,其存在的相关问题同样值得思考。

其一,空间站的建设源于冷战期间,该项目最终得以呈现目前的合作样

---

① 参见夏春利:《论国际空间站的法律框架与国际空间合作立法》,载《北京航空航天大学学报(社会科学版)》2010年第5期。

② 关于外空旅游的具体介绍和分析,可以参见 Ram S. Jakhu& Yaw Otu M. Nyampon, *International Regulation of Emerging Modes of Space Transportation*, in Joseph N. Pelton& Ram S. Jakhu eds., Space Safety Regulations and Standards, Elsevier 2011, p. 215 – 238。

③ 关于月球探索开发合作项目的介绍和分析,参见本章第二节内容。

态,得益于美、俄之间的通力合作。而美、俄之间得以在外空开展深入合作则得益于冷战结束后双方关系的缓和。换言之,国际空间站合作的成功开展高度依赖各合作方尤其是美、俄之间政治、外交关系的改善。对于外空活动这一具有高度敏感性的领域,这当然无可厚非。然而,国际空间站法律框架体系依附于这种合作关系存在,自然也会受到合作方关系变化的影响。2014 年乌克兰冲突爆发之后,俄罗斯与美国关系恶化,美、俄之间针对外空合作的直接沟通渠道关闭,双方不再讨论符合双方共同利益的各类项目。[①]美、俄关系的恶化终结了双方的外空合作,俄罗斯也宣布将于 2025 年退出国际空间站合作项目。而对此,国际空间站法律框架无能为力。当然,国际空间站合作困境的出现很难说是其法律框架自身的问题,在某种意义上说更多的是这一法律框架无法避免的先天不足。而这种先天不足在诸多外空国际规则中都有所体现。

其二,作为国际空间站的基础性法律文件,IGA 确定了美国在空间站建设过程中的主导地位。这一地位同样体现在谅解备忘录以及执行安排的相关规定中。美国在国际空间站合作中的突出地位与其对项目的投入呈正相关,与主导地位相对应,美国在空间站运营、使用、管理、协调过程中也承担着诸多重要职责。总体而言,国际空间站相关法律规则对于美国的主导地位只是依据现实需要予以确认,因此,这同样并非规则本身存在的不足。但是在一个多边合作框架体系中,某个合作方地位的过于突出并不符合国际合作对于平等互利目标的追求。美国在国际空间站合作中的主导地位直接关系项目自身的发展。例如,2011 年美国国会通过沃尔夫条款冻结中、美两国之间官方外空合作,中国被国际空间站拒之门外,始终未能参与到国际空间站的建设之中,甚至作为使用方时也受到限制。[②] 中国对于国际空间站合作的缺席事实上使这一项目的国际性大打折扣。而美、俄之间的关系变化则直接导致国际空间站项目即将终结。因此,如果希望借鉴国际空间站法律框架将之应用至一个真正的多边国际合作项目之中,仍旧有必要对其相

---

① 参见张韦康、陈汀:《俄罗斯退出! 国际空间站要变“空间战”?》,载新华网,http://www. xinhuanet. com/world/2021 - 04/26/c_1211128203. htm。

② 参见董倩:《中国空间站系统总设计师:被国际空间站拒之门外倒逼我们自主创新》,载新华网,http://www. xinhuanet. com/politics/2021 - 05/17/c_1127454411. htm。

关原则和规定予以进一步完善和修改。

综上所述,作为外空3.0时代最重要的合作成就,国际空间站项目的发起、建设和发展都被打上了明显的时代烙印。而致力于保障项目安全、高效发展的国际空间站法律体系虽然在很大程度上对形成于外空2.0时代的外空国际条约的原则、规则进行了细化并以之为基础进行了创新,但仍旧存在一定的不足。进入外空4.0时代之后,国际空间站也因设备老化、合作方之间关系变化等原因准备逐步退出历史舞台。但是对于外空4.0时代的其他合作项目(例如,月球探索与开发站点)以及新的空间站项目(例如,中国空间站、俄罗斯计划自主建设的空间站项目)而言,国际空间站法律体系仍旧无法逾越,对于这些新项目而言,如何有效吸纳国际空间站法律框架经验,并结合项目自身特点进行改进和完善是需要进一步深入研究的问题。

第二节 阿尔忒弥斯项目及其法律规制

早在外空2.0时代,人类社会便已经成功实现了载人登月。从1961~1972年,美国开展了“阿波罗计划”系列载人航天活动。1969年的阿波罗11号成功实现了载人登月,是人类社会探索和开发外层空间的一个新的突破。然而,“阿波罗计划”的结束同时也标志着外空2.0时代的结束。[①] 在此之后,由于政治环境和经济状况的改变,包括美国在内的世界主要空间强国的月球探索和开发活动一度停滞。[②] 21世纪初,时任美国总统小布什启动“星座计划”,提出重返月球设想,[③]月球探索与开发才再度回到人们的视野,中国的探月工程也在这一阶段起步并稳步发展。[④] 不过“星座计划”提出后,美国探月活动在很长一段时间内并未取得太大进展。[⑤] 直至2020年,美国再

① 关于外空活动发展历程的介绍与分析,参见本书第一章第一节内容。

② 参见聂明岩:《地月空间安全保障的当代国际法挑战与中国对策》,载《南京航空航天大学学报(社会科学版)》2023年第3期。

③ See *President Bush Offers New Vision for NASA*, NASA (Jan. 14, 2004), https://www.nasa.gov/missions/solarsystem/bush_vision.html.

④ 关于中国探月工程发展历程的介绍,可以参见聂明岩:《地月空间安全保障的当代国际法挑战与中国对策》,载《南京航空航天大学学报(社会科学版)》2023年第3期。

⑤ “星座计划”在奥巴马政府时期被逐渐搁置,参见余晓葵:《美拟放弃重返月球计划》,载《光明日报》2010年2月3日,第8版。

次重启月球计划，提出阿尔忒弥斯项目并制定了《阿尔忒弥斯协定》。本部分首先对美国最新的月球探索与开发计划进行梳理，之后对《阿尔忒弥斯协定》及保障美国月球探索与开发合作的法律框架进行分析，最后对这一全新的月球合作项目法律规制框架予以评析。

一、阿尔忒弥斯项目及美国新一轮月球探索与开发活动的主要特征

（一）阿尔忒弥斯项目的提出与发展

阿尔忒弥斯是希腊神话中月亮女神的名字，以其为探月计划命名固然无可厚非。但阿尔忒弥斯同时也是太阳神阿波罗的孪生姐姐，从这一角度看，美国新一轮探月计划希望延续阿波罗系列辉煌的愿望颇为明显。作为新一轮探月计划，阿尔忒弥斯项目是对此前美国已经开展的重返月球活动的重新命名。2019 年，时任美国副总统彭斯提出了一个雄心勃勃的目标，宣布美国计划于 2024 年登陆月球南极。[①] 当然，正如《空间政策指令》所指出的，重返月球只是阿尔忒弥斯计划的第一步，其更为长远的目标是以月球为中继站，为火星的探索与开发奠定基础。

依据 NASA 于 2020 年 9 月发布的《NASA 月球探索计划概览》的介绍，NASA 月球计划分为两个层面：一个层面的重点是在可接受的技术风险下，于 2024 年实现载人登月目标；另一个层面的重点则为在 21 世纪 20 年代中后期实现月球的可持续探索。[②]

作为阿尔忒弥斯项目的早期阶段，随着强大的外空发射系统与猎户座宇宙飞船测试和开发接近尾声，NASA 具备将宇航员送往月球轨道的坚实基础。NASA 将尽可能充分利用阿尔忒弥斯项目开展的早期阶段对猎户座飞船以及人类登录系统进行附加测试，以期为安全及尽早实现着陆月球做好准备。月球门户是月球任务可持续性操作的重要组成部分，NASA 计划于 2023 年用一枚火箭同时发射动力推进原件、居住舱以及物流基地。2024 年，猎户座飞船将会把宇航员送至月球轨道，商业性质的着陆器则负责将宇航

① See Adam Mann & Ailsa Harvey, *NASA's Artemis Program: Everything You Need to Know*, Space. com (Dec. 12,2022), https://www. space. com/artemis-program. html.

② See NASA Lunar Exploration Program Overview, September 2020, p. 10.

员着陆至月球表面。[①] 从阿尔忒弥斯项目的长期规划看，宇航员将在月球门户开展研究，助力登陆月球，同时，NASA 也将与项目供应商合作以保障航天器按照国际互操作性标准建设，并尽可能推动可重复利用部件的建造，以支持在月球长期开展活动。NASA 还将与合作伙伴在月球南极建立阿尔忒弥斯营地以支持在月球表面长期开展活动。计划建设的营地包括一个月球地形车、一个可居住的移动平台、一个月球基础移动舱、动力系统以及原位资源利用系统。[②]

2022 年 11 月 16 日，NASA 成功发射了阿尔忒弥斯 1 号，依据之前的计划，阿尔忒弥斯 1 号为非载人项目，仅开展绕月测试飞行。[③] 预计于 2024 年发射的阿尔忒弥斯 2 号将搭载 4 名宇航员，此次飞行将完成月球飞越并返回月球，以便在载人的情况下对飞船系统进行评估。[④] 如果上述两个发射任务成功进行，预计于 2025 年发射的阿尔忒弥斯 3 号任务则会将下一个男性和全球第一个女性送上月球，两位宇航员将在月球南极开展大约为期一周的活动。[⑤]

（二）美国新一轮探月活动的主要特征

以阿尔忒弥斯计划为代表的美国新一轮探月计划期待延续阿波罗计划创造的辉煌。但与阿波罗计划相比，新一轮探月活动所处的时代背景已经发生了巨大变化。因此，阿尔忒弥斯计划期待实现的目标也进行了相应调整。美国主导的新一轮探月活动也呈现与此前探月活动不同的特征，总结如下。

其一，如果阿尔忒弥斯 3 号任务依照计划顺利实施，美国可以再一次实现载人登月，完成其于 1969 年早已实现的探月目标。但应当注意的是，美国

---

① See NASA Lunar Exploration Program Overview, September 2020, p. 10.

② See NASA Lunar Exploration Program Overview, September 2020, p. 10.

③ See Brett Tingley, *NASA Launches Artemis 1 Moon Mission on Its Most Powerful Rocket Ever*, Space. com (Nov. 16, 2022), https://www. space. com/nasa-artemis-1-moon-mission-launch.

④ See Elizabeth Howell, *NASA's Artemis 2 Mission: Everything You Need to Know*, Space. com (Jun. 22, 2023), https://www. space. com/artemis-2-humans-moon-orbit.

⑤ See Elizabeth Howell, *NASA's Artemis 3 Mission: Landing Humans on the Moon*, Space. com (Nov. 16, 2022), https://www. space. com/artemis-3-moon-landing-mission. 在本书修改过程中，NASA 宣布推迟阿尔忒弥斯 2 号任务至 2025 年 9 月，推迟阿尔忒弥斯 3 号任务至 2026 年 9 月。See Jeff Foust, *NASA Delays Artemis 2 and 3 Missions*, Space News (Jan. 9, 2024), http://spacenews. com/nasa-delays-artemis-2-and-3-missions/.

新一轮探月活动的野心不止于此，其最终目标是火星和其他天体。换言之，月球只是本次探月活动的一个中转站。因为要承担中转站职能，实现载人登月只是第一步，后续还要在月球建立长期站点从事探索开发活动。因此，需要在地球和月球之间建立起持续性的联系。换言之，在这样的目标驱使下，冷战时期将月球孤立看待的做法便不可取。作为阿尔忒弥斯项目的发起国，美国近年开始在技术、战略、政策和法律多个方面布局地球静止轨道之上直至月球的广阔地月空间，便充分体现出了新一轮探月活动期待实现的愿景目标。①

其二，与阿波罗计划所处的冷战背景相比，新一轮探月活动开展时，美、苏垄断外空活动的时代早已经结束。在外空 4.0 时代，美国虽然仍然是世界上最重要的空间强国，但其影响力与冷战时期已不可同日而语。单就新一轮探月活动而言，除美国外，中国、日本以及印度等国都已经开展了本国的探月活动且取得了一定成果。② 其中，中国探月工程取得的巨大成就尤其值得重视。早在 2004 年 1 月，中国便确定了探月的三步走计划，随着嫦娥一号至嫦娥五号探测器的成功发射，中国相继实现了月球探索的绕、落、回步骤。③ 2019 年 1 月，嫦娥四号探测器成功实现了人类社会首次在月球背面的软着陆。④ 2020 年，中国与俄罗斯宣布联合建立国际月球科研站，并欢迎所有感兴趣的国家加入。⑤ 2021 年 6 月，针对国际月球科研站项目，中国与俄罗斯发布《国际月球科研站合作伙伴指南》。⑥

2024 年 6 月 4 日，嫦娥六号上升器携带月球样品自月球背面起飞，成功进入预定环月轨道，顺利完成任务，踏上归程。这是世界上首次月球背面采

---

① 关于美国缔约空间战略的详细分析，可以参见 Laura Duffy& James Lake, *Cislunar Space Power The New Frontier*, Space Force Journal (Dec. 31,2021), https://spaceforcejournal. org/3859 - 2/。

② 关于世界主要国家对于月球探索开发项目开展的介绍和分析，可以参见 Pierre Barthélémy, *The World's Renewed Interest in Lunar Exploration*, Le Monde (Sep. 19,2023), https://www. lemonde. fr/en/opinion/article/2023/09/19/the-world-s-renewed-interest-in-lunar-exploration_6137699_23. html。

③ 参见《中国探月工程》，载中国探月与深空探测网，http://clep. cnsa. gov. cn/n487137/n5989571/index. html。

④ 参见《"探月梦"托举"中国梦"——人类首次月球背面探测全纪实》，载中国政府网，http://www. gov. cn/xinwen/2019 - 01/11/content_5357129. htm。

⑤ See China National Space Administration, *China and Russia Welcome International Participation in Lunar Research Station Project*, Bulletin of the Chinese Academy of Sciences, Vol. 35, p. 68 - 69 (2021).

⑥ 参见《国际月球科研站合作伙伴指南》，载国家航天局 2021 年 6 月 16 日，http://www. cnsa. gov. cn/n6758823/n6758838/c6812147/content. html。

样和起飞。[①] 目前,中国探月工程稳步推进,预计于2030年实现载人登月。[②] 而中国探月活动的快速发展被美国视为动摇其外空霸权地位的威胁,在2022年7月的一次采访中,NASA局长比尔·纳尔逊提出,如果某一天中国成功登陆了月球,将占领并挟持月球。[③] 2022年12月,比尔·纳尔逊在另外一次采访中提出,在探月方面美国与中国存在竞争,并称按照计划,美国会先于中国重返月球。[④] 总体而言,有别于冷战时期的探月活动,本轮探月体现出多国竞争的特点,而中、美之间的竞争尤为明显。

其三,冷战时期美国成功实现载人登月受到美、苏外空竞赛的驱动,其主要目的是彰显美国在政治、军事、经济和科技等诸多领域的优势和霸权。换言之,彼时探月活动的目的相对单一,更多服务于战略目标的实现。而在新一轮探月活动中,月球开发和探索的目的已经有所改变,美国布局的范围也扩展至地月空间,探月的意义也具有综合性特征。从战略角度看,美国期待通过对地月空间和月球的布局保障其在该领域的绝对优势和安全,摒除其他国家尤其是中国对其的潜在威胁。[⑤] 从经济角度看,包括基础产业、应用产业、自然资源开发在内的地月空间经济业态具有巨大发展潜力,据预测,至2030年,月球工业化产生的价值可达7万亿美元。[⑥] 因此,推动月球探索与开发具有重大的经济意义,美国是外空私营化和商业化发展的典范,自然要积极参与和推动。从外空科技发展角度看,月球探索与开发的成熟是开展火星探索和其他深活动的大前提,是未来外空科技的起点,如果美国希

① 《嫦娥六号任务全景解读为人类揭晓月球背面的奥秘》,载新华网,http://www. xinhuand. com/mil/2024 - 06/07/C_1212369697. htm。

② 参见《航天新征程:2030年前将实现载人登月中国空间站再添新功》,载光明网,https://m. gmw. cn/2022 - 11/22/content_1303202453. htm。

③ See Clyde Hughes, *China Rejects "Concern" by NASA Chief About Beijing Militarizing the Moon*, United Press International (Jul. 5,2022), https://www. upi. com/Science_News/2022/07/05/military-moon-nasa-billnelson/7981657035964/.

④ See Bryan Bender, "*We Better Watch Out*": *NASA Boss Sounds Alarm on Chinese Moon Ambitions*, Politico (Jan. 1, 2023), https://www. politico. com/news/2023/01/01/we-better-watch-out-nasa-boss-sounds-alarm-on-chinese-moon-ambitions-00075803.

⑤ See Steven J. Butow & Thomas Cooley et al. , *State of the Space Industrial Base 2020: A Time for Action to Sustain US Economic & Military Leadership in Space*, Aerospace Security (Jul. 2020), http://aerospace. csis. org/wpcontent/uploads/2020/07/State-of-the-Space-Industrial-Base-2020-Report _ July-2020 _ FINAL. pdf.

⑥ 参见何奇松:《谋取太空霸权:美国地月空间军事战略走向》,载《当代世界》2022年第2期。

望在外空 4.0 时代仍旧保有霸权地位，则必须在本轮探月活动中占据优势。

其四，与冷战时期单独开展的探月活动不同，在本轮探月活动中，美国注重通过国际合作的方式推动项目开展。2020 年 9 月，美国发布的《NASA 月球探索计划概览》中便提及国际空间站合作伙伴在阿尔忒弥斯项目框架下继续开展合作的设想。①《阿尔忒弥斯协定》序言中则明确强调了在现有和新兴外空活动行为者之间加强协调与合作的必要性。② 截至目前，《阿尔忒弥斯协定》的签字国已达 43 个，其中包括诸多具有空间能力的国家和地区性空间大国。《阿尔忒弥斯协定》的提出一方面体现出美国期待在月球探索与开发领域重塑国际秩序的野心；另一方面，也体现出国际合作在本轮探月活动中的重要性。

综上所述，美国主导的阿尔忒弥斯项目是新一轮探月活动中具有代表性的外空国际合作项目之一，但并非唯一项目。作为世界上最重要的空间强国之一，美国曾一度在月球探索和开发领域占有绝对优势，而近年美国重返月球，并试图通过阿尔忒弥斯合作项目的开展打造新的外空项目合作模式并塑造月球开发探索国际秩序，《阿尔忒弥斯协定》的提出和发展便体现了这一目的。然而，时过境迁，在多个国家、多元化主体共同参与月球探索与开发活动的今天，美国期待延续其在外空和月球探索领域的霸权地位，前景并不乐观。

二、《阿尔忒弥斯协定》的提出、发展与主要内容

（一）《阿尔忒弥斯协定》的提出与发展

上文提出美国开展本轮探月活动的目的具有综合性，但是对于包括美国在内的世界主要空间国家而言，开展月球探索和开发活动的一个重要动因是对月球自然资源的开采。而从美国国内法律和政策的发展进程看，对于包括月球在内的天体自然资源开发立法为之后的政策和规则制定以及《阿尔忒弥斯协定》的提出都有重要的基础性意义。

---

① See *NASA's Lunar Exploration Program Overview*, NASA (Sep. 2020), https://www.nasa.gov/wp-content/uploads/2020/12/artemis_plan-20200921.pdf.

② See Preamble, Artemis Accords.

2015 年 11 月,时任美国总统奥巴马签署了《2015 外空资源法》,确认美国公民因从事商业开发活动对获取的小行星资源享有包括占有、拥有、运输、使用和销售的权利。[①]《2015 外空资源法》的通过在国际社会上引起了巨大争议,但至今并未有权威机构明确其是否违反了国际法。反而有越来越多的国家开始效仿美国做法,通过本国的外空资源相关规则。美国《2015 外空资源法》的通过有诸多深层次原因,例如,外空科技水平的进步、小行星商业价值的凸显以及诸多私营实体的推动等。[②] 然而,《2015 外空资源法》通过之后不久,原本极力呼吁、推动该法的代表性私营公司,如行星资源公司[③]以及深空工业公司相继被收购,[④]两家公司的业务重点也随之转移。曾经一度甚嚣尘上的小行星资源开采热潮逐渐退去。不过,《2015 外空资源法》虽然以小行星开发为主要关注点但其适用范围并不限于此,该法定义界定章节同时阐述了"小行星资源"和"外空资源"两个术语的概念。换言之,该法适用包括小行星在内的所有外空天体资源开发。

2017 年 12 月,时任美国总统特朗普签署了一项《空间政策指令》(Space Policy Directive - 1),对 2010 年《美国国家航天政策》进行了完善,其完善内容也是此项《空间政策指令》的目标,即"与商业及国际合作伙伴引领一个创新及可持续的项目,保障人类的活动在太阳系内扩展,并将新的知识和机会带回地球"。具体行动则包括"以地球近地轨道外的任务为起点,(美国)引领重新将人类送上月球,并进行长期的探索与开发,继之以火星等其他目的地的载人任务"。[⑤] 该政策指令的签署开启了美国新一轮探月热潮。延续这

---

① See U. S. Commercial Space Launch Competitiveness Act Title Ⅳ: Space Resource Exploration and Utilization,114 90,25 November,2015.

② 参见聂明岩:《外空安全国际法保障研究:以"人类命运共同体"理论为视角》,中国政法大学出版社 2023 年版,第 182 ~ 183 页。

③ See Jeff Foust, *Asteroid Mining Company Planetary Resources Acquired by Blockchain Firm*, Space News (Oct. 31, 2018), https://spacenews.com/asteroid-mining-company-planetary-resources-acquired-by-blockchain-firm/.

④ See Jeff Foust, *Deep Space Industries Acquired by Bradford Space*, Space.com (Jan. 6, 2019), https://www.space.com/42906-deep-space-industries-acquired-by-bradford-space.html. See also Alan Boyle, *Bradford Space Group Buys Deep Space Industries, Shifting Focus from Asteroid Mining to Propulsion*, Geek Wire (Jan. 2, 2019), https://www.geekwire.com/2019/bradford-buys-deep-space-industries-shifting-focus-asteroid-mining-green-propulsion/.

⑤ See Presidential Memorandum on Reinvigorating America's Human Space Exploration Program, 11 December 2017.

一政策指令的基本思路，特朗普政府又于2020年4月签署了《关于鼓励国际社会支持空间资源回收和利用的行政命令》（以下简称《2020行政命令》），确定了美国探索和开发地外资源的基本政策。[①]《2020行政命令》重申了与《2015外空资源法》类似的针对外空包括月球及其他天体资源探索、开发与利用的立场，不过这一行政命令明显将月球资源的开发与利用放在了重要位置，明确排除《月球协定》对美国任何实体开展外空商业活动的干扰，并提出政府有关部门协同推动对相关活动的国际化支持。[②] 此后不久，NASA于2020年10月宣布了《阿尔忒弥斯协定》，在世界范围内广泛争取合作伙伴，为月球开发活动的进一步开展做准备。[③]

《阿尔忒弥斯协定》最初有美国、澳大利亚、加拿大、意大利、日本、卢森堡、阿联酋、英国8个签字国，[④]1个月之后，乌克兰加入，[⑤]2021年5月至6月，韩国、新西兰与巴西相继加入。[⑥] 2021年10月和12月，波兰、墨西哥成为签字国。[⑦] 2022年，《阿尔忒弥斯协定》签字国增长速度明显加快，从年初开始，以色列、罗马尼亚、巴林、新加坡、哥伦比亚相继加入。法国与沙特阿拉伯于年中成为签字国，至2022年年底，卢旺达和尼日利亚加入，成为最早

---

① See Michael Sheetz, *Trump Wants More Countries to Join US Policy Approach to Space Resources, Lunar Mining*, CNBC (Apr. 6, 2020), https://www.cnbc.com/2020/04/06/trump-executive-order-on-us-space-resources-and-mining-policy.html.

② See Executive Order on Encouraging International Support for the Recovery and Use of Space Resources, 6 April, 2020.

③ See *The Artemis Accords*, NASA (Oct. 13, 2020), https://www.nasa.gov/specials/artemis-accords/img/Artemis-Accords-signed-13Oct2020.pdf.

④ See *International Partners Advance Cooperation with First Signings of Artemis Accords*, NASA (Oct. 13, 2020), https://www.nasa.gov/news-release/nasa-international-partners-advance-cooperation-with-first-signings-of-artemis-accords/.

⑤ See *Ukraine Becomes the 9th Country to Sign the Artemis Accords*, US Embassy in Ukraine (Nov. 17, 2020), https://ua.usembassy.gov/ukraine-becomes-the-9th-country-to-sign-the-artemis-accords/.

⑥ See *Republic of Korea Joins List of Nations to Sign Artemis Accords*, NASA (May 26, 2021), https://www.nasa.gov/missions/artemis/republic-of-korea-joins-list-of-nations-to-sign-artemis-accords/; Jeff Foust, *New Zealand Signs Artemis Accords*, Space News (Jun. 1, 2021), https://spacenews.com/new-zealand-signs-artemis-accords/; *Brazil Signs Artemis Accords*, NASA (Jun. 15, 2021), https://www.nasa.gov/missions/artemis/brazil-signs-artemis-accords/.

⑦ See Jeff Foust, *Poland Signs Artemis Accords*, Space News (Oct. 27, 2021), https://spacenews.com/poland-signs-artemis-accords/; Jeff Foust, *Mexico Joins Artemis Accords*, Space News (Dec. 10, 2021), https://spacenews.com/mexico-joins-artemis-accords/.

加入《阿尔忒弥斯协定》的非洲国家。[①] 2022年9月19日，各签字国代表举行了首次会议，讨论进一步推动协定框架下合作相关事宜。[②] 2023年5月至2023年年底，捷克、西班牙、厄瓜多尔、印度、阿根廷、德国、冰岛、荷兰、保加利亚、安哥拉等相继加入，2024年1月起至6月，比利时等10个国家加入《阿尔忒弥斯协定》。至目前为止，《阿尔忒弥斯协定》共有43个签字国。单从参加国数量上看，《阿尔忒弥斯协定》远远超过了《月球协定》，且《阿尔忒弥斯协定》的签字国包括多个具有空间活动能力的国家，这也比《月球协定》更具优势。然而，应该注意的是，《阿尔忒弥斯协定》的提出与美国的月球探索与开发政策和法律的发展一脉相承，故而，即便该协定以多边形式存在，但其实质是将美国国内单方政策、措施推向更广泛的多边场合，从而进一步推向整个国际社会的一种方式。

（二）《阿尔忒弥斯协定》的主要内容

作为一个外空合作项目，阿尔忒弥斯计划的合作规模要远远大于国际空间站，不过从目前形成的法律框架看，阿尔忒弥斯项目体现出较为松散的特征。与具有法律约束力的IGA不同，《阿尔忒弥斯协定》并非国际条约，各签字国加入协定仅是一种政治承诺。[③] 该协定的具体实施仍需要签订其他适当的文书实现，例如，谅解备忘录、现有政府间协议下的实施安排、机构间安排或其他文书。实施文书应参考《阿尔忒弥斯协定》并包含该协定中所包含原则的适当条款。[④]

《阿尔忒弥斯协定》除序言外共13条，除第13条规定了相关程序要求之外，其他各条规定的内容可以概括为如下几个方面。

其一，对现行外空国际条约确定的相关法律原则进行纳入的规定。

（1）外空活动全人类共同利益原则。《阿尔忒弥斯协定》第1条确定了协定的目的，明确其旨在建立一套具有可行性的原则、指南和最佳实践，以确保增强相关活动的安全操作性、减少不确定性并促进可持续性，从而保障

---

① See *Nigeria and Rwanda: First African Nations Sign the Artemis Accords*, US Department of State (Dec. 13, 2022), https://www.state.gov/nigeria-and-rwanda-first-african-nations-sign-the-artemis-accords/.

② See *First Meeting of Artemis Accords Signatories*, US Department of State (Sep. 19, 2022), https://www.state.gov/first-meeting-of-artemis-accords-signatories/.

③ See Section 1: Purpose and Scope, Artemis Accords.

④ See Section 2: Implementation, Artemis Accords.

全人类在利用外空过程中的利益。事实上,美国《2020 行政命令》已经明确否认外层空间为“全球公域”的性质。[①] 这已经削弱了外空活动全人类共同利益原则对美国主导的合作活动的影响。但是在此条规定中,该协定采用的措辞似乎有意对这一原则进行承认。虑及《阿尔忒弥斯协定》是一个试图推动国际合作的文件,将其内容与现行国际条约进行契合有利于免除国际社会对其合法性的争论,从而吸引更多合作伙伴。

(2)为和平目的探索和利用外空原则。《阿尔忒弥斯协定》第 3 条规定在其框架下开展的合作活动应仅用于和平目的并遵守现行国际法。该条规定重申了为和平目的探索和利用外空原则,尤其是《外空条约》第 4 条第 2 款对于在月球和其他天体开展活动的要求,这一做法与该协定本身以月球和天体的开发为主要对象有关,同时,对于“仅用于和平目的”规则的引入,也弱化了合作活动自身的敏感性,将之限定在民事、商业和科学研究活动领域。作为外空合作成功的典范,欧空局在其基础性条约中采用了“仅用于和平目的”的说法,[②]这也在很大程度上保障了欧空局合作项目的成功。[③]《阿尔忒弥斯协定》对该原则的引入一方面与其活动性质密切相关;另一方面,也有利于吸引更多合作方加入其合作计划。

(3)外空活动信息公开透明原则。依据《阿尔忒弥斯协定》第 4 条的规定,签字国承诺将源于协定框架下活动的科学信息与公众和国际科学界进行善意分享,同时在符合其国内法和政策的前提下保持对其国内外空政策和探索计划的广泛披露,保障透明度。对科学信息分享的要求与《外空条约》第 11 条的规定相符,而对于签字国国内空间政策和探索计划的披露则是对“外空活动信息公开透明”原则的呼应。

(4)宇航员救助原则。《阿尔忒弥斯协定》第 6 条对宇航员紧急情况的救助进行了规定,提出应按照《营救协定》的要求对处于危难的人员提供救助。载人登月并建立永久开发基地是《阿尔忒弥斯协定》合作计划的重要内

① See Executive Order on Encouraging International Support for the Recovery and Use of Space Resources, 6 April, 2020.

② 关于欧空局的法律框架的介绍和分析,参见本书第三章第一节的相关内容。

③ 聂明岩:《欧空局的重要法律措施对亚洲空间合作的启示》,载《北京理工大学学报(社会科学版)》2016 年第 4 期。

容，因此，对于人员的救助是保障相关活动安全开展的应有之义。

(5)外空不得据为己有原则。《阿尔忒弥斯协定》第10条对外空资源的获取和使用进行了说明。提出获取月球以及火星、小行星及其他天体资源将惠益全人类，并且有利于支持外空活动的安全和可持续开展。此外，对于月球等天体资源的获取和使用不构成《外空条约》第2条所禁止的据为己有行为，亦不违反相关原则要求。本条规定通过引入"外空活动全人类共同利益"原则并对其进行扩大解释，[①]强化协定框架下合作活动开展的合法性，同时弱化违反另一原则("外空不得据为己有"原则)的嫌疑。美国期待借助《阿尔忒弥斯协定》这一具备多边性质的倡议向国际社会推出其对相关外空法原则的理解，从而绕开外空国际条约体系对其计划开展的月球开发和探索活动可能构成的限制。

其二，履行现行外空国际条约和协议确定的相关义务的规定。除了呼应现行外空国际条约确定的诸多基本原则之外，《阿尔忒弥斯协定》也规定了合作活动中应履行的现行条约及其他国际协议的义务。

(1)外空物体登记义务。《阿尔忒弥斯协定》第7条规定了签字国应履行对外空物体进行登记的义务，提出签字国应依据《登记公约》的规定确定由哪方主体对相关外空物体进行登记，对于涉及非《登记公约》缔约国的签字国所从事的活动，则应与该非缔约国进行协商，确定适当的登记方式。

(2)空间碎片减缓措施。《阿尔忒弥斯协定》第12条要求签字国履行空间碎片减缓承诺，对于任务操作中和结束后的空间碎片进行处理，并避免意外解体等，这些要求与《IADC指南》以及《外空委准则》一致。

其三，开展月球及天体开发和探索活动过程中应遵守的行为规则框架。除对现行国际条约确定的相关义务进行履行之外，《阿尔忒弥斯协定》针对月球及天体开发及探索活动的开展规定了几项守则。

(1)互操作能力。燃料储存、传输系统、登陆设施、通讯系统以及能源系统等设备、设施标准的一致性及可互操作性对于合作项目的开展至关重要。因此，《阿尔忒弥斯协定》要求各签字国尽力制定并遵守可以进行相互操作

---

① 依据《阿尔忒弥斯协定》第10条第1款的规定，对于外空资源的使用可以为安全和可持续运营提供有力支持，因此可以惠益全人类。这在某种程度上扩大解释了外空活动全人类共同利益原则。

的标准。这一活动准则的设置极为必要,但存在一定实施难度。美国《2020 行政命令》包括《阿尔忒弥斯协定》都致力于推动与非政府部门的全面合作,虽然《阿尔忒弥斯协定》第 5 条对于互操作能力的提议目前仅针对签字国,但未来势必与私人实体进行衔接,如何处理好这一衔接的过程值得思考。

(2)外空遗产保护。所谓外空遗产,是指具有一定历史意义的人类或者机器曾在天体着陆的站点、人造物、航天器以及其他活动痕迹。《阿尔忒弥斯协定》希望通过此项具有倡议性的规定,推动各国进一步发展保护外空遗产的国际规则和最佳实践。

(3)避免空间活动的冲突。避免月球和天体开发过程中的冲突(第 11 条)是《阿尔忒弥斯协定》确定的最为重要的一项活动准则,也是协定所有规定中细节性最充分的。第 11 条的法律基础是《外空条约》中关于避免有害干扰的注意义务的规定,但是本条规定在此基础上做了诸多细化,还提出了安全区的设置。

其四,有关安全区的具体规定。安全区的设置是《阿尔忒弥斯协定》所有规定中最重要的一个创新,也在国际社会引起了较大争议。[①]《阿尔忒弥斯协定》第 11 条对安全区的定义、大小、范围、性质、安全区内的活动准则等进行了初步规定。

(1)安全区的定义。《阿尔忒弥斯协定》第 11 条第 7 款规定,为了履行《外空条约》相关义务,活动实施方应对其活动进行通知,并与任何相关者进行协调以避免有害干扰。而这一实施通知和协调的区域,便被称为安全区。

(2)安全区的大小和范围。《阿尔忒弥斯协定》规定安全区的大小和范围应与开展活动的性质及环境相适应。此外,安全区的大小和范围应依据公认的科学与工程原理以合理的方式确定。

(3)安全区的性质和存在。《阿尔忒弥斯协定》提出安全区的大小和范围应随着月球活动的变化而有所改变,并将安全区的定性为临时性存在。相关活动结束后,安全区亦应该随之撤销。

---

① 关于安全区设置引起争议的具体分析,可以参见聂明岩:《外空安全国际法保障研究:以"人类命运共同体"理论为视角》,中国政法大学出版社 2023 年版,第 210~214 页。

(4)安全区内的行为准则。《阿尔忒弥斯协定》要求各签字国在安全区开展活动时与相关方事先通知与协调,避免造成有害干扰。这一要求与《外空条约》第 9 条的规定相符,不过其规定稍显粗糙,诸多细节性规定诸如进出安全区的要求、安全区内的禁止行为与限制行为等都有待进一步明确。

三、《阿尔忒弥斯协定》对月球探索与开发合作的积极意义及不足

作为世界上最重要的空间强国之一,美国在人类社会有能力进入外空的外空 2.0 时代便一直引领国际规则的制定,现行外空国际条约中的诸多规定也体现出美国国内的政策主张。显然,在全新的外空 4.0 时代,美国依然想延续其在外空领域多年的霸权地位。《阿尔忒弥斯协定》围绕美国主导的阿尔忒弥斯项目展开,但由于该项目是新一轮探月活动中最具代表性的合作项目之一,因此,其相关法律框架自然会对月球探索与开发产生重大影响,当然,其存在的诸多不足同样值得重视。

《阿尔忒弥斯协定》对月球探索与开发合作进一步开展的积极意义可概括为如下两个方面。

其一,《阿尔忒弥斯协定》是 1979 年《月球协定》之后国际社会提出的首个关于月球及天体开发的综合性规则。综上所述,21 世纪初,美国曾一度宣布重返月球。彼时,诸多其他国家也纷纷推出本国探月计划,但相关国家一直未针对国际规则的制定和完善提出建议或主张。直至 20 余年之后,美国再度宣布重返月球,同时提出《阿尔忒弥斯协定》。该协定自提出后在短期内得到了诸多国家的认可,且其中不乏空间大国。从这个意义上讲,《阿尔忒弥斯协定》的制定打破了《月球协定》之后国际外空法发展的僵局,为包括月球在内的天体探索和开发活动规则体系的进一步发展提供了思路。

其二,从内容看,《阿尔忒弥斯协定》既包括对现有外空法原则和规则的纳入内容,同时也创建了新的规则和制度。尤其是提出了月球开发活动的安全区规则,并对安全区的相关问题进行了规定。诚然,安全区并非一个新概念,《联合国海洋法公约》中便对专属经济区内人工岛屿、设施和结构周围

安全区设置进行了规定。[①] 即便针对外空活动，对于安全区的讨论也早已有之。[②] 但是《阿尔忒弥斯协定》是首个将这一概念以规则模式予以落实的文件。对于未来月球开发活动规则和制度的制定与建立具有启发意义。

与此同时，《阿尔忒弥斯协定》存在诸多不足与争议，具体可概述为如下三个方面。

其一，《阿尔忒弥斯协定》是美国依据其国内探月活动发展，战略、政策与法律布局而适时推出的具有单方性质的规则模式。虽然其目前为止吸引了不少国家加入。但其本质上并非真正多边意义的规则，而是具有"小圈子"性质。作为世界上最主要的两个空间大国，中国和俄罗斯并未加入该协定，这当然与美国与中、俄之间的复杂政治关系密切相关。由此而来，其直接的结果便是美国仍旧作为主导者主导该协定框架下的合作活动，这与国际空间站法律框架存在的问题大同小异。当然，阿尔忒弥斯项目的参与国数量比国际空间站多，且具有外空活动能力的国家也较多。不过即便如此，仍然很难改变该规则框架"小圈子"的性质。

其二，《阿尔忒弥斯协定》虽然针对相关事宜进行了相对详尽的规定，但总体而言具有原则性。此外，该协定的实施依赖其他文书的签订。而该协定规定的其他文书种类包括谅解备忘录、政府间与机构间文书等。但是对于这些文书的具体关系，不同国家与机构的相互关系等诸多问题，该协定并未进行详细规定。与国际空间站确定的三级法律规则体系相比。阿尔忒弥斯项目法律框架尚未形成完整体系。有待随着实践开展进一步完善。

其三，《阿尔忒弥斯协定》的相关规定仍在国际社会存在较大争议，其中最为典型的便是针对安全区规则的争议，这些争议可能会成为未来阻碍协定执行的不利因素。详言之：(1)针对安全区本身，国际社会的争议之一在

① 《联合国海洋法公约》第60条第5款规定："安全地带的宽度应由沿海国参照可适用的国际标准加以确定。这种地带的设置应确保其与人工岛屿、设施或结构的性质和功能有合理的关联；这种地带从人工岛屿、设施或结构的外缘各点量起，不应超过这些人工岛屿、设施或结构周围五百公尺的距离，但为一般接受的国际标准所许可或主管国际组织所建议者除外。安全地带的范围应妥为通知。"

② 关于外空领域安全区的发展历程的介绍和分析，可以参见 Ted Adam Newsome, *The Legality of Safety and Security Zones in Outer Space: A Look to other Domains and Past Proposals*, A Thesis Submitted to McGill University in Partial Fulfillment of the Requirements of the Degree of Master of the Laws (LL. M.), Institute of Air and Space Law McGill University, Faculty of Law, Montreal, Quebec, August 2016, p. 14 – 22。

于其是否涉嫌违反《外空条约》第 2 条所确定的外空不得据为己有原则。《阿尔忒弥斯协定》设定安全区的目的在于避免有害干扰,为实现这一目的,设置者必然会对安全区进行某种程度的控制和管理。虽然各签字国可以不(或者至少不会明确表明)通过《外空条约》第 2 条所禁止的主权要求、使用和占领方式将月球及天体的有关区域据为己有,但事实上,只要对安全区进行一定程度的控制,就不可能避免采取使用、占领或其他方式,[①]将其变成事实上的国家势力范围。[②] (2)对于安全区的划定问题,先下手为强会是美国等空间强国的指导思想。而月球上可供建立长期驻扎的站点的位置较为稀缺,在月球资源探索和开发进程中,各参与国对于月极的地位极为看重,但很显然,月极适合深入探索和开发的区域同样是有限的。[③] 现行国际规则框架对于不同国家同时选中同一开发地点如何处理的问题无能为力,一旦出现了可以和美国并驾齐驱的竞争者挑战其优先地位时,便可能引发冲突。(3)《阿尔忒弥斯协定》提出了影响安全区范围和规模的几个因素,包括在相应区域开展活动的性质、环境、科学及工程原则要求等,这样的界定较为灵活、模糊。此外,影响安全区规模的因素应该有相对确定的标准并应尽量在国际层面形成一定的共识,完全由开展活动的国家单方判断安全区划定的标准可能会为未来的冲突埋下隐患。(4)《阿尔忒弥斯协定》规定在相关开发任务结束后,应撤销安全区。但是这一规定能在多大程度上落实是值得怀疑的。如果未来在月球或天体的活动成为常态化发展的模式,对于任务何时结束认定的主动权仍在任务主导国自身,遑论目前多数有月球探索项目的国家都计划在月球建立常驻的科研站。(5)《阿尔忒弥斯协定》规定建立安全区的目标是为避免在月球及天体活动中的有害干扰,但未作具体说明。同时,还应考虑的问题是,安全区活动守则是否应依据其不同使用性质而有所区别,例如,对于常驻科学考察站与资源开采基地、有人的和无人的基地应如何区分等。此外,还要注意对不同国家间安全区活动规定差别的

---

① See Jessy Kate Schingler, *Imaging Safety Zones: Implications and Open Questions*, The Space Review (Jun. 8, 2020), https://www.thespacereview.com/article/3962/1.

② See Dennis O'Brien, *The Artemis Accords: Repeating the Mistakes of the Age of Exploration*, The Space Review (Jun. 29, 2020), https://www.thespacereview.com/article/3975/1.

③ See Laura Duffy & James Lake, *Cislunar Space Power, the New Frontier*, Space Force Journal (Dec. 31, 2021), https://spaceforcejournal.org/3859-2/.

协调,尤其是《阿尔忒弥斯协定》签字国与非签字国之间的协调等。

综上所述,作为美国新一轮探月计划的规则保障,《阿尔忒弥斯协定》以及未来以之为依据制定的其他法律文件为国际社会提供了一种规则模式。这一模式框架下的诸多规则和制度设计具有一定的借鉴意义,但由于该模式为美国单方提出且具有“小圈子”性质,需要世界各国通力合作对其进行纠偏,从而推动制定真正的多边合作规则。

第三节 本章小结

作为外空3.0时代建设的重要外空国际合作项目,国际空间站框架下建立了完备、综合的规则体系。无论是三个层次的规则体系的设计,还是该规则体系下确定的交叉免责、数据与产品交换、知识产权保护以及行使管辖权制度,都为之后类似合作项目提供了有益经验。当然,囿于建设的时代背景,国际空间站的法律规则体系存在一定不足,有必要在后续类似项目合作中予以避免。阿尔忒弥斯项目是外空4.0时代的典型外空国际合作项目。与国际空间站类似,阿尔忒弥斯项目也由美国主导,且在美国推动下建立了规则体系的雏形。有所不同的是,在外空4.0时代,具备外空活动能力的国家增多,外空活动参与主体的性质也更加多元化。尤为重要的是,中国是此次探月活动的重要参与国,中国、俄罗斯共同发起的国际月球科研站项目与阿尔忒弥斯项目并驾齐驱。因此,阿尔忒弥斯项目的规则体系除应对项目参与国的合作进行有效规制之外,还应虑及与其他项目的协调、合作等问题。应当注意的是,由于1979年《月球协定》失败,月球探索与开发法律规制问题较为复杂,新的月球探索与开发项目的开展为完善相关规则提供了契机,同时也带来了挑战。

第五章

外空商业国际合作的法律规制

1996 年《外空合作宣言》提出各国应当采取其认为有效和适当的方式开展外空国际合作,外空商业合作便是其列举的合作方式的一种。[①] 然而,《外空合作宣言》并未对外空商业合作的概念进行进一步说明。近年来,私人实体参与外空活动呈现快速增长的趋势,外空商业化这一说法也被冠以商业航天这一全新表述出现在公众视野。而商业航天已经被视为外空竞赛的一个全新的领域,[②]这似乎与本书讨论的合作彼此对立。然而,应当指出的是,在商业活动领域,合作与竞争是相辅相成、同时存在的,竞赛是竞争的一种极端状态,在外空活动的任何领域都应予以避免。而合作恰好是避免竞赛的最佳方式。本章首先介绍外空商业化的发展,界定外空商业合作概念;之后分别对规制外空商业合作的国际规则和国内规则予以梳理、分析;最后提出外空商业国际合作面临的法律挑战。

第一节 外空商业化与外空商业国际合作

一、外空商业化与商业航天

外空商业化概念的提出与外空活动的发展历程密切相关。本书前文对

① 参见《外空合作宣言》第 4 段。
② 参见[美]蒂姆 · 费恩霍尔茨:《新太空竞赛》,杨依译,中信出版集团股份有限公司 2020 年版,第 174 ~ 194 页。

外空活动发展的历程以及外空法发展的不同阶段进行了介绍和分析。[①] 从外空1.0时代至外空3.0时代，外空活动的主要参与者是国家。而形成于这一阶段的外空法律规则同样以国家外空活动为主要规制对象，以1967年《外空条约》为代表的外空国际法规则体系便是如此。不过，应该明确的是，经过美、苏两大国之间的博弈之后，[②]最终通过的《外空条约》并未禁止非政府实体的外空活动，但是要求各缔约国对其本国非政府实体在外空开展的活动承担国际责任，并对非政府实体活动进行批准和持续性监督。[③] 随着外空4.0时代到来，非政府实体开展的外空活动逐渐增加，随之而来的便是外空商业化规模的扩大和发展速度的加快。

外空商业化与非政府实体外空活动密切相关，但非政府实体并非外空商业化的唯一参与者。事实上，任何为商业目的开展的外空活动都属于商业化范畴，无论活动主体是政府还是非政府实体。作为传统的外空活动参与者，政府主导外空活动的时代并非完全排除商业性质，不过政府承担更多公共职能，其开展的外空活动大多具有战略性和全局性。在人类外空时代最初，处于外空竞赛中的美、苏两大空间强国的外空活动和项目主要用于军事目的。随着国际关系缓和，外空技术的民用价值和科技价值逐渐被重视，政府主导的外空活动也主要以提供公共服务(例如，科学研究、通信、导航、遥感等)为主要目的。非政府实体参与外空活动的一个最直接目的是通过提供商品、服务或技术而获取经济利益。其开展活动的主要方式是商业化和市场化。[④] 从政府角度看，外空技术的开发及外空产品的提供都需要投入巨大的人力、财力和物力。非政府实体以市场化模式运作提供的外空产品可以通过政府采购的方式用于公共服务，对于不具备外空活动能力的国家和政府，商业化运作模式意义尤为突出。另外，市场化和商业化运作有政府统一协调模式不具备的灵活性和创新性优势，可以有效克服政府层面财政投入不足，机制体制僵化等问题。与此同时，以政府为主体开展的外空活动

① 参见本书第一章第一节、第二节内容。

② Michael Gerhard, *Art. Ⅵ of the OST*, in Stephan Hobe, Berhard Schmidt-Tedd& Kai-Uwe Schrogl eds., Cologne Commentary on Space Law(Vol. Ⅰ), Carl Heymanns Verlag, 2009, p. 105 – 106.

③ 参见《外空条约》第6条。

④ See Angela Chen, *The Commercialization of Space*, JSTOR Daily (Apr. 28, 2016), https://daily.jstor.org/commercialization-of-space/.

同样可以参与到商业化运作之中。正是具有上述诸多优势,在外空3.0时代后期以及外空4.0时代,外空商业化活动快速发展,且其总体投入和产出一度超越政府主导相关活动,成为外空活动的主流。总体而言,所谓外空商业化活动是指一切通过商业化和市场化方式运行开展的以营利为目的的外空活动,其主体以非政府实体为主,但同时也包括政府部门,开展活动类型主要包括为用户提供外空产品、服务和技术。从法律规制角度看,由于外层空间具有特殊法律地位,加之外空活动对国家安全的重大影响,在国际法规则之外,世界主要国家也大多会制定本国国内规则对外空商业活动予以规制。

近几年,随着美国 SpaceX 等私营公司的崛起,外空商业活动再一次引起世界各国的重视。在我国学术研究领域,商业航天这一术语逐渐取代外空商业化的说法。有研究者指出,所谓商业航天包括"商业"与"航天"两个方面的属性。"商业"是商品交换活动,是有组织地提供客户所需产品和服务的行为;"航天"是一个领域的概念。而商业航天则是指法律准许范围内,遵守市场规律,涉及航天领域的商品交换或服务的经济活动。[①] 这一说法本质上与外空商业化并无二致。不过商业航天的概念是在诸多私营实体成功经验基础上提出的,且其处于外空4.0时代。与传统的外空商业化相比,无论从涵盖业务内容还是具体特征看,新时代的商业航天都有所不同。

从涵盖业务内容看,传统的外空商业化时代可以看作商业航天发展的初级阶段。在这一阶段,外空商业发射服务是主要业务且主要以政府部门为主体进行开展。其中比较具有代表性的商业发射业务公司包括中国航天科技集团长城公司、[②]欧洲的阿丽亚娜公司(Arianespace)[③]等。而到了商业航天时代,参与主体逐渐多元化且以非政府实体为主。在业务范围上,除了传统的发射服务之外,包括通信和遥感卫星在轨交付、航天基础设施建设、

---

① 关于商业航天概念与特点的讨论,参见孙为钢主编:《致知商业航天》,中国宇航出版社2018年版,第17~19页。

② 中国长城工业集团有限公司创建于1980年,是中国政府授权的提供商业发射、卫星系统以及从事空间技术合作的商业机构,是中国航天科技集团有限公司全资子公司。关于长城公司的更多介绍可以参见http://cn.cgwic.com/About/index.html。

③ 阿丽亚娜(Arianespace)成立于1980年,是世界上第一个商业航天发射公司。经过多年发展,阿丽亚娜公司在国际航天商业发射市场占有重要地位,取得了巨大成功。关于该公司的详细介绍,参见*Arianespace*, Arianespace: Arian Group, https://www.arianespace.com/company-milestones/。

元器件和部组件进出口、商业航天集成服务[①]在内的空间设施制造与空间应用、航天技术应用以及民用技术与航天融合应用方面的内容都被涵盖其中,具有全面性和综合性特点。

新时代的商业航天在所有类型的航天活动中都占有较大比例。换言之,与其说外空4.0时代孕育了商业航天,不如说外空4.0时代的一个主要特征便是全面商业化。商业航天不仅仅依附于航天存在,同时也是人类航天事业得以繁荣和发展的主要动力。[②] 此外,商业航天更加依赖创新驱动。外空4.0时代的一个特征便是信息技术、互联网与人工智能技术的快速发展。相应地,航天与互联网的跨界融合也已成为商业航天的发展趋势。对于私营实体而言,降低成本至关重要,而低成本发射技术以及重复使用运载技术的开发和运用同样依赖技术创新。[③] 最后,新时代商业航天的另一特征是军民融合。并且,这一融合主要体现为"民参军"。[④] 以美国为例,作为商业航天产品与服务提供者,美国私人商业公司在进入外空领域承担军事航天发射任务,在利用外空领域是美军天基信息支援的重要力量,在控制外空领域利用开发大数据管理软件方面的优势为军方和政府部门提供空间态势感知服务等。[⑤]

二、外空商业国际合作

1996年《外空合作宣言》将商业合作作为一种外空国际合作模式提出,不过值得思考的问题是,从人类社会具备外空活动能力以来,外空国际合作的参与主体便以主管外空活动的政府部门为主。而以非政府实体为主要参与者的外空商业化和商业航天活动的主要目的是获取经济利益,因此,将其与合作尤其是国际合作联系起来似乎并不十分恰当。因此,有必要对《外空

---

① 这些业务内容事实上也正是目前中国长城工业集团有限公司的经营范围。具体内容参见 http://cn.cgwic.com/About/index.html。

② 参见黄志澄:《新航天:创新驱动的商业航天》,电子工业出版社2017年版,第17~18页。

③ 参见黄志澄:《新航天:创新驱动的商业航天》,电子工业出版社2017年版,第18页。

④ 关于外空军民融合的更多分析,可以参见 Mingyan Nie, *Space Privatization in China's National Strategy of Military-Civilian Integration: An Appraisal of Critical Legal Challenges*, Space Policy, Vol. 52, p. 1–7 (2020)。

⑤ 参见黄志澄:《新航天:创新驱动的商业航天》,电子工业出版社2017年版,第19页。

合作宣言》中关于外空商业合作的具体规定予以剖析。

1996 年《外空合作宣言》第 4 段规定,开展国际合作时应采取有关国家认为最有效和适当的方式,主要包括政府与非政府、商业与非商业的方式,全球、多边、区域或双边的方式等。结合本段规定,以商业合作为出发点,依照合作主体不同进行划分,可以将外空商业合作的模式归纳为政府间,政府机构与非政府机构间,非政府机构间几个类别。以不同合作范围为标准,又可以分为全球、多边、区域或双边外空商业合作。在其中前一种分类中,虽然参与主体具有多元化特征,但如果带入外空商业化和商业航天的特点便可发现,非政府实体间的合作是其中最重要的一种模式。在后一种分类中,传统参与主体为政府实体,且一般不以商业目的为主要合作目标。当然,在外空 3.0 时代和外空 4.0 时代,后一类合作也逐渐带有了商业化目标,对此,本书前文已做过相关论述,此不赘述。[①] 本节重点关注前一种分类中以非政府实体为主要参与者的外空商业合作模式。

接下来需要思考的问题便是,如何将带有营利性质的非政府实体的外空活动与合作这一术语联系起来。结合前文较为传统的外空国际合作模式可以得知,不同国家之间开展合作的主要目的是期待实现一个共同的目标。譬如,联合国框架下的合作源于世界各国对外空和平利用和保障全人类在外空共同利益的期待;[②]区域性外空合作机制的各参与国则期待通过整合、协调人力、财力、物力,实现由某个单一国家无法实现的目标,例如,获得独立的外空发射能力等。[③] 以项目为基础的外空国际合作同样如此,当然,新近的阿尔忒弥斯项目还期待通过开展合作创设新的国际规则。[④] 然而,无论如何,与传统的外空国际合作相比,外空商业国际合作都显得比较特别。除了营利目的之外,外空商业活动本身也具有巨大的竞争属性。换言之,在同

① 从全球化外空合作方面看,国际卫星通信组织和国际海事卫星通信组织都进行了私营化转型,实现商业化经营(参见本书第二章第三节);从区域外空合作角度看,无论是欧空局还是之后的诸多区域外空合作机构包括中国主导的 APSCO 都有相应的商业化活动(参见本书第三章第一节、第六章第二节);从外空国际合作项目角度看,最具典型意义的国际空间站项目也与商业化活动密切相关,其不仅作为商业活动的用户,同时也提供相应商业服务(参见本书第四章第一节)。

② 参见本书第二章第一节内容。

③ 参见本书第三章第一节内容。

④ 参见本书第四章第二节内容。

样具备外空商业活动能力的不同国家间开展合作的同时还夹杂着竞争的内容。这些特征进一步为带有商业属性的外空国际合作的界定带来困难。有研究者提出,《外空合作宣言》第4段对于商业合作的表述直接与政府间合作对应,主要指带有商业特征的合作,与带有公共属性的外空合作相互补充。这一表述本质上是对外空活动最新发展(非政府实体活动的增加)的回应,其政治意义多于法律意义。[①]

通过上述分析,可以对外空商业国际合作的特征初步总结为如下几个方面:其一,其参与主体主要为非政府实体;其二,其活动目的带有商业特征;其三,具有跨国属性;其四,具有竞争与合作并存的综合性特征。通过这一总结可以发现,所谓外空商业国际合作,事实上是在具有浓厚的国际公法性质的"合作"这一话语体系下讨论具有私法性质的跨国贸易问题。换言之,对于外空商业国际合作更为贴切的表述应为外空国际贸易。在国际外空法综合性规则体系和学术体系都较为缺失的背景下,国际贸易被冠以商业国际合作之名。[②] 然而,从法律规制角度看,在外空活动这一特殊领域上述具有混淆性的说法具有一定的合理性。

首先,截至目前,外空国际规则体系仍以1967年《外空条约》为代表的外空国际条约体系为主。国际社会并未因外空商业活动的快速发展而制定新的专门规则或对现有规则进行修改和补充。而依据现有外空国际条约体系的规定,缔约国对本国非政府实体活动承担国际责任,且承担批准和持续性监督职责。因此,从理论上讲,现有外空国际规则适用于非政府实体的活动。退一步讲,即便将国际条约具体内容直接适用于非政府实体可能存在一定争议,[③]但外空条约框架体系下形成的多项原则已经是世界各国共识,

---

① See V. S. Mani, *Paragraph* 4 (*Modes of Cooperation*) *of the Space Benefit Declaration*, in Stephan Hobe, Berhard Schmidt-Tedd & Kai-Uwe Schrogl eds., Cologne Commentary on Space Law (Vol. Ⅱ), Carl Heymanns Verlag, 2015, p. 341.

② 作为中国外空商业国际合作典范,长征系列火箭承揽国际订单,以高性价比、高可靠性的口碑获得世界各国的认可,占据国际市场的一席之地。此外,中国制造的卫星出口尼日利亚、委内瑞拉、巴基斯坦、老挝、白俄罗斯、阿尔及利亚等国家,为相关国家提供便捷的卫星服务。这些被冠以"合作"的行为,事实上也是外空国际贸易的内容。参见《开放合作　中国航天走向世界》,载国家航天局2023年4月23日,https://www.cnsa.gov.cn/n6758823/n6758838/c10005053/content.html。

③ 关于条约缔约主体的相关论述可以参见杨泽伟:《国际法》(第3版),高等教育出版社2017年版,第267~268页。

对此，各国在其国内政策和法律之中都会有所体现，这些共识之中最为典型的包括和平与合作等。换言之，国际合作是人类社会开展外空活动的精神内核，是整个人类社会在面对外层空间这一未知领域的必然选择。因此，无论是政府实体还是非政府实体开展任何类型的外空活动，外空国际合作都是基本原则。

其次，从国际法发展的历程看，处理世界各国政治、军事和外交关系的国际公法历史悠久，而专门以处理各国包括其非政府实体经济交往的国际经济法（或国际贸易法）在近代逐步从国际公法中剥离开来，成为一个独立的法律部门。其最初被视为国际公法的一个分支，称作经济的国际法。[①] 这其中内在的逻辑在于，无论是对政治、军事、外交还是经济贸易关系的协调，其落脚点是国家间关系。当然，随着国际贸易地位日益重要，国际经济法（国际贸易法）开始逐渐被视为独立的法律部门。[②] 外空商业国际合作这种带有公法和私法混合性质模式的存在同样与其发展阶段密切相关。如果比照国际公法和国际经济法（国际贸易法）的发展阶段看，外空商业国际贸易正处在“商业的外空法”这一阶段。外空商业国际贸易虽已存在，但因为外空活动自身具备军、民两用性质，现阶段任何性质的外空活动都仍然无法与保障国际和平与安全完全剥离。因此，外空国际贸易依赖不同国家间的合作，在很多情形下，外空国际贸易自身便是国家间外空合作的一部分。

最后，正是由于外空活动的军、民两用性质，加之外层空间的重大战略意义，各国对于外空贸易管制并不完全符合市场竞争规律，且在很多时候是违反市场规律的。[③] 外空国际贸易能否顺利开展往往与不同国家间外空国际合作情况密切相关，其中最为典型的例子便是中、美之间外空国际贸易。美国将中国视为在外层空间潜在的竞争对手，中、美之间在外空活动层面主

① 参见王维成：《国际经济法是国际法的一个分支》，载《现代法学》1984 年第 4 期；另见陈安主编：《国际经济法》（第 2 版），法律出版社 2007 年版，第 21 ~ 22 页。

② 参见孙新强：《再论“国际经济法”的属性》，载《国际法研究》2014 年第 1 期；另参见陈安：《论国际经济法学科的边缘性、综合性和独立性》，载陈安主编：《国际经济法论丛》第 1 卷，法律出版社 1998 年版，第 48 页。

③ 与传统的航天活动相比，商业航天的一个突出特征便是以市场化的模式开展，但是一旦涉及国家间贸易，这种市场化的特征便会大打折扣。关于商业航天活动特征的更多论述，可以参见贾睿：《照见未来：一本书读懂商业航天》，知识产权出版社有限责任公司 2018 年版，第 5 页。

要体现的是竞争关系。相应地,两国的外空国际贸易也受制于两国关系,并未表现出合作特征。例如,作为中国公司合作伙伴,美国劳拉公司向中国提供发射技术援助获取巨额利润,但美国政府担心这会提高中国弹道导弹生产能力,因此对这种商业合作设置重重障碍。①

综上所述,作为外空商业化发展的最新阶段,商业航天将在外空 4.0 时代发挥重要作用并与传统的由政府主导的外空活动形成互补之势。然而,在主要空间强国纷纷布局商业航天之时,商业航天已变成了外空竞赛的一个新领域。在此背景下,外空商业国际合作及其规制便具有了相对复杂的内涵。其一方面依托商业化背景,具有商业航天活动的特征;另一方面,则受制于法律体系的不健全及不同国家间关系的影响,对具有传统政府间外空活动交流色彩的"合作"颇为依赖。

第二节　外空商业国际合作的国际法规制

现行国际外空法体系虽非针对外空商业活动专门制定,但相关规则可以适用于外空商业国际合作。除此之外,国际社会还制定了几套专门针对外空产品和服务跨国合作的管制规则,下文予以一一介绍、分析。

一、外空国际条约与"软法"规则

(一)主要外空国际条约对外空商业国际合作的规定

作为外空国际法规则体系中最重要的条约,1967 年《外空条约》的相关规定值得重视。本书前文对《外空条约》中关于外空国际合作的规定进行了详细分析,此不赘述。② 然而,针对外空商业国际合作,《外空条约》中相关规定同样值得注意。具体而言,《外空条约》第 6 条规定缔约国对本国非政府实体开展的外空活动承担国际责任,且要求缔约国对本国非政府实体的相关活动进行批准和不断监督。为履行条约这一规定,大多数条约缔约国会通过制定本国国内外空法的方式对本国非政府实体的活动确定准入条件,

① 参见蔡高强等:《中国空间法发展的理论与实践专题研究》,法律出版社 2019 年版,第 203 页。

② 参见本书第二章第一节内容。

因此,第6条的规定也一般被看作各国制定国内外空法的重要动因。① 当然,在《外空条约》制定的历史背景下,其关注的主要外空活动为发射活动,对于更为复杂的其他活动所涉甚少。因此,早期各国制定的国内外空法主要针对非政府实体发射行为进行规定。② 然而,《外空条约》并未明确规定缔约国发放发射许可的前提条件,对此,各国有较大自由操作的空间。而正是由于外空商业化的快速发展、跨国商业外空合作成为可能,使得有些国家开始考虑在国内外空法中降低发放发射许可的准入标准,从而吸引更多的国内外商业外空公司在本国建立,以促进本国经济增长和航天科学技术的进步。这便是通常所说的"许可证买卖"(License Shopping)行为。③ 此类做法在欧洲这种一体化程度较高的地区极为容易实现。从促进外空商业化和外空商业国际合作的长远角度看,"许可证买卖"行为是应该尽量避免的。为此,欧洲学者于21世纪00年代初期组织了名为"国内外空立法必要性及其未来"的工作组,④此后,又发起"2001项目加"⑤全面讨论实现欧洲各国国内法协调和统一的方式,并提出了国内外空法的诸多必备要素供欧洲各国参考。⑥ 2006年,在国际法协会多伦多会议上,外空法委员会启动了制定国内外空法示范法工作,此后,该项工作又在2008年的里约热内卢会议及2010年的海牙会议上继续开展,直至2012年索菲亚会议圆满结束并公布了《国

---

① See Armel Kerrest, *Special Need for National Legislation: The Case of Launching*, in Proceedings of the Project 2001 – Workshop on National Space Legislation, 5/6 December 2000 Munich, Germany, p. 25.

② 关于世界主要国家国内外空立法的具体分析,可以参见 Setsuko Aoki, *Practical Background of NatLeg Resolution*, in Stephan Hobe, Berhard Schmidt-Tedd& Kai-Uwe Schrogl eds., Cologne Commentary on Space Law(Vol. Ⅱ), Carl Heymanns Verlag, 2015, p. 503 – 521。

③ See Michael Gerhard & Kristina Moll, *The Gradual Changes from "Building Blocks" to A Common Shape of National Space Legislation in Europe "Summary of Findings and Conclusions"*, in Stephan Hobe, Berhard Schmidt-Tedd& Kai-Uwe Schrogl eds., Project 2001 Plus: Global and European Challenges for Air and Space Law at the Edge of the 21st Century-Towards A Harmonized Approach for National Space Legislation in Europe, Proceedings of the Workshop, 29/30 January 2004, Berlin, p. 11 – 12.

④ See Micheal Gerhard & Kai-Uwe Schrogl, *Building Blocks for National Space Laws*, in Karl-Heinz Boeckstiegel ed., Project 2001 – Legal Framework for the Commercial Use of Outer Space, Carl Heymanns Verlag KG, 2002, p. 556 – 557.

⑤ See Stephan Hobe, Berhard Schmidt-Tedd& Kai-Uwe Schrogl, eds., *Project 2001 Plus: Global and European Challenges for Air and Space Law at the Edge of the 21st Century-Towards A Harmonized Approach for National Space Legislation in Europe*, Proceedings of the Workshop, 29/30 January 2004, Berlin.

⑥ See Mingyan Nie, *Legal Framework and Basis for the Establishment of Space Cooperation in Asia*, Lit Verlag, 2016, p. 55 – 56.

际法协会国内外空立法示范法》(以下简称"索菲亚范本")。[①] 此外,联合国外空委法律小组委员会也成立了工作组,针对世界各国国内外空立法进行讨论。[②] 2013 年秋,联合国外空委工作组向联大第四委员会提交《就有关和平探索和利用外层空间的国家立法提出的建议》(以下简称"外空国家立法建议")供讨论,第四委员会通过了该草案并提交联合国大会,联合国大会于 2013 年 12 月 11 日以非投票方式通过了该建议。[③]

欧洲学者的研究成果、国际法协会的"索菲亚范本"以及联合国大会 2013 年"外空国家立法建议"都提出了国内外空法的诸多关键性要素。鉴于前两者都仅具有学术研究意义,因此,本部分仅以联合国大会"外空国家立法建议"内容为基础进行讨论。详言之,2013 年"外空国家立法建议"建议各国在考虑本国特殊需要的基础上,在其国内外空立法中包含如下内容:(1)国内外空法适用的外空活动的范围;(2)国家对其外空活动的管辖权;(3)外空活动的许可;(4)发放外空活动许可的条件;(5)对外空活动的持续性监督;(6)外空物体国内登记;(7)国家对运营者或所有者的求偿与保险;以及(8)所有权转移后的管辖权。

从开展外空商业国际合作的角度看,《外空条约》第 6 条以及以之为依据制定的国内法规则的重要影响至少体现在如下两个方面。(1)外空商业国际合作具有跨国性质,因此,除国际条约之外,合作参与方至少会面对两个国家的国内法的规制。对于外空产品或服务的输出者而言,以促进和鼓励其活动为追求的国内规则可能会在活动许可条件上规定得较为宽松,但对于产品或服务的输入国而言,针对交易活动设置宽松规则对其并不必然意味着利好。因为宽松准入条件可能会使产品或服务的质量打折扣。当然,如果本国国内规则规定较为严苛,输出者的产品或服务未必满足输入国的要求,这也会阻断双方的商业合作活动。因此,国内外空立法(尤其是外空活动准入条件)的相对一致性事实上是推动外空商业国际合作的重要保

① 参见[德]史蒂芬·霍伯:《国际法协会国内空间立法示范法》,聂明岩译,载李寿平主编:《中国空间法年刊(2016)》,世界知识出版社 2017 年版,第 30～31 页。

② See Report of the Legal Subcommittee on Its Fifty-first Session, UN Doc. A/AC. 105/1003, Held in Vienna from 19 to 30 March 2012.

③ 参见《就有关和平探索和利用外层空间的国家立法提出的建议》,A/RES/68/74,2013 年 12 月 11 日大会决议。

障。(2)从2013年“外空国家立法建议”的内容看,除了外空活动许可之外,国家对外空活动的管辖权、外空物体登记以及所有权转移之后的管辖权等内容同样与外空商业国际合作密切相关,相关方面的问题则在《责任公约》与《登记公约》中有详细规定。

1972年《责任公约》主要针对外空物体造成损害的赔偿责任问题进行了规定。[①] 该条约首次对诸多概念进行了界定,其中“发射国”的概念被定义为:(1)发射或促使发射空间物体的国家;(2)从其领土或设施发射空间物体的国家。[②] 而发射国要对其发射外空物体在地球表面、空气空间和外层空间造成的人身以及财产伤害承担赔偿责任。[③] 在两个或两个以上发射国存在的情况下,则应共同及单独承担责任。[④] 在外空商业活动的语境下,发射国承担赔偿责任之后,可以向造成损害的非政府实体求偿,这便与前文所述国内外空立法的规定衔接起来。而外空商业国际合作的开展必然涉及两个或两个以上国家的非政府实体,从而便可能涉及两个或两个以上承担责任的发射国。因此,对于发射国定义的深入剖析便尤为必要。从条约表述看,发射、促使发射、从其领土、从其设施发射四种情形都可以成为发射国。其中,发射、从其领土、设施发射三种情形相对容易理解,而对于何为促使发射的理解可能会引起歧义,值得深究。有学者认为,促使发射的情形要求在发射时至少要积极介入。不过对于何为积极介入,同样难以判断。在外空商业国际合作的情形下,发射服务提供者一般是应发射服务购买者的要求,依照双方合同规定开展发射行为。同时,还有可能存在一个提供卫星等产品的第三国非政府实体。对于发射提供者而言,其所在国为发射国无疑,对于发射服务采购者而言,应被视为积极和实质性地参与了发射行为,构成促使发射,而卫星制造者则一般不在此列。[⑤] 诚然,《责任公约》仅对外空活动损害赔偿责任主体进行了初步界定,且存在诸多模糊之处。在经济全球化的今天,外空商业国际合作模式多种多样、纷繁复杂,有必要随着实践的不断深

---

① 参见关于《责任公约》的简要介绍,可以参见本书第一章第二节内容。
② 参见《责任公约》第1条c款。
③ 参见《责任公约》第4条。
④ 参见《责任公约》第5条。
⑤ 参见赵云:《外空商业化和外空法的新发展》,知识产权出版社2008年版,第34页。

化制定更为细化的规则。

1976 年《登记公约》对外空物体登记问题进行了规定,要求发射国在发射一个外空物体进入或越出地球轨道时,对外空物体进行登记。[①] 如果存在两个以上的发射国时,则由相关方共同决定哪一国进行登记。[②] 而依据《外空条约》的规定,登记国对该物体及所载人员保有管辖权和控制权。[③] 在外空商业国际合作情形下,提供发射服务和接受发射服务实体所在国都是发射国,确定由哪一方进行外空物体登记关乎后续权利实施与义务履行,因此应谨慎对待。

(二)"软法"规则及其对外空商业国际合作的影响

除了外空"硬法"阶段的国际条约之外,外空"软法"阶段的诸多规则对于外空商业活动以及外空商业国际合作开展的影响同样值得关注。

在外空"软法"第一阶段的诸多规则中,联合国大会以决议方式通过的《直接电视广播原则》以及《遥感原则》等虽然也将国际合作作为基本原则提出,但是涉及商业合作的内容很少。从实际发展的情况看,非政府实体在商业层面参与的卫星应用活动以通信卫星、导航卫星和科学探索卫星应用为主。[④] 相关原则规定虽有一定指导意义,但总体关联性不大。

外空"软法"第二阶段规则的内容主要是对外空国际条约的相关规定进行解释,因此,与外空商业国际合作的关系也更为密切。其中,1996 年《外空合作宣言》主要对《外空条约》确定的外空国际合作原则进行解释,外空商业合作的概念也是该文件首次提出,其重要意义不言而喻。[⑤]

联合国大会于 2004 年通过的《适用"发射国"概念》的动因在于意识到"发射国"这一概念的重要性,同时,参与外空活动的国家尤其是非政府实体数量增加,也使得对"发射国"概念的澄清变得必要。不过这一决议也并未对"发射国"的概念进行具体阐释,而是向世界各国提出了几项建议,包括从事外空活动的国家在依照外空国际条约、协定履行相关义务的

① 参见《登记公约》第 2 条。

② 参见《登记公约》第 3 条。

③ 参见《外空条约》第 8 条。

④ 关于非政府实体开展的卫星应用活动的介绍可以参见孙为钢主编:《致知商业航天》,中国宇航出版社 2018 年版,第 102 ~ 115 页。

⑤ 关于 1996 年《外空合作宣言》的具体分析,可以参见本书第二章第一节内容。

前提下，推动制定本国国内外空法；各国依据《责任公约》规定就联合发射或合作方案订立协定；各国在自愿基础上提交资料，说明在轨道上转让外空物体所有权的做法，并依据相关资料对此类做法进行协调，以符合国际法等。[①] 正如上述，联合国大会通过《适用"发射国"概念》的一个重要原因便是非政府实体的外空商业活动的快速发展，故而，其提出的几项建议也都与此相呼应。

联合国大会2007年通过《关于加强国家和国际政府间组织登记空间物体的做法的建议》（以下简称2007年"登记建议"）。事实上，自《登记公约》通过以来，缔约国对其所规定的外空物体登记义务的履行情况并不理想。这源于《登记公约》自身存在的瑕疵。举例而言，《登记公约》仅要求登记国披露外空物体的"一般功用"，[②]但世界各国对此理解各有不同，一般会根据实际情况作出有利于自己的解释，这便使各国有可能隐藏其发射的外空物体的真实用途。[③] 此外，针对各国提供信息的时间，《登记公约》也只要求缔约国在切实可行范围内尽快提供。这很显然是一个非常主观的标准，发射国对于"尽快"一词的解释可能差距非常巨大。[④] 2007年"登记建议"的制定的一个主要原因便是期待对《登记公约》存在的不足之处予以完善，尤其是针对外空物体登记的信息要求进行了很大程度的细化说明。[⑤] 此外，2007年"登记建议"也意识到非政府实体和由一个以上国家的非政府实体结成的伙伴关系开展的活动增多，并对此提出了相关规制建议。例如，其建议："若事先没有协定，外空物体从本国领土或设施发射的国家应当与有资格作为'发射国'的国家或国际政府间组织联系，共同确定由哪个国家或实体登记该空间物体"。在国际外空商业发射情形，这一建议有利于避免各方无法确定发射国情形时互相推诿，从而规避登记义务。此外，2007年"登记建议"提出：

① 参见《适用"发射国"概念》，2004年12月10日，第59/115号决议。

② 参见《登记公约》第4条。

③ See Robert A. Ramey, *Armed Conflict on the Final Frontier: The Law of War in Space*, Air Force Law Review, Vol. 48, p. 93 (2000).

④ 参见赵云：《外空商业化和外空法的新发展》，知识产权出版社2008年版，第51页；另参见Robert A. Ramey, *Armed Conflict on the Final Frontier: The Law of War in Space*, Air Force Law Review, Vol. 48, p. 93 (2000)。

⑤ 《关于加强国家和国际政府间组织登记空间物体的做法的建议》，2007年12月17日第62/101号决议。

“国家应鼓励属于其管辖的发射服务提供商向外空物体拥有者和(或)经营者提供咨询意见,以就该空间物体登记事宜与有关国家联系。”这一建议直接针对发射服务提供商,建议各国对其商业外空服务提供者的行为提供指导,以保障外空物体登记义务的履行。而对于发射服务提供商而言,此类指导也有助于其更好地开展商业合作。

除了联合国大会决议这种外空“软法”形式之外,外空“软法”第二阶段的规则模式还包括相关组织制定的文件,例如,致力于空间碎片减缓的《IADC 指南》等。[①] 对于各国的非政府实体外空活动参与者而言,同样应在其活动开展过程中满足空间碎片减缓的要求。因为多数国家的国内外空法或政策会将之作为发放发射许可的条件。此外,外空活动的日益频繁导致空间碎片数量不断增加,加之“凯斯勒效应”的存在,[②]对于空间碎片移除业务的需求日益增大。空间碎片移除也将是未来在轨服务的重要组成部分,亦将成为外空商业国际合作的重要内容。对于该项合作的参与者而言,有诸多法律问题需要明晰。显然,《IADC 指南》无法解决这些问题,需要制定专门的法律规则。[③]

二、外空商业国际合作的专门法律制度

1932 年 8 月,德国军队军械署确立了一项军事火箭开发计划,最终导致了V -2 弹道导弹的开发。至第二次世界大战结束时,大约有 2800 枚V -2 弹道导弹射向英国和欧洲大陆的目标。[④] 而 1957 年苏联成功发射的第一颗人造地球卫星便是由导弹技术搭载的。[⑤] 虽然目前外空技术已经被广泛用

① 关于《IADC 指南》的介绍与分析,参见本书第一章第二节内容。

② 1978 年,美国航空航天局的科学家唐纳德·凯斯勒与另一位作者合作发表的一篇学术论文提出:“卫星碰撞会产生轨道碎片,每次碰撞都会增加下一次碰撞的可能性,从而促进地球周围碎片带的形成。”See Mike Wall, *Kessler Syndrome and the Space Debris Problem*, Space. com (Nov. 16,2021), https://www. space. com/kessler-syndrome-space-debris.

③ 关于空间碎片移除的法律挑战及机制构建设想,可以参见 Active Debris Removal-An Essential Mechanism for Ensuring the Safety and Sustainability of Outer Space, A Report of the International Interdisciplinary Congress on Space Debris Remediation and On-Orbit Satellite Servicing, A/AC. 105/C. 1/2012/CRP. 16,27 January,2012。

④ 参见[美]鲍勃·普雷斯顿、达纳·约翰逊等:《空间武器地球战》,珂玳译,航空工业出版社 2012 年版,第 6 页。

⑤ See Albert K. Lai, *The Cold War, The Space Race and the Law of Outer Space*, Routledge, 2021, p. 27.

于民事领域，且非政府实体广泛参与的商业化活动方兴未艾，但无论如何，外空活动的军、民两用性质必然会引起世界各国对于国家安全保障的担忧。因而，对于非政府实体开展的外空商业活动，尤其是涉及运载系统及其设备、材料、技术等的跨国贸易，国际社会相应制定了管控制度，其中，具有代表性的包括导弹技术控制制度以及瓦森纳协定。

(一)导弹技术控制制度与外空商业国际合作规制

1983 年起，法国、德国、意大利、英国和美国五个国家发起了关于控制导弹扩散的正式讨论，此后不久，加拿大和日本加入。1985 年，七国达成了控制可携带核武器的弹道导弹和巡航导弹(包括两用导弹)扩散的临时协定，其中，可携带核武器的运载系统被定义为有效载荷 500 公斤以上，射程 300 公里以上的弹道导弹。[①] 1987 年，七国建立了导弹技术控制制度(Missile Technology Control Regime，MTCR)。其主要目的在于防止核武器运载系统的扩散。1992 年起，MTCR 将可以运载生物和化学武器的运载工具纳入了管制范围。2002 年开始，MTCR 采取措施防止向恐怖分子转让运载系统和技术。[②] 自建立之日起，MTCR 规模不断扩大，迄今为止，已有 35 个国家加入了 MTCR，[③]其中包括多数具有导弹发射能力的国家。

从法律性质看，MTCR 并非严格意义上依照具有法律约束力的国际条约建立的国际组织，对于参加国而言，MTCR 仅具有政治承诺意义。MTCR 的主要法律文件包括一套《MTCR 指南》与一份《设备、软件与技术附件》。《MTCR 指南》明确了 MTCR 机制的主要目的、总体框架并对成员国如何履行指南进行了说明。《设备、软件与技术附件》旨在协助对 MTCR 附件项目进行出口管制。该附件分为“第Ⅰ类”与“第Ⅱ类”项目，这些项目包括与导弹开发、制造以及运营相关的设备和技术，既有军用也有军、民两用的。针

---

① See *Missile Technology Control Regime* (*MTCR*), Nuclear Threat Initiative, https://www.nti.org/education-center/treaties-and-regimes/missile-technology-control-regime-mtcr/.

② See *Missile Technology Control Regime* (*MTCR*), State Secretariat for Economic Affairs SECO, https://www.seco.admin.ch/seco/en/home/Aussenwirtschaftspolitik_Wirtschaftliche_Zusammenarbeit/Wirtschaftsbeziehungen/exportkontrollen-undsanktionen/exportkontrollpolitik/das-raketentechnologie-kontrollregieme--mtcr-.html.

③ See *Missile Technology Control Regime* (*MTCR*) *Frequently Asked Questions*, US Department of State, https://www.state.gov/remarks-and-releases-bureau-of-international-security-and-nonproliferation/missile-technologycontrol-regime-mtcr-frequently-asked-questions/.

对附件所载所有项目的转移，各 MTCR 合作伙伴国应考虑采取限制措施。[①]

1.《MTCR 指南》

依照《MTCR 指南》规定，建立 MTCR 的主要目的在于限制包括核武器、生物武器和化学武器在内的大规模杀伤性武器扩散的风险。而这种限制主要通过对可以运载这些武器的工具和技术转让进行控制而实现。同时，《MTCR 指南》希望通过对相关项目及技术转让的控制，防止其落入恐怖组织或恐怖分子手中。当然，只要项目或技术转让不会对运载大规模杀伤性武器提供条件，该指南也并不会阻碍国内外空活动或国际外空合作的开展。该附件中所有项目的转让都要在逐案审议的基础上施以限制措施。MTCR 各成员国则应依据其国内法相关规定对《MTCR 指南》予以执行。

各成员国依据附件中关于"第Ⅰ类"与"第Ⅱ类"项目的规定对相关转让行为予以许可和规制，同时还应考虑如下六个因素：第一，潜在的产品或技术接收方是否正在寻求或有意寻求获得大规模杀伤性武器；第二，潜在的产品或技术的接收方的目的以及导弹与外空项目能力；第三，计划开展的产品或技术转让行为对潜在接收方大规模杀伤性武器运载能力发展的可能影响和贡献；第四，产品或技术接收方所陈述购买目的的可信程度；第五，相关产品或技术的转让行为是否与任何现行国际条约存在冲突；第六，转让的产品或技术落入恐怖组织或恐怖分子手中的风险。[②]

《MTCR 指南》除规定建立 MTCR 的目的以及批准转让项目应考量的因素之外，还对成员国政府如何履行指南作出了一般性规定。[③]

其一，关于设计和技术转让的安全审查和管制。《MTCR 指南》提出，在成员国国内立法范围内，对于与该附件中任何设备直接相关的设计和生产技术的转让都应接受与设备本身相同程度的安全审查和管制。

其二，转让项目对促进大规模杀伤性武器运载系统有利时，对接收方的承诺要求。《MTCR 指南》规定，如果转让行为有助于推动大规模杀伤性武

---

① See *MTCR Guidelines and the Equipment, Software and Technology Annex*, MTCR, https://mtcr.info/mtcr-guidelines/.

② See *The Missile Technology Control Regime at a Glance*, Arms Control Association, https://www.armscontrol.org/factsheets/mtcr.

③ See *Guidelines for Sensitive Missile-Relevant Transfers*, MTCR, https://www.mtcr.info/en/mtcr-guidelines/guidelines-for-transfer.

器运载系统的发展，转让国政府只有在得到接收国政府适当的保证之后，才可签发转让许可。接收国政府的保证中应明确：(1)有关项目仅被用作约定用途，未经政府事先同意，不对使用用途进行修改，亦不得修改或复制相关项目；(2)未经政府同意，有关项目、其复制品或衍生品都不得再进行转让。

其三，为促进指南有效实施，对各成员国政府的要求。《MTCR 指南》规定，在成员国政府认为必要和适当的情况下，应与采用相同指南的其他政府对相关信息进行交换。此外，在出口商转让非附件清单上的项目时，如果出口商被政府主管当局告知这些物项可能被全部或部分用于大规模杀伤性武器的运载系统，仍需要获得政府许可；同时，如果出口商意识到未被列入清单的物品可能全部或部分有助于上述活动开展，应在符合国家出口管制的前提下，将相关事项通知上述主管部门，由该主管部门决定是否将有关出口活动纳入许可范围。

2.《设备、软件与技术附件》

MTCR《设备、软件与技术附件》包括两个类别的项目。其中，“第Ⅰ类”分为项目 1 与项目 2。项目 1 指整套运载系统，项目 2 指可用于整套运载系统的整套子系统。“第Ⅰ类”属于最高敏感度项目，如果某个系统中包括“第Ⅰ类”项目，该系统也会被视为属于“第Ⅰ类”范围，除非其所包含的项目无法被分离、移除或复制。无论其目的如何，在审议“第Ⅰ类”项目的转让时，都应进行特别的限制，且禁止该类转让会具有强有力的理由。在审议“附件”中任何项目或任何导弹(无论是否包含在本“附件”中)的转让时，如果政府掌握具有说服力的信息，并依据相关因素评估后，认定相关项目计划用于大规模杀伤性武器的运载，也应采取特别限制措施，拒绝该类转让。如果没有其他特别通知情形，各成员国政府不应授权“第Ⅰ类”产品设施的转让。其他“第Ⅰ类”项目仅在极少数情况下才可以授权，且授权的前提条件还应该包括：转让方所在国政府获得具有约束力的政府间承诺，且承诺中包含接收方所在国政府的保证；以及负责采取一切步骤确保转让项目仅用于其规定的最终用途。[①]“第Ⅰ类”项目中包含的内容包括弹道导弹与巡航导弹、无

① See Paragraph 2, Guidelines for Sensitive Missile-Relevant Transfers.

人机靶机、探空火箭、航天运载火箭、火箭发动机、再入大气层运载火箭以及制导设施等。[①]

该附件中"第Ⅱ类"项目中包括所有"第Ⅰ类"项目中没有包含的、最大射程等于或超过300千米的整套火箭系统(包括弹道导弹系统、航天运载火箭和探空火箭)和无人机(包括巡航导弹系统、靶机和侦察无人机)项目。此外,还包括各种设备、材料和技术——其中大多数用于大规模杀伤性武器运载系统之外的其他用途。[②] 对于此类项目,各成员国仍旧需要对其保持控制,但是在处理相关转让申请时,有较大的灵活性。"第Ⅱ类"项目中包含的内容包括飞行控制系统,航空电子设备、GPS 接收器,结构材料与复合材料,发射/地面支持设备(包括遥测、传送、架设、发射装置,试验设备、设施)等。[③]

总体而言,MTCR 成员国秉持相同的政策理念,确定了一套清单,在清单框架下控制导弹以及与导弹相关的设备和技术的转让。当然,《MTCR 指南》与《设备、软件与技术附件》不仅适用于成员国,而是对所有国家开放。MTCR 并非在具有约束力的条约基础上建立的国际组织,而是一个松散的联盟,其规则的有效实施依赖各国国内法的规定。此外,MTCR 针对外空商业国际合作提出了限制措施,但其主要目的并非禁止商业国际合作许可,而是防止大规模杀伤性武器运载工具的转让,从而避免为大规模杀伤性武器的扩散创造条件。

3.《防止弹道导弹扩散的海牙行为守则》

2002 年 11 月,MTCR 发起了一项名为《防止弹道导弹扩散的海牙行为守则》(以下简称《海牙行为守则》)的自愿倡议,[④]号召所有国家限制其对于可运载大规模杀伤性武器的弹道导弹的发展,并在可能的情况下削减其现

① See Sean Monogue, *Missile Technology Control Regime* (*MTCR*), Federal Avation Administration, https://www.faa.gov/about/office_org/headquartters_offices/ast/advisory_committee/meeting_news/media/2011/oct/Sean%20Monogue.pptx.

② 参见《导弹技术控制制度(MTCR)附件手册 2017》,第 iii 页。

③ See Sean Monogue, *Missile Technology Control Regime* (*MTCR*), Federal Avation Administration, https://www.faa.gov/about/office_org/headquartters_offices/ast/advisory_committee/meeting_news/media/2011/oct/Sean%20Monogue.pptx.

④ 该项准则经各国签字通过后名为《反弹道导弹扩散国际行为守则》,简称仍为《海牙行为守则》。

有导弹武库。[①] 截至目前,《海牙行为守则》共144个签字国,[②]包括除巴西之外的所有MTCR成员国。[③] 与MTCR相同,《海牙行为守则》致力于为防止弹道导弹扩散作出贡献,但有所不同的是,《海牙行为守则》旨在通过建立透明度与信任措施的方式推动这一目标的实现。[④]

《海牙行为守则》从基本原则和措施两个方面对防止弹道导弹扩散行为进行了规定。其中,应遵守的基本原则包括:(1)继续进行适当的国际努力,全面预防和制止能够运载大规模毁灭性武器的弹道导弹系统的扩散;(2)加强并争取广泛加入多边裁军和不扩散机制;(3)遵守和全面服从国际军备控制、裁军和不扩散准则有助于建立对各国和平意愿的信任;(4)《海牙行为守则》具有开放性,各联合国成员国自愿参加;(5)各国在开展和平利用外层空间活动及合作时,应避免能够运载大规模毁灭性武器的弹道导弹的扩散;(6)空间运载火箭方案不能用于隐藏弹道导弹方案;(7)应就弹道导弹方案和空间运载火箭方案采取适当的提高透明度措施以增强信任,防止弹道导弹和弹道导弹技术扩散。[⑤]

针对防止弹道导弹扩散的措施,《海牙行为守则》分别从一般措施和透明度措施两个方面进行规定。关于一般措施,《海牙行为守则》规定:(1)各签署国批准、加入或遵守包括《外空条约》、《责任公约》与《登记公约》在内的现行外空国际条约;(2)通过多边、双边和国家努力,在全球和区域两个层次制止和预防能够运载大规模毁灭性武器的弹道导弹扩散;(3)在研制、试验和部署能够运载大规模毁灭性武器的弹道导弹方面尽可能克制,尽量减少国家拥有弹道导弹的数目;(4)在援助任何他国空间运载火箭项目时保持必要的警惕性,防止帮助大规模毁灭性武器运载系统的发展,同时考虑此类方案可用于掩盖弹道导弹方案;(5)不帮助、不支持、不协助可能研制或获取

---

① See *The Missile Technology Control Regime at A Glance*, Arms Control Association, https://www.armscontrol.org/factsheets/mtcr.

② See *List of HCoC Subscribing States*, the Hague Code of Conduct, https://www.hcoc.at/subscribing-states/list-of-hcoc-subscribing-states.html.

③ 巴西因担心《海牙行为守则》规定会影响其外空项目发展而未加入,具体介绍可以参见 *The Missile Technology Control Regime at A Glance*, Arms Control Association, https://www.armscontrol.org/factsheets/mtcr。

④ See *What is HCoC*, the Hague Code of Conduct, https://www.hcoc.at/.

⑤ 参见《海牙行为守则》,A/57/724,2003年2月6日。

大规模毁灭性武器的国家的弹道导弹方案，这些国家违反了国际裁军和不扩散条约规定的准则及其根据这些条约承担的各项义务。关于增强透明度措施，《海牙行为守则》规定：（1）关于弹道导弹方案，每年申报、阐述弹道导弹政策，提供资料说明前一年发射弹道导弹的数目和种类；（2）关于消耗性空间运载火箭方案，并依照商业和经济保密原则，每年申报，概述空间运载火箭方案政策和陆地（试验）发射场情况，每年提供资料说明前一年发射弹道导弹的数目和种类，在自愿的基础上（包括允许开放的程度），考虑邀请国际观察员参观陆地（试验）发射场；（3）关于弹道导弹和空间运载火箭方案，各签字国应交流发射前通知，说明弹道导弹和空间运载火箭的发射和试验飞行情况。这些通知应包括下列内容：弹道导弹和空间运载火箭的种类、计划发射通知窗口、发射地点和拟定的方向。除上述措施外，为增强透明度，《海牙行为守则》提出各签署国可酌情自愿拟定提高透明度的双边或区域措施。[①]

为保障相关准则的执行与实施，《海牙行为守则》针对组织事项作出规定。提出签署国应每年或商定定期举行会议，无论针对实体性还是程序性决定，各签署国都以协商一致的方式作出。各签署国应利用这些会议确定、审查和进一步发展准则的运作方式，这些方式包括如在守则的框架内建立交流通知和其他信息沟通程序，建立适当机制以解决国家申报以及弹道导弹或运载火箭方案相关的问题，指定一个签署国作为直接联系中心，负责收集和传播建立信任措施呈件、接受并宣布其他签署国等。[②]

综上所述，《海牙行为守则》的主要目的是防止弹道导弹的扩散，其中，对于空间运载工具的相关规定与外空商业国际合作有一定关联。《海牙行为守则》由 MTCR 发起，其与 MTCR 框架体系在某种意义上形成了互补关系。当然，无论是 MTCR 还是《海牙行为守则》都并不具有强制约束力。然而，对于 MTCR 以及《海牙行为守则》各参加国包括诸多非参加国而言，限制导弹扩散是一个基本共识，即便未参加上述机制或规则，相关国家一般也会通过制定国内法的方式对外空商业合作过程中可能造成导弹扩散的行为进

① 参见《海牙行为守则》，A/57/724，2003 年 2 月 6 日。
② 参见《海牙行为守则》，A/57/724，2003 年 2 月 6 日。

行管制。不过,MTCR 并非国际社会针对该问题进行管制的唯一机制,且MTCR 的参与国也并未涵盖所有具有弹道导弹发射能力的国家,该机制的建立最初源于美国等西方国家对导弹扩散的担心,具有较明显的美国烙印,[①]从外空商业合作角度看,MTCR 对于其成员国和非成员国的各自非政府实体开展活动的影响也不尽相同。

(二)《关于常规武器和两用物品与技术出口管制的瓦森纳安排》与外空商业国际合作规制

冷战后期,原多边出口控制协调委员会(Coordinating Committee for Multilateral Export Controls,COCOM)[②]的成员国意识到 COCOM 原本以东西方阵营划分为基础而采取的措施不再适应新形势下对于出口控制的需求,应建立一套新机制。基于此,1993 年 11 月 16 日,COCOM 的 17 个成员国在荷兰海牙召开高级别会议,决定终止 COCOM,建立一个新的多边安排。1994 年 3 月 29 至 30 日,COCOM 各成员国在荷兰瓦森纳召开了高级别会议以进一步推动建立新的多边安排。1995 年 9 月 11 ~12 日,在瓦森纳召开的另一场高级别会议上,俄罗斯、捷克、匈牙利、波兰和斯洛伐克成为新的参加国,新多边安排的建立取得重大进展。1995 年 12 月 15 日,各方在瓦森纳达成建立《关于常规武器和两用物品与技术出口管制的瓦森纳安排》(Wassenaar Arrangement,WA)的一致意见,并在维也纳设立秘书处。[③] 1996 年 7 月 11 ~12 日,WA 召开全体会议,保加利亚与乌克兰加入 WA。至此,WA 共有 33 个共同发起国,各发起国全体一致达成了 WA 的基础性文件——"基本要点",制定了新的控制清单并决定自 1996 年 11 月 1 日起互相交换信息。[④]

---

① 参见蔡高强等:《中国空间法发展的理论与实践专题研究》,法律出版社 2019 年版,第 200 页。

② COCOM 建立于 1950 年,包括 17 个参加国,其法律性质并非由国际条约或国际宪章性文件建立的组织,其主要目的是限制那些可能极大促进军事潜力与武器系统扩散,造成不稳定和国际紧张局势的敏感物项的出口,在其发展历程中,限制出口的主要对象是共产主义阵营国家。关于 COCOM 的具体介绍,可以参见 *Wassenaar Arrangement*, Nuclear Threat Initiative, https://www.nti.org/education-center/treaties-and-regimes/wassenaar-arrangement/。

③ See *The Wassenaar Arrangement on Export Controls for Conventional Arms and Dual-Use Goods and Technologies-About Us*, The Wassenaar Arrangement, https://www.wassenaar.org/about-us/.

④ See *The Wassenaar Arrangement on Export Controls for Conventional Arms and Dual-Use Goods and Technologies-Origins*, The Wassenaar Arrangement, https://www.wassenaar.org/about-us/.

WA 是世界上第一个同时包含常规武器和敏感两用物项与技术的全球性多边出口控制安排，截至目前，WA 共有 42 个参加国。[①] WA“基本要点”对该安排的目的、范围、控制清单、信息交换程序、会议与管理、加入以及保密要求等进行了规定，[②]构成 WA 开展相关活动的重要法律基础。

其一，依照“基本要点”的阐释，WA 建立的目的在于通过增强在常规武器和两用物项与技术的转让过程中的透明度和责任，防止不稳定因素，从而为区域和国际安全和稳定作出贡献。各 WA 参与国应通过制定国内政策的方式保证上述诸物项转让不会贡献于增强或支持军事能力的增长。此外，WA 同样希望通过增强合作在某区域或某国行为可能引起参与国严重关切的情形下防止对具有军事用途的武器和敏感两用物项的获取。当然，WA 的规定并不针对任何国家或集团，这与其前身 COCOM 有明显区别，同时，WA 不妨碍善意的民事交易也不干涉各国根据《联合国宪章》第 51 条的规定获得的合法自卫权。

其二，“基本要点”中关于范围的规定较为综合，涉及 WA 相关规定的实施、程序以及参加国应采取的措施等多项内容，具体如下。(1)为实现 WA 目标，参加国应定期见面对相关物项转让情况进行交流。(2)参加国应在自愿的基础上进行信息交换以提高透明度，促使所有参加国讨论武器以及敏感两用物项与技术转让事宜，进而在成员国间达成相关物项转让可能引发风险的共识。各方交换的信息包括某参加国希望提请他国注意的任何事项。(3)决定或拒绝转让任何物项都是各参与国的单方责任。WA 采取的任何措施都应符合各国国内法和政策并在各国酌情决定的基础上实施。(4)依据 WA 的规定，各参加国应对其进行的转让或拒绝转让情形进行通知。这些通知同样适用于所有非成员方。各方关于拒绝转让情形的通知并不意味着其他成员方对于类似物项有拒绝转让义务。(5)各国应在考虑已有经验基础上，迅速制定指导方针与程序规则；后续的工作还包括持续审查

---

① See *The Wassenaar Arrangement on Export Controls for Conventional Arms and Dual-Use Goods and Technologies-National Contacts*, The Wassenaar Arrangement, https://www.wassenaar.org/participating-states/.

② See “Initial Elements”, Wassenaar Arrangement on Export Controls for Conventional Arms and Dual-Use Goods and Technologies Public Documents Volume I-Founding Documents, Compiled by the Wassenaar Arrangement Secretariat, December 2019.

常规武器的范围,以便将信息和通知拓展到附件 3 所载的类别之外。① 成员国还应对如何解决不同清单的重叠问题进行讨论。(6)各参加国应定期评估 WA 的运行情况。(7)各参加国还应遵循相应指南、要点和程序作为执行其本国法律的基础。②

其三,关于控制清单,"基本要点"规定各参与国应对两用商品与技术清单及军火清单上所有物项加以管制以防止未经许可的物项转让或再转让。物项清单应根据技术发展以及各成员国取得的实践经验予以定期审议。

其四,信息交换程序,包括一般信息交换、两用货物与技术信息交换以及武器信息交换程序。(1)关于一般信息交换程序,"基本要点"提出各参与国应就与常规武器和两用货物及技术转让有关的风险的一般信息进行交换,以便在必要时考虑协调各国管制政策的范围以对抗风险。为促成这一目标实现,各国在考虑向被认为风险最大的目的地,特别是正在发生冲突的地区出口武器和敏感两用物品的申请时,应最大限度遵守国家政策承诺,各参加国还应就与 WA 目标实现关系重大的地区的信息进行交换。③ (2)关于两用货物与技术信息交换程序,"基本要点"规定,当拒绝或授权转让相关物项的原因与 WA 目标相关时,各参加国应将拒绝或授权许可向非参加国转让清单上的两用货物和技术的情形进行通知。(3)关于武器信息交换程序,各参加国应就其认为应提请他国注意的任何情形进行信息交换,包括与 WA 目标相关或有助于其目标实现的武器方案的新发展趋势以及特定武器系统的储备情况。

其五,关于 WA 的会议,"基本要点"规定各参加国定期会面对涉及 WA、其目标及进一步细化等问题作出决定,审核管控项目清单,考虑如何协

---

① See Appendix 3: Specific Information Exchange on Arms, Wassenaar Arrangement on Export Controls for Conventional Arms and Dual-Use Goods and Technologies Public Documents Volume I-Founding Documents, Compiled by the Wassenaar Arrangement Secretariat, December 2019.

② 关于各参加国应遵循的指南、要点和程序,可以参见 Wassenaar Arrangement on Export Controls for Conventional Arms and Dual-Use Goods and Technologies Public Documents Volume III-Compendium of Best Practice Documents, Compiled by the Wassenaar Arrangement Secretariat, December 2023。

③ 依照"基本要点"规定,地区情况判定可以依据《可能破坏常规武器储备客观分析与建议要点》第 2 节的内容。See Section 2: Regional Balance of Forces and the General Situation in the Region, Elements for Objective Analysis and Advice Concerning Potentially Destabilizing Accumulations of Conventional Weapons, adopted by the 1998 Wassenaar Arrangement (WA) Plenary, 3 December 1998.

调各项工作以促进出口控制体系的发展,以及讨论其他涉及多方利益的事项,包括需要公开的信息等。WA 每年至少召开一次全体会议,并在每年轮换的基础上由参加国担任主席,WA 的财政需要应当由全体会议通过的年度财政预算予以支付。关于 WA 的管理机构,“基本要点”提出应建立工作组和秘书处。WA 框架下所有决定的作出程序要求全体参加国协商一致。

其六,关于 WA 的加入,“基本要点”提出该框架是一个开放性机制,在全球层面非歧视地向所有符合一定标准的潜在成员开放。[①] 各参加国在协商一致的基础上决定接纳新成员。针对保密要求,“基本要点”规定各参加国交换的信息应进行保密,且这类信息应被视为具有外交特权的通信,对于保密的要求应扩展至各参加国对于信息的任何使用和讨论。

除作为基础性法律文件的“基本要点”之外,WA 参加国还制定了具体针对两用货物与技术以及武器的管控清单。两用货物与技术分为两个层次,第一层次为基础性物项,对于该层次的物项,各成员国应每年进行两次信息交换,对拒绝向非成员国转让的情形予以说明;第二层次为敏感物项以及超敏感物项。对此,各成员国应于60 日内向 WA 秘书处通知其拒绝向非成员国转让的情形并于每半年交换有关向非成员国发放许可或转让的信息。对于超敏感物项,各成员国应对出口保持高度警惕,该类物项具体通知与信息交换程序要求与敏感物项一致。两用货物与技术控制清单中的具体物项包括 9 个类别,分别为特殊材料与相关设备、材料制备、电子器件、计算机、电子通讯(信息安全相关)、传感器与激光、导航与航空电子、海运相关、航天与推进器。[②] 关于武器转让管控,依照“基本要点”规定,各 WA 参加国每 6 个月应就其向非成员国转让常规武器的信息进行交换。而武器控制清单中列举的武器类型包括作战坦克、装甲战斗车辆、大口径火炮、军用飞机/无人机、军用和武装直升机、军舰、导弹或导弹系统以及小型及轻型武器等

① 关于对加入成员标准的规定,可以参见 Appendix 4: Participation Criteria, Wassenaar Arrangement on Export Controls for Conventional Arms and Dual-Use Goods and Technologies Public Documents Volume Ⅰ-Founding Documents, Compiled by the Wassenaar Arrangement Secretariat, December 2019。

② See List of Dual-Use Goods and Technologies, Wassenaar Arrangement on Export Controls for Conventional Arms and Dual-Use Goods and Technologies Public Documents Volume Ⅱ, Compiled by the Wassenaar Arrangement Secretariat, December 2022.

八个大类别。[①]

与 MTCR 机制类似,WA 并非专门针对外空商业国际合作建立,但外空设备、设施及技术天然的两用特征也决定了 WA 框架体系必然会对相关实体的跨境外空商业活动产生影响。与 MTCR 专门针对弹道导弹扩散进行管控不同,WA 涵盖的范围更为广泛且专门针对军、民两用物项进行了规定。然而,WA 与 MTCR 机制存在的相似问题是其履行同样依赖各参加国国内法律和政策措施,且该机制也没有包括所有具有相关物项生产、开发能力的国家。无论是 MTCR 还是 WA,其高度依赖参加国意愿的管控措施是一种国际规则软法化发展趋势下的权宜之计,也与其所管制物项的政治敏感性高度相关。而相关国家在这些机制中的主导和特殊地位的存在也主要源于政治因素的考量。正如上文所述,因为具备特殊性质,国际商业外空合作不能被简单归类到国际贸易范畴,因此,规制国际商业外空合作的规则也具备公法和私法的双重属性。在 MTCR 与 WA 这些具有明显公法属性的规则框架下,一方面,商业航天与外空商业国际合作活动的从业者需要遵守相关规则;另一方面,随着商业航天与外空商业国际合作活动的进一步开展,规则也有可能随之改变以适应发展的需要。

第三节　主要空间国家国内法对外空商业国际合作的规制

1967 年《外空条约》第 6 条要求各缔约国对本国非政府实体开展的外空活动进行批准和持续性监督,该条规定一般被认为是国内外空立法的重要依据之一。此后,国际社会针对国内外空立法的主要内容进行了诸多探讨,国际法协会制定的"索菲亚范本"以及联大通过的"外空国家立法建议"等文件也梳理了国内外空法的诸多要素。然而,应当承认的是,随着外空活动参与主体日益多元化,外空活动的内容日益复杂,国内外空立法的内容也必然随之愈加复杂。上文提及的 MTCR 与 WA 机制的执行也都依赖各参加国国

---

① See Munitions List, Wassenaar Arrangement on Export Controls for Conventional Arms and Dual-Use Goods and Technologies Public Documents Volume Ⅱ, Compiled by the Wassenaar Arrangement Secretariat, December 2022; see also Daryl Kimball, *The Wassenaar Arrangement at A Glance*, Arms Control Association, https://www.armscontrol.org/factsheets/wassenaar.

内政策与法律，与之相关的内容也可能在国内外空法中有所体现。本节以美国、欧洲及主要亚洲国家国内外空立法为例，对其中有关外空商业合作的规定进行梳理、分析。

一、美国外空立法及其对外空商业国际合作的规制

美国国内外空法发展历史较为悠久，拥有完备和综合的国内外空法规则体系。起初，美国国内外空法以规制政府活动为主，不过随着外空商业活动的快速发展，其法律规则适用范围也随之拓展。① 由于外空活动内容与规则体系复杂，美国国内有多个部门负责外空活动的管理，其中，NASA 重点关注民用航天活动，美国国防部（Department of Defense，DoD）则对政府外空活动及外空军事利用相关活动进行管理。另外，还有其他诸多部门对外空商业活动进行管理。例如，美国联邦航空局（Federal Aviation Administration，FAA）主要负责对发射、再入及与发射场相关活动发放许可证；美国联邦通信委员会（Federal Communications Commission，FCC）主要负责对通信频率及其他运行活动进行许可；美国国家海洋和大气管理局（National Oceanic and Atmospheric Administration，NOAA）负责为遥感活动发放许可证；美国国务院（Department of State，DoS）则负责进行国际协调与互动，包括对某些特别敏感物项或具有潜在军事用途的产品实行出口管制；美国商务部（Department of Commerce，DoC）负责商业领域的外空产品出口管制；DoS 国际贸易管理局负责解释和处理国防领域的外空产品出口管制，并执行《国际武器贸易条例》。②

如果依据美国外空活动管理机构及其职权分配做一个简单的总结，可以得知美国外空活动类型多样，涵盖民用、军用和商业活动多个方面。其中，对于外空商业活动的管理尤为突出，除了一般的对于商业发射的管理之外，还有对于外空产品和技术出口进行管理的部门设置和具体要求。同时，这些外空活动也对应不同的法律与政策。下文从与外空商业国际合作相关

---

① See Dara A. Panahy, *Space Law*: *USA*, Lexology (Dec. 22,2023), https://thelawreviews.co.uk/title/the-space-law-review/usa.

② See Milton "Skip" Smith, *In Review*: *Space law*, *Regulation and Policy in USA*, Lexology (Dec. 9,2021), https://www.lexology.com/library/detail.aspx? g=563a0add-4c1f-4664-9241-42da197ad1ac.

的外空商业活动以及外空产品与技术出口控制两个层面对美国国内立法及相关政策进行分析。

(一)外空商业活动相关规则

美国外空活动发展呈现综合性和全面性的特征,活动类型多样、覆盖内容广泛。同时,由于美国外空活动自起步以来便带有鼓励非政府实体参与的商业化特征,所以,外空商业活动是美国所有外空活动中的最重要组成部分。从法律规制的角度看,美国不同领域不同类型的活动规定也有所不同,分述如下。

其一,针对外空商业发射活动,1984年,美国通过了《美国商业航天发射法》,[①]该法主要条款围绕商业外空发射活动进行规定,其目的是促进和鼓励美国非政府实体外空商业活动的开展。[②] 该法授权FAA商业航天运输办公室对相关活动进行监管,FAA具体职能包括:(1)批准和规制发射和再入活动许可证持有人的活动,使其符合公共卫生与安全、环境保护、国家安全以及美国对外政策要求;(2)对许可证持有者的保险与财务责任进行规定;(3)鼓励与促进非政府实体发射与再入活动的开展;以及(4)调查和惩罚违反本法的行为和活动。[③] 除了对商业航天活动主管部门及相关职责进行规定之外,《美国商业航天发射法》还对许可证申请要求、试验许可、监管活动、责任保险与财务责任要求、信息披露等诸多问题进行了详细规定。FAA授权的商业发射服务提供者与许可证持有者应对其被许可活动引起的第三方人身或财产损害在一定限度内承担赔偿责任,为满足这一条件,许可证申请人应购买一份第三方责任险或以其他方式证明其有能力承担赔偿责任。[④] 被许可

① 20世纪80年代,由于确信私人部门可以比公共部门更有效、更恰当地执行许多政府部门的活动,里根政府迎来了新时代。由于成熟的空间技术可以经受市场考验,私营部门可以利用市场的力量将空间技术及产品提供给公众和非政府客户。因此,里根政府开始征询将部分空间资产及空间活动剥离出政府,转移给私营部门的提案。这些提案导致了法律的出台。1984年《美国商业航天发射法》便是在这样的背景下出台的。参见[美]乔安娜·艾琳·葛布利诺兹:《半世纪的纪实:美国国内空间法的演变和三个长期存在的挑战》,聂明岩译,载赵海峰主编:《空间法评论》第7卷,哈尔滨工业大学出版社2017年版。

② See § 50901 - Findings and purposes, Chapter 509 - Commercial Space Launch Activities, Title 51 United States Code.

③ See Milton "Skip" Smith, *In Review*: *Space Law*, *Regulation and Policy in USA*, Lexology (Dec. 9, 2021), https://www.lexology.com/library/detail.aspx? g = 563a0add-4c1f-4664-9241-42da197ad1ac.

④ Chapter 509 - Commercial Space Launch Activities, Title 51 United States Code.

人还应就其发射的外空物体或部件向 FAA 进行登记,如果外空物体被移出原定位置,也应对此情况进行通知。

其二,针对外空物体运营活动,商业运营者应对航天器以及在美国境内的地面段的运营都申请许可。商业运营者的相关申请应满足 FCC 的标准,包括发射台控制,系统间协调和有害干扰程序,地面站点运营、航天器间通讯以及航天器报废处理等。[①] 商业运营者的申请还应就其申请项目的空间碎片减缓的设计与操作策略进行陈述,声明在外空物体正常运营中限制空间碎片,估算与小型碎片或流星体碰撞的概率以及在任务开展过程中和结束后意外爆炸的概率等。[②]

其三,针对商业遥感活动,NOAA 卫星与信息服务框架内的商业遥感事务管理(Commercial Remote Sensing Regulatory Affairs,CRSRA)部门负责开展遥感活动的外空系统的管理与许可。CRSRA 同时还执行商业遥感运营的遵守与监督方案。[③] 依据《美国国家与商业外空项目法》[④]的规定,任何美国管辖和控制下的人如若希望开展私人遥感运营,都需要首先从美国商务部长处取得活动许可。商务部部长签发许可证的前提是申请人遵守《美国国家与商业外空项目法》以及美国应履行的国际义务,同时,还应满足美国国家安全要求等。使用具有遥感能力的航天器的商业经营者应与 NOAA 就其运营活动进行协调,并申请许可证。其中,应满足的条件包括申请人同意在应请求的情况下,向任何国家(包括美国)政府提供涉及该政府管辖下任何领土的由其系统收集的未经强化处理的数据;在许可的业务终止后,合理处置外空中的任何航天器;在完成发射后、部署每个组件、处置某个在轨组件以及检测到异常的情形下,应在 7 天之内将相关情况通

① See Dara A. Panahy, *Space Law: USA*, Lexology (Dec. 22,2023), https://thelawreviews.co.uk/title/the-space-law-review/usa.

② 近年,FCC 对空间碎片减缓标准进行了相应更新,参见 Space Innovation; Mitigation of Orbital Debris in the New Space Age Second Report and Order, IB Docket Nos. 22-271 and 18-313, 8 September 2022。

③ 商业遥感事务管理(Commercial Remote Sensing Regulatory Affairs, CRSRA)是 NOAA 外空商业办公室的一个部门,负责对私人运营者的空间遥感系统进行许可,并监督法律、法规和许可条款的遵守情况。*See Commercial Remote Sensing Regulatory Affairs*, Office of Space Commerce, https://www.space.commerce.gov/regulations/commercial-remote-sensing-regulatory-affairs/.

④ See Title 51—National and Commercial Space Programs Act, enacted by Pub. L. 111-314, § 3, Dec. 18, 2010, 124 Stat. 3328.

知给商务部部长。[①]

无论是商业航天发射、外空物体运营还是商业遥感业务的提供,都与外空商业国际合作的开展密切相关。在美国外空活动发展进程中,非政府实体一直起到十分重要的作用,其国内外空法规则和政策中包含诸多鼓励非政府实体活动开展的规则。例如,《美国商业航天发射法》执行文件中明确要求相关主管部门对非政府实体开展的一次性商业运载火箭活动进行鼓励和协调,并规定了多项具体措施。[②] 此外,《美国商业航天发射法》要求商业航天发射申请人对第三方造成的损害承担赔偿责任,但在损害额度超过申请人购买的第三方责任险及其他财政担保额度的情形下,美国政府承担超过部分的赔偿责任,[③]这同样也是对非政府实体开展外空活动的鼓励措施。非政府实体外空活动的发展是外空商业化的基础,美国相关鼓励措施的制定自然也会推动外空商业国际合作的开展。此外,美国外空活动自始便呈现开放性和合作性的特征,无论是在冷战期间两大阵营对立的情形下,还是在冷战结束外空活动多元发展的背景下,美国外空活动的开展基本秉持合作、开放的态度,这一态度也在美国的国内外空政策及法律中有较为明显的体现。当然,这种合作和开放特征同时具有明显的美国主导的"小圈子"性质,会依照美国政治需要而有所调整,但无论如何,以此为基础发展而来的政策和法律对美国开展外空商业国际合作还是有一定积极推动意义的。

(二)航天产品与技术出口管制规则

外空产品与技术出口贸易是外空商业国际合作的另一项重要内容,针对此类问题,美国等主导发起了 MTCR 与 WA 国际机制。从国内方面看,美国出口控制规则制定的历史颇为悠久,[④]并几经修改和完善,形成了目前的

① See Dara A. Panahy, *Space Law: USA*, Lexology (Dec. 22, 2023), https://thelawreviews.co.uk/title/the-space-law-review/usa.

② See Executive Documents-Coordination and Encouragement of Commercial Expendable Launch Vehicle Activities, Ex. Ord. No. 12465, Feb. 24, 1984, 49 F. R. 7211.

③ See § 50915 – Paying Claims Exceeding Liability Insurance and Financial Responsibility Requirements, Chapter 509 – Commercial Space Launch Activities, Title 51 United States Code.

④ See Ian F. Fergusson, Christopher A. Casey & Paul K. Kerr, *The U. S. Export Control System and the Export Control Reform Act of* 2018, Congressional Research Service Report, R46814, 7 June, 2021, p. 2.

规则体系。①

第二次世界大战结束之后，美国国会宣布取消战时紧急管制作为一般政策，同时会继续扩大总统控制出口的权威，但有一定期限。美国采取这一措施的原因在于战后欧洲、亚洲各国亟须重建，对美国商品高度依赖，采取出口控制措施的目的在于减少国外对美国非正常供应的需要引起的通货膨胀的影响。总的来说，美国早期出口控制措施的采取主要是出于经济目的，而非是政治和国家安全的考量。② 20 世纪 40 年代后期，美、苏关系日益紧张，在技术发展与国防计划的关系日益紧密的背景下，美国议会认为采取出口控制措施对保障国家安全有利，因此，1949 年，美国议会通过了《美国出口控制法》（Export Confrol Act of 1949，ECA－1949）。③ 这也是美国在和平时期建立的第一个综合性出口控制规则框架体系。④

ECA－1949 的规定非常宽泛，授权美国总统在没有特别规定的情形下，对任何必要物项从美国出口他国进行禁止和限制。⑤ 不过与此同时，美国意识到单凭制定国内法和国内政策的方式无法实现出口控制的目标，1949 年，美国与其主要欧洲盟友建立了由高级出口官员组成的协调小组，负责制定禁运物品清单。在协调小组框架下衍生了两个委员会，其中一个便是 COCOM。⑥ 为促进其他友好国家同样遵守美国出口控制措施，美国议会于 1951 年通过了《美国共同防御援助控制法》，要求接受美国援助的国家遵守

① 关于美国出口控制规则早期发展历程包括相关文献、研究的梳理，可以参见 Stephen M. Boyd & Linda A. Whisman, *The U. S. Law of Export Controls: A Selected Bibliography*, International Lawyer, Vol. 18, p. 483－490 (1984)。

② See Ian F. Fergusson, Christopher A. Casey & Paul K. Kerr, *The U. S. Export Control System and the Export Control Reform Act of* 2018, Congressional Research Service Report, R46814, 7 June, 2021, p. 2.

③ See Export Control Act of 1949, P. L. 81－11；关于 1949 年《美国出口控制法》的更多介绍和后续发展，可以参见 Ian F. Fergusson, Christopher A. Casey& Paul K. Kerr, *The U. S. Export Control System and the Export Control Reform Act of* 2018, Congressional Research Service Report, R46814, 7 June, 2021, p. 2; Harold J. Berman & John A. Garson, *United States Export Controls-Past, Present, and Future*, Columbia Law Review, Vol. 67, p. 794－804 (1967)。

④ See Harold J. Berman & John A. Garson, *United States Export Controls-Past, Present, and Future*, Columbia Law Review, Vol. 67, p. 792 (1967).

⑤ See Paul H. Silverstone, *The Export Control Act of* 1949: *Extraterritorial Enforcement*, University of Pennsylvania Law Review, Vol. 107, p. 332 (1959).

⑥ See Ian F. Fergusson, Christopher A. Casey & Paul K. Kerr, *The U. S. Export Control System and the Export Control Reform Act of* 2018, Congressional Research Service Report, R46814, 7 June, 2021, p. 3.

美国的出口管制规则。[①] 出口控制措施虽然在很大程度上可以保障国家安全并满足冷战中美国的政治需要，但同时，美国及其欧洲盟友的经济和国际贸易快速发展也对美国近乎禁运的出口控制措施造成了冲击。此外，即便是在COCOM框架下，合作各国的出口控制措施也不尽相同，加之20世纪60年代美、苏关系相对缓和，于是，美国国内出现了放松出口控制以促进国际贸易自由化的呼声，[②]为回应这一要求，美国国会于1969年通过了《美国出口管理法》(Export Administration Act of 1969, EAA - 1969)取代了严苛的ECA - 1949。[③]

EAA - 1969同样授权总统限制货物出口，但具体规定较ECA - 1949缓和。[④] 此后，美国出口控制政策进一步放松，EAA - 1969也随之不断修改、完善。直至1979年，该法被全面修改，EAA - 1979也随之推出，取代EAA - 1969。EAA - 1979旨在进一步减少对出口的限制以促进贸易自由化，确定了美国出口控制的基本政策。[⑤] 该法后经数次修订，奠定了美国现行出口控制法律机制的基础。EAA - 1979依赖《美国出口管理规则》(Export Administration Regulations, EAR)予以执行。[⑥] EAR对任何美国人销售或出口的源于美国的硬件、软件与技术数据(包括相关服务)加以管控。此外，EAR会根据硬件、软件或技术数据的预期用途，或计划出口的硬件、软件或技术数据最终用户或管辖权实施若干出口及许可限制。[⑦]

上述关于美国国内出口控制法律规则的发展历程的阐释主要集中在具

① 关于《美国共同防御援助控制法》的制定背景及其他介绍，可以参见 *Mutual Defense Assistance Act*, Military Wiki, https://military-history.fandom.com/wiki/Mutual_Defense_Assistance_Act。

② See Timothy Aeppel, *The Evolution of Multilateral Export Controls: A Critical Study of the CoCom Regime*, Fletcher Forum, Vol. 9, p. 109 - 110 (1985).

③ 关于EAA - 1969的详细分析，可以参见 Harold J. Berman, *The Export Administration Act: International Aspects*, Proceedings of the Annual Meeting (American Society of International Law), Vol. 74, p. 82 - 88 (1980)。

④ See Ian F. Fergusson, Christopher A. Casey & Paul K. Kerr, *The U. S. Export Control System and the Export Control Reform Act of* 2018, Congressional Research Service Report, R46814, 7 June, 2021, p. 2.

⑤ See John T. Evrard, *The Export Administration Act of* 1979: *Analysis of its Major Provisions and Potential Impact on United States Exporters*, California Western International Law Journal, Vol. 12, p. 3 (1982).

⑥ 《美国出口管理规则》(EAR)是美国的一套出口指南和禁令，由美国工业和安全局予以管理和执行。See *Export Administration Regulations*, Bureau of Industry and Security, https://www.bis.doc.gov/index.php/regulations/export-administration-regulations-ear.

⑦ See Dara A Panahy, *Space Law: USA*, Lexology (Dec. 22, 2023), https://thelawreviews.co.uk/title/the-space-law-review/usa.

有军、民两用性质物项之上，显然，与外空商业活动相关的产品、技术数据包括相关服务的跨境贸易都属于出口控制范畴，应受到相关法律规则管理、规制。除两用物项的出口控制规制之外，美国国内法中针对国防物项的出口控制也与外空设备、设施相关，对于外空商业国际合作活动的开展同样适用。1976 年《美国国际安全援助与武器出口控制法》(International Security Assistance and Arms Export Control Act, AECA)是国防相关物项出口控制规则体系的基础，该法授权总统控制国防物品和服务出口的权力，规定了直接商业销售的具体标准，符合条件的外国政府以及国际组织可从美国公司直接购买相应国防物项和服务。此外，AECA 建立了"美国军火清单"(United States Munitions List, USML)，列举了需要管控的国防物项和服务。MTCR 附件中未被作为两用物品予以控制的物项被包含在该清单之内。这也是美国通过国内规则对其所参加的 MTCR 机制的具体执行。另外，以 AECA 为依据，美国还制定了《美国国际武器交易规则》(International Trade in Arms Regulations, ITAR)。ITAR 包含具体的相关国防物项销售、出口和再出口的管控规则。[①] 与外空活动相关的物项，例如，运载火箭和航天器显然属于上述国防物项范畴。除此之外，为航天器设计或组装而使用的相关部件与系统，例如，高性能等离子体推进器以及高性能遥感系统都可能属于需要进行出口控制的国防物项。对此，所有相关美国制造商、出口商、再出口商、经纪商都应在主管部门进行登记。希望从事出口、再出口，可被视为出口的转让和再转让活动的外国人，若所涉事项为国防事项或其部件，同样应遵守 ITAR 并向相关主管部门申请许可。[②]

二、俄罗斯外空立法及其对外空商业国际合作的规制

俄罗斯主要继承了苏联的航天工业，迄今为止，俄罗斯依旧是世界上重要的空间强国之一。然而，从外空商业化和私营化的发展速度和规模看，俄罗斯的发展并不如美国以及作为后来者的欧洲。早在《外空条约》谈判之

---

① See Ian F. Fergusson & Paul K. Kerr, *The U. S. Export Control System and the Export Control Reform Initiative*, Congressional Research Service Report, R41916, 28 January 2020, p. 4 – 6.

② See Dara A Panahy, *Space Law: USA*, Lexology (Dec. 22, 2023), https://thelawreviews.co.uk/title/the-space-law-review/usa.

时,作为一大阵营代表的苏联便与美国针对非政府实体能否参与外空活动存在争议,苏联的总体态度是否认非政府实体的参与资格。[①] 从国内法的角度看,俄罗斯制定了针对非政府实体外空活动的规则,也有专门的军、民两用物项及武器军备出口控制规则,这对其外空商业国际合作的开展有一定意义。

(一)外空商业活动相关规则

作为世界上第一个将人造卫星和宇航员送入外层空间的国家,苏联是人类外空征程的开拓者。不过在外空国内立法方面,苏联的发展则相对滞后,在整个苏联存续时代,外空法始终未被作为一个单独的法律部门予以制定。外空活动主要通过苏联共产党中央委员会、苏联政府和各有关机构通过的诸多秘密决定予以规制。[②] 与外空活动有关的其他法律关系,例如,人员雇佣、侵权、合同关系等,则由相关部门法予以规制,这一做法与其他国家无异。[③] 苏联解体之后,作为其航天工业主要继承者的俄罗斯于1993年8月通过了《俄罗斯联邦空间活动法》(以下简称《空间活动法》)。[④] 作为继任者,俄罗斯的一个明显的压力是继续维持苏联时代在外空活动领域取得的成就。此外,外空商业化的发展使得私营实体和准私营实体开展外空活动的机会日益增加,[⑤]在这样的背景下,俄罗斯亟须制定一部法律,一方面,为外空工业、产业的发展确定基本原则;另一方面,为非政府实体活动的开展确定基本规则。1993年《空间活动法》为其外空活动的有序发展提供了法律依据,该法至今为止仍是俄罗斯外空规则体系的重要组成部分。

---

① 苏联对于非政府实体参与外空活动的否认态度从其在1967年《外空条约》谈判过程中的主张便可窥知一二。See Armel Kerrest& Lesley Jane Smith, *Art. Ⅶ of the Outer Space Treaty*, in Stephan Hobe, Berhard Schmidt-Tedd & Kai-Uwe Schrogl eds., Cologne Commentary on Space Law (Vol. Ⅰ), Carl Heymanns Verlag, 2009, p. 130 – 131.

② See Elena Kamenetskaya, *The Present Development of Legal Regulations of Space Activities in Russia and Commonwealth of Independent States*, Akron Law Review, Vol. 26, p. 470 (1993).

③ See Elena Kamenetskaya, *The Present Development of Legal Regulations of Space Activities in Russia and Commonwealth of Independent States*, Akron Law Review, Vol. 26, p. 470 (1993).

④ See Law of the Russian Federation No. 5663 – 1 of 20 August 1993 on Space Activities (with the Amendments and Addenda of 29 November 1996, 10 January 2003, 5 March, 22 August, 2004, 2 February, 18 December, 2006).

⑤ See Frans G. von der Dunk, *Two New National Space Laws: Russia And South Africa*, in Proceedings of the Forty-Eighth Colloquium on the Law of Outer Space, p. 251 – 252.

依照1993年《空间活动法》的规定,开展外空活动的目标应包括:帮助国家经济发展,通过合理和有效地利用外空设备、材料与技术以及扩大外空活动应用范围以增加人民福祉;增强和发展外空工业及基础设施的科技潜力;进一步完善和收集有关地球、外空和天体的科学知识;发展和扩大俄罗斯的国际合作,以使俄罗斯进一步融入世界经济关系体系并保障国家安全。① 总的来看,1993年《空间活动法》期待通过外空活动的开展实现政治、经济与安全等多方面的综合性目标。从外空活动的规制角度看,该法规定,所有外空活动的开展都应依照法律规定取得许可。② 目前,负责发放许可的机构为俄罗斯航天国家集团公司(通称Roscosmos)。Roscosmos成立于2015年,合并了此前的俄罗斯联邦航天局(RSA)以及联合火箭航天公司。该机构成立的目的在于进一步促进俄罗斯外空活动的发展,其深层原因在于,在RSA经历了一系列发射失败之后对其进行整顿,以根除腐败并提高质量控制。③ 2020年,俄罗斯通过了一项联邦法令,制定了一套新的外空活动许可条例。④ 依照该许可条例的规定,申请人获得开展外空活动许可的条件包括:相关硬件设施满足卫生、安全等法律规定的要求;申请人的雇员具备开展活动资格,能够满足活动开展需求;有适当的质量控制系统对获得许可的活动开展予以执行和服务提供;有能力开展被许可的活动或提供相关服务,如果活动开展涉及使用包含国家秘密的信息,应遵守相关法律规定;在开展的工作或服务涉及外空飞行参与者的飞行准备时,提供按照既定程序经正式批准的学习方案、培训材料与手册,以确保为外空飞行参与者做好飞行准备;当执行接收和初步处理地球遥感信息时,有保护信息传输、接收和

① See Art. 3: Goals of Space Activity, Law of the Russian Federation No. 5663 - 1 of 20 August 1993 on Space Activities.

② See Art. 9: The Licensing of Space Activity, Law of the Russian Federation No. 5663 - 1 of 20 August 1993 on Space Activities.

③ See James Clay Moltz, *The Changing Dynamics of Twenty-First-Century Space Power*, Strategic Studies Quarterly, Spring, p. 76 (2019).

④ See Roman Buzko, *Regulation of Space Activities in Russia*, Buzko Krasnov (Feb. 2, 2021), https://web.archive.org/web/20211205000530/https://www.buzko.legal/content-eng/legal-regulation-of-space-activities-in-russia.

处理的必要系统。[1] 1993 年《空间活动法》有专门一节对国际合作问题进行了规定。对于在俄罗斯管辖范围内开展外空活动的外国组织或公民,应在对等的基础上开展被许可活动并遵守俄罗斯法律;在对等的前提下,俄罗斯对外国组织和公民在其管辖范围内为开展外空活动而涉及的技术和经济秘密予以保护;此外,《空间活动法》要求在俄罗斯管辖范围内开展外空活动的外国组织和公民满足本法及相关其他法律规定的保险要求。[2] 针对俄罗斯组织和公民参与的国际合作项目,应签署合作协议,在无其他特殊要求情形下,协议的内容应该符合俄罗斯法律要求;当俄罗斯的法律与其组织或公民合作对象国家的法律存在冲突的情况下,一般应以俄罗斯法律为主要依据,除非另有其他规定。[3]

除了商业发射活动之外,与外空商业国际合作相关的活动还包括电信以及遥感等。对此,俄罗斯也有相应的法律规定予以规制。在电信活动方面,俄罗斯国家无线电频率委员会全面负责有关电信的法规,无线电委员会职能广泛,负责对无线电频谱使用的全面监管、对在俄罗斯开展的电信活动进行监督,并为俄罗斯联邦通信管理局在所有国际电信联盟论坛上的立场做准备。除此之外,无线电委员会也针对与他国在电信领域开展的合作作出决定。[4] 在遥感方面,俄罗斯从外空获取地球遥感数据的主要来源是联邦地球遥感数据库,该数据库由 Roscosmos 运营。数据库的数据来源除了俄罗斯本国航天设备获取的之外,也包括向第三方购买的。数据库的信息可以有偿向他方出售,但涉及重要国防和经济信息而属于国家秘密的数据除外。[5]

---

① See Roman Buzko, *Regulation of Space Activities in Russia*, Buzko Krasnov (Feb. 2,2021), https://web.archive.org/web/20211205000530/https://www.buzko.legal/content-eng/legal-regulation-of-space-activities-in-russia.

② See Art. 27, Legal Regime of Foreign Organizations and Citizens, Law of the Russian Federation No. 5663 – 1 of 20 August 1993 on Space Activities.

③ See Art. 28, Legal Regime of Foreign Organizations and Citizens, Law of the Russian Federation No. 5663 – 1 of 20 August 1993 on Space Activities.

④ See John Lukowski, *From Space Race to Disgrace: A Summary of The Russian Federation's National Space Legislation and Its Recent Decline in the Global Space Sector (White Paper)*, Nebraska Law Review (May 2,2023), https://lawreview.unl.edu/Russian-Space-Law-Summary#.

⑤ See Roman Buzko, *Regulation of Space Activities in Russia*, Buzko Krasnov (Feb. 2,2021), https://web.archive.org/web/20211205000530/https://www.buzko.legal/content-eng/legal-regulation-of-space-activities-in-russia.

总体而言，俄罗斯外空法律规则框架更倾向于对非政府实体的管制，对于具有高度商业化和国际化潜力的领域，例如，外空发射、电信和遥感，国家和政府主导的倾向仍旧很明显。有研究者提出，俄罗斯尚不存在外空创业公司充分成长所需要的资金和法律环境，如果俄罗斯不推动经济和政策的自由化，其将永远无法复制苏联时代在外空活动领域取得的成功，俄罗斯的制度本身与外空探索这一具有自由和合作特征的领域是矛盾的。[①] 为推动外空商业化和私营化，俄罗斯针对相关法律规则进行修改和完善，力图最大限度地减少非政府实体参与外空活动的障碍，2020 年通过的《俄罗斯外空活动许可规则》便是重要尝试。此外，"Aeronet"国家技术倡议（一个由民用无人机和外空系统开发和操作人员组成的专业共同体）下设的一个工作组也在积极推动包括外空法在内的规则完善，以期为私营公司参与相关活动提供便利条件。目前，该工作组正在探讨为中小企业参与外空活动移除行政障碍的路线图和措施。[②] 关于外空国际合作问题，1993 年《空间活动法》有专门章节进行了规定，该法的主要目标和原则中也包含推动国际合作的内容，从这一角度看，未来俄罗斯的非政府实体开展外空商业国际合作仍有一定潜力。

（二）航天产品与技术出口管制规则

俄罗斯曾是苏联阵营中面对西方阵营技术转移封锁的重要对象之一，美国发起的 COCOM 机制的主要针对对象便是苏联阵营国家。而在苏联解体之后，作为其航天工业主要继承者的俄罗斯加入了国际社会所有主要防止军、民两用物项以及导弹技术扩散的国际机制，其国内法也依照相关机制予以调整。

1991 年苏联解体之后，分裂为 12 个独立的国家。曾经的军事强国的突然解体，必然会对其继承者在国家安全保障方面产生诸多影响，例如，战略核武器的控制、大规模杀伤性武器扩散的威胁、因为人才外流和非法销售等

---

① See Matthew Bodner, 60 *Years after Sputnik, Russia Is Lost in Space*, Space News (Oct. 4, 2017), https://spacenews.com/60-years-after-sputnik-russia-is-lost-in-space/.

② See Roman Buzko, *Regulation of Space Activities in Russia*, Buzko Krasnov (Feb. 2, 2021), https://web.archive.org/web/20211205000530/https://www.buzko.legal/content-eng/legal-regulation-of-space-activities-in-russia.

导致的敏感技术的传播以及是否参加苏联曾经加入的国际不扩散安排等。[①] 在这样的背景下,俄罗斯于 1991 年 11 月颁布了第 213 号总统令《俄罗斯境内国外经济活动自由化》,该规则旨在刺激涉外经济活动、稳定市场和吸引外国投资,[②]其采取的一系列措施为重新塑造本国出口控制体系提供了条件。

1992 年 4 月,俄罗斯推出了第 388 号总统令《建立俄罗斯出口控制体系的措施》,为俄罗斯出口控制体系的构建奠定了初步法律基础。该总统令框架下建立了跨部门出口控制委员会,负责协调国家防扩散出口控制政策。此外,联邦货币和出口控制管理局作为委员会的一个机构予以设立,该管理局与跨部门出口控制委员会负责出口控制管理、签发出口许可证等工作,在俄罗斯出口控制体系中起重要作用。管理局制定了 5 份出口控制物项清单,涵盖 COCOM 清单所载物项、核相关物项、化学物项、生物物项以及导弹相关物项。[③]

1998 年 7 月,俄罗斯通过名为《俄罗斯与他国军事科技合作法》的 114 - FZ 号联邦法律,该法也是俄罗斯制定的规制军事相关项目国际贸易的最重要法律。1998 年 9 月的一次峰会上,时任俄罗斯总统叶利钦与时任美国总统克林顿达成协议,同意扩大双方在出口控制以及防止大规模杀伤性武器扩散方面的合作。两国总统同意将一系列机构间小组规范化并加以进一步发展,在七个主要方面加强合作,包括:导弹技术、核武器及材料、"一揽子"规则的实施、常规武器转让、法律实施、海关与许可。[④]

1999 年 7 月,俄罗斯通过《俄罗斯出口控制法》(联邦法 183 号),该法是

---

① See Tamotsu Aoi, *Historical Background of Export Control Development in Selected Countries and Regions*, https://www.cistec.or.jp/english/service/report/1605historical_background_export_control_development.pdf.

② See Decree of the President of the Rsesr No. 213 of November 15, 1991 on the Liberalization of Foreign Economic Activity in the Russian Federation.

③ See Tamotsu Aoi, *Historical Background of Export Control Development in Selected Countries and Regions*, https://www.cistec.or.jp/english/service/report/1605historical_background_export_control_development.pdf.

④ See Tamotsu Aoi, *Historical Background of Export Control Development in Selected Countries and Regions*, https://www.cistec.or.jp/english/service/report/1605historical_background_export_control_development.pdf.

目前俄罗斯两用物项出口控制的最重要法律依据。① 依照规定，该法适用于俄罗斯联邦政府部门以及其他参与者涉外经济活动中有关出口管制的内容，具体包括涉外经济活动中可能被用于发展大规模杀伤性武器及其运输系统以及其他类型武器和军用设备的货物、信息、服务以及知识产权活动等。② 该法进行出口控制的主要目标除了保护俄罗斯国家利益之外，还有履行俄罗斯加入的国际协定义务的需要，此外，进行出口控制也有利于将俄罗斯经济更好地与世界经济融合。③

作为WA以及多个与出口控制相关的国际机制的参与国，俄罗斯国内出口控制物项清单也以相关国际机制要求为基础制定。其中，最为重要的依据为WA，但在细节上有一定变化。目前，俄罗斯制定的出口控制清单包括"两用物项清单""核材料、设备及特殊非核材料与相关技术清单""可归类为核领域的两用设备、材料与相关技术清单""可被用来制造导弹武器的设备、材料与技术清单""可被用来制造化学武器的化学品、设备与技术清单""受出口控制管制的微生物、毒素、设备与技术清单""武器与军事项目清单"。④ 如若相关方希望开展属于出口控制范畴的产品的国际合作或贸易，需要按照要求向主管部门提交材料申请许可。⑤

航天类产品与技术属于两用物项范畴，同时也属于军事项目，因此受到出口控制措施的规制。依照1999年《俄罗斯出口控制法》的规定，其适用主体包括政府机构和其他跨国经济活动参与者。换言之，以非政府机构为主体的外空商业国际合作和贸易活动属于出口控制规则和清单的管制范畴。此外，俄罗斯是WA以及其他多个国际出口控制机制的参与方，因此，俄罗斯制定的出口控制措施和规则也具备履行国际义务的功能。这为俄罗斯的非政府实体融入国际贸易体系创造了良好的条件。不过存在的问题是，俄罗斯国内外空活动仍是政府机构主导，外空商业化和私营化的发展仍处在初级阶段，这会是其进一步开展外空商业国际合作的最主要掣肘因素。

① See RF Federal Law on Export Control, Passed by the State Duma on 22 June 1999 and Approved by the Federation Council on 2 July 1999.

② See Art. 2: Sphere of Application of This Federal Law, RF Federal Law on Export Control.

③ See Art. 4: Purposes of Export Control, RF Federal Law on Export Control.

④ See Russian Export Control of Dual-Use Items, Baker Mckenzie, 2020.

⑤ See Russian Export Control of Dual-Use Items, Baker Mckenzie, 2020.

三、欧洲外空立法及外空商业国际合作规制

欧洲外空活动有一定特殊性,呈现高度一体化特征。欧洲诸多国家加入了欧空局,相应地,其外空活动也主要通过参加欧空局的强制性与任择性项目的方式开展。当然,这并不意味着欧空局成员国国内外空工业和产业不存在;相反,通过"投资返还"原则的实施,各欧空局成员国对项目的投入会转化成相应的合同份额返还至投资国的外空工业企业中,从而推动该国相关活动的开展。从外空商业国际合作的角度看,欧空局框架下开展的相关项目本身便具有国际化和商业合作的特征。而从欧空局与其他非成员国以及国际组织和实体的关系看,合作交流与商业往来的特征也较为明显。对此,《建立欧空局公约》以及一系列配套规则都有较为明确的规定,对此,本书上文已做了详细介绍和分析,此不赘述。[①] 本部分仅从欧洲航天商品与技术出口管制角度对相关规则进行介绍和分析。

20 世纪 90 年代,欧洲单一市场逐步建立,于是,诸多欧盟成员国意识到制定统一的出口控制体系的必要性。1994 年年底,欧盟成员国提出应制定共同的关于两用商品与技术及武器的出口规则,不过由于成员国对不同种类物项引用了《建立欧洲经济共同体条约》(以下简称《罗马条约》)不同条款的规定,各国具体规制的发展历程也不尽相同。[②]

对于军民两用物项,各成员国认同应适用《罗马条约》第 113 条关于"共同商业政策"的规定,[③]各成员国放弃对该类物项进行出口控制的权力,将之让渡给欧盟。欧盟两用物项出口控制规则的制定过程分为四个发展阶段。[④]

---

① 参见本书第三章第一节内容。

② See Tamotsu Aoi, *Historical Background of Export Control Development in Selected Countries and Regions*, https://www.cistec.or.jp/english/service/report/1605historical_background_export_control_development.pdf.

③ 《罗马条约》第 113 条规定:过渡期结束后,共同商业政策应基于统一原则,特别是在关税税率的变化,关税和贸易协定的缔结,自由化、出口政策和措施统一方式的实现,以实现保护贸易(例如,在倾销或补贴情况下)的目的。

④ 关于欧盟两用物项出口控制规则的制定过程的具体介绍和分析,可以参见 Tamotsu Aoi, *Historical Background of Export Control Development in Selected Countries and Regions*, https://www.cistec.or.jp/english/service/report/1605historical_background_export_control_development.pdf。

(1)1994 年 12 月,欧盟理事会制定本地区两用物项出口控制规则[①]以及控制清单,[②]开启了欧盟出口控制规则发展的第一阶段。1994 规则要求附件Ⅰ所载两用物品及特殊情形下其他两用物项的出口需要经过许可,[③]并对签发许可的具体要求、海关程序、行政合作以及控制措施等进行了规定。[④] 此阶段,附件Ⅰ(控制清单)是各成员国以联合行动的形式单独制定的,因为成员国希望保留决定对哪些物项进行控制的权利。

(2)2000 年 6 月,欧盟理事会制定新的出口控制规则与清单,1994 年规则失效,开启欧盟出口控制规则发展的第二阶段。与第一阶段相比,本阶段制定的控制清单作为附件与出口控制规则合并,但与此同时,各成员国以共同行动的形式单独发布了关于对最终为军事目的活动的技术援助规则。此外,本阶段规则的进展还表现在如下几个方面:引入欧盟一般出口许可制度;欧盟内部需要许可的物项仅限特定范围;增加了对军事最终用途的"一揽子"控制;引入了无形技术转让控制措施。[⑤]

(3)2009 年 5 月,欧盟理事会通过 428/2009 号规则以建立两用物项出口、转让、中介和过境体系。[⑥] 428/2009 号规则取代了 2000 年规则,与此前出口控制规则相比,2009 年规则覆盖范围更广,除了出口活动之外,增加了对转让、中介和过境活动的规制。2011 年 11 月,欧盟理事会通过 1232/2011 号规则,[⑦]对 428/2009 号规则进行全面修改,2021 年 4 月,欧盟理事会又通

① See Council Regulation (EC) No. 3381/94 of 19 December 1994 Setting up a Community Regime for the Control of Exports of Dual-Use Goods, Document 31994R3381.

② See Council Decision 94/942/CFSP of 19 December 1994 on the Joint Action Adopted by the Council on the Basis of Article J. 3 of the Treaty Union Concerning the Control of Dual-Use Goods (Control List).

③ See Art. 3, Council Regulation (EC) No. 3381/94 of 19 December 1994.

④ See Art. 6 – Art. 15, Council Regulation (EC) No. 3381/94 of 19 December 1994.

⑤ See Tamotsu Aoi, *Historical Background of Export Control Development in Selected Countries and Regions*, https://www.cistec.or.jp/english/service/report/1605historical_background_export_control_development.pdf.

⑥ See Council Regulation (EC) No. 428/2009 of 5 May 2009 Setting up A Community Regime for the Control of Exports, Transfer, Brokering and Transit of Dual-Use Items.

⑦ See Regulation (EU) No. 1232/2011 of the European Parliament and of the Council of 16 November 2011 Amending Council Regulation (EC) No. 428/2009 Setting up a Community Regime for the Control of Exports, Transfer, Brokering and Transit of Dual-Use Items.

过了388/2012号规则,[①]对控制清单进行相应的修改与完善。2009年至2012年通过的几项规则构成了欧盟出口控制规则发展的第三个阶段,这些规则为当前欧盟管制两用物项出口控制活动奠定了重要的法律基础。

(4)2012年之后,欧盟又通过了几项规则对428/2009号规则进行修改,2021年9月,在428/2009号规则生效12年之后,欧盟制定并通过了2021/821号规则[②]对原有规则进行了全面升级,这一全新发展也可以看作欧盟两用物品出口控制规则的第四个发展阶段。2021/821号规则的制定顺应时代发展,其主要进展体现在如下几个方面:对相关概念内涵的拓展(例如,两用物项、出口商、经纪人、武器禁运、网络监控物项等),对于新物项的监管规定(例如,网络监控物项),将人权保护作为发放许可的考量条件,将技术援助作为两用物项技术组成部分,增加一般出口许可的新类型,因增加了对网络监控物项协调的要求而在成员国间进行更为有效合作的要求等。[③] 新技术的发展推动欧盟不断更新出口控制规则,但欧盟成员国是几个主要出口控制国际机制(例如,MTCR与WA)的参加方,因此,欧盟出口控制规则框架下的控制清单也在充分考虑地区情况的基础上与几个机制的要求相统一,两用物项如核相关材料、设施与设备,通信与信息安全相关物项,导航与航空电子设备,航天与推进设备等都属于管控范畴。

对于武器的出口管控,欧盟各成员国认为应适用《罗马条约》第223条的规定,依据该条,各成员国没有义务披露与其国家安全利益密切相关的信息,[④]故而,对于武器出口管控问题,各成员国仍保有相应能力,并未将之让渡给欧盟。1998年,欧盟各成员国达成了一项不具法律约束力的《武器出口

① See Regulation (EU) No. 388/2012 of the European Parliament and of the Council of 19 April 2012 Amending Council Regulation (EC) No. 428/2009 Setting up a Community Regime for the Control of Exports, Transfer, Brokering and Transit of Dual-Use Items.

② See Regulation (EU) 2021/821 of the European Parliament and of the Council of 20 May 2021 Setting up A Union Regime for the Control of Exports, Brokering, Technical Assistance, Transit and Transfer of Dual-Use Items (Recast).

③ See Sébastien Nothomb, Gerard Kreijen & Bert Gevers, *Just Arrived! A Brand New EU Dual-Use Regulation*, World Trade Controls (Sep. 8, 2021), http://www.worldtradecontrols.com/just-arrived-a-brand-new-eu-dual-use-regulation/.

④ 依照《罗马条约》第223条的规定,本条约条款不排除适用如下规则:(a)任何成员均无义务提供其认为违反其安全基本利益的信息;(b)任何成员国均可在其认为必要时采取措施,保护其与武器、弹药和战争物资的生产或贸易有关的基本安全利益;此类措施不应影响共同市场中非专门用于军事目的产品的竞争条件。

行为准则》,该准则确定了关于武器出口的8个标准。[①] 2008年年底,《武器出口行为准则》进一步转化为欧盟共同立场文件。[②] 该文件第2条纳入了《武器出口行为准则》确定的武器出口的八个标准,[③]并在第12条提及应单独制定共同军事项目清单。[④] 在国际层面,所有欧盟成员国签署并批准了《武器贸易条约》,[⑤]该条约于2014年12月24日对欧洲各国生效。事实上,早在2000年,欧盟便制定了共同军事项目清单,后该清单经过数次修订、完善,最近一次修订在2022年,[⑥]为军事目的专门设计或改装的航天器和部件等项目被载于清单之上。[⑦]

从规制外空商业国际合作角度看,欧盟制定的航天产品与技术贸易规则与美国和俄罗斯有相似之处。但作为一个区域一体化组织,欧盟规则的特殊性也较为明显。其中,最为突出的特征是欧盟规则与成员国规则关系处理问题。针对两用物项,虽然成员国认同"共同商业政策",欧盟具备相应的管控权力,但欧盟规则仅确定了基本原则、框架和共同政策,各成员国国内立法虽以贯彻执行欧盟规则为目的,但其做法存在诸多不同之处。换言之,欧盟各成员国两用物品出口控制规则同时考虑欧盟相关规则及其国内需要,成员国间的规则并不协调统一。针对武器出口管控问题,由于涉及国家安全利益,各成员国对此保有权力,其国内做法自然也便不甚一致。出口

① See European Union Code of Conduct on Arms Exports, European Union the Council, Brussels, 5 June 1998 (OR. en), 8675/2/98.

② See Council Common Position 2008/944/CFSP of 8 December 2008 Defining Common Rules Governing Control of Exports of Military Technology and Equipment.

③ 这8项标准分别为:(1)尊重各成员国的国际义务和承诺,尤其是联合国安理会或欧盟通过的制裁决定,关于不扩散和其他主题的协议以及其他国际义务;(2)尊重出口目的国人权以及该国所遵守的国际人权法;(3)出口目的国的国内局势,成员国应禁止签发可能挑衅或延长最终目的国武装冲突、加剧目的国紧张或冲突的军事设备或技术的出口许可;(4)维护地区和平、安全与稳定;(5)应考虑成员国国家安全、地区对外关系,以及友好和同盟国家;(6)考虑买方国家在国际社会的行为,尤其是其对恐怖主义的态度,其盟友性质以及对国际法的遵守状况;(7)应考虑出口的军用技术和设备在买方国家被转移或在无法预测的情形下被再出口的风险;(8)应考虑出口的军事技术和设备与接收国技术和经济能力的匹配程度,尤其应考虑各国应尽量减少人力和资源用于军备,以满足其合法的安全和防务需要。

④ 该文件第12条规定:成员国应确保其国家立法能够控制欧盟共同军事清单上的技术和设备的出口。欧盟共同军事清单应作为成员国国家军事技术和装备清单的参考,但不应直接取代它们。

⑤ 关于《武器贸易条约》的更多信息,参见 *The Arms Trade Treaty*, https://thearmstradetreaty.org/。

⑥ See *EU Publishes New Military List*, World ECR (Feb. 25, 2022), https://www.worldecr.com/news/eu-publishes-new-military-list/.

⑦ See Common Military List of the European Union, adopted by the Council on 21 February 2022, Brussels, 22 February 2022, 6044/22 COARM 33 CFSP/PESC 131.

控制规则的不统一对于公平竞争和国家、地区安全保障都有一定影响。为解决这一问题，欧盟启动了相应的改革项目，对其出口控制政策进行审视，并在此基础上逐步推动其出口控制规则的修改和完善，①以使其更广泛和充分的在欧洲适用、逐步减少国家自由裁量权因素，以期在充满变数的国际大环境下保障欧洲的竞争力和安全。

四、主要亚洲空间国家外空立法及其对外空商业国际合作的规制

亚洲地区第一个具备外空活动能力的国家（日本）于 1970 年利用固体推进火箭从其领土成功发射一颗通信卫星，成为世界上第四个加入外空俱乐部的国家。② 1970 年 4 月，中国成功发射东方红一号卫星，成为世界上第五个具备外空发射能力的国家。③ 亚洲地区另外一个空间大国印度于 1980 年成功发射空间运载火箭，具备了自主外空活动能力。④ 除此之外，其他亚洲国家如韩国、马来西亚等也都逐渐开始发展本国的外空活动能力，并取得了一定的进展。⑤ 亚洲地区不同国家外空活动发展程度各异，有中国、日本和印度这样具备较强外空能力的国家，也有韩国等在外空领域取得一定成就但仍处于发展阶段的国家，还有完全不具备外空活动能力，仅为外空产品和服务的消费者的国家。从外空商业国际合作的角度看，中国、日本和印度的相关实践和法律规则值得重视。鉴于本书后文专章论述中国外空活动和法律规则，本部分仅以日本和印度为例，对亚洲主要空间国家外空立法及其对外空商业国际合作的规制予以介绍、分析。

---

① See Communication from the Commission to the Council and the European Parliament, The Review of Export Control Policy: Ensuring Security and Competitiveness in a Changing World, Brussels, 24. 4. 2014 COM (2014) 244 final.

② See Setsuko Aoki, *Current Status and Recent Development in Japan's National Space Law and Its Relevance to Pacific Rim Space Law and Activities*, Journal of Space Law, Vol. 35, p. 363 (2009).

③ See Robert C. Harding, *Space Policy in Developing Countries: The Search for Security and Development on the Final Frontier*, Routledge: Taylor & Francis Group, 2013, p. 86.

④ See Robert C. Harding, *Space Policy in Developing Countries: The Search for Security and Development on the Final Frontier*, Routledge: Taylor & Francis Group, 2013, p. 105.

⑤ 关于这些国家外空活动与外空能力的发展的介绍，可以参见 European Space Policy Institute ed., *New Space in Asia: Experts Views on Space Policy and Business Trends in Asian Countries*, European Space Policy Institute (ESPI), 2021, p. 83 – 108。

(一)日本

1. 商业外空活动相关规则

与美国以及欧洲诸多国家相比,日本国内外空立法的起步相对较晚。虽然早在1979年,日本已经具备了外空活动能力,但直至2008年,日本才制定了第一部国内外空法,即《日本空间基本法》。① 导致这一滞后性的原因在于很长一段时间以来,日本国内非政府实体参与外空活动的情形有限,法律需求不足。② 而《日本空间基本法》的制定便是适应外空商业化和私营化的潮流产物。此外,即便在国际层面是外空国内立法的后来者,在亚洲层面看,日本的立法活动仍旧领先他国。自2008年《日本空间基本法》之后,日本连续推出了一系列配套政策和其他规则,构建了综合的外空规则体系。日本2008年《日本空间基本法》通过标志着日本外空工业,尤其是外空商业化与私营化发展到了一个全新的阶段。制定该法的主要目的包括:建立日本开展外空活动的基本原则并提出原则实施的基本方法;明确国家责任;建立推动外空开发与利用促进措施的战略机构。③ 从推动外空商业国际合作的角度看,2008年《日本空间基本法》的意义表现为如下几个方面。

其一,取消了对日本外空活动不能用于军事目的的限制。在2008年《日本空间基本法》出台之前,日本一直将《外空条约》确定的外空和平利用原则解释为"非军事化"利用,这在其1969年10月制定的《日本国家外空开发机构法》第1条中有明确规定。为进一步确定外空和平利用内涵,日本国会通过了一项决议,明确要求日本外空项目应仅用于和平目的。④ 这一对于外空和平利用原则较为严苛的解释源于《日本和平宪法》第9条的要求,⑤然而,近年来,日本期待逐步摆脱《日本和平宪法》的束缚且不断推动修宪。虽

① See Basic Space Law (Law No. 43 of 2008), Enacted on 21 May 2008, Promulgated on 28 May 2008, Effective as from 27 August 2008.

② See Setsuko Aoki, *Current Status and Recent Development in Japan's National Space Law and Its Relevance to Pacific Rim Space Law and Activities*, Journal of Space Law, Vol. 35, p. 366 - 368 (2009).

③ See Art. 1: Purpose, Basic Space Law.

④ See Mingyan Nie, *Legal Framework and Basis for the Establishment of Space Cooperation in Asia*, Lit Verlag, 2016, p. 80 - 81.

⑤ 《日本和平宪法》第9条是关于放弃战争,否认军备及交战权的规定,按照该条规定:(1)日本国民衷心谋求基于正义与秩序的国际和平,永远放弃以国权发动的战争、武力威胁或武力行使作为解决国际争端的手段。(2)为达到前项目的,不保持陆海空军及其他战争力量。不承认国家的交战权。

然目前宪法修改仍未实现,但在诸多领域的实践中,其对《日本和平宪法》的偏离已经愈加明显。2008 年《日本空间基本法》针对外空和平利用原则的解释便是其中之一。依照该法第 2 条和第 14 条的规定,外空和平利用原则的解释由原本的"非军事化"利用转变成了"非侵略性"利用。[①] 换言之,2008 年《日本空间基本法》通过之后,日本的外空活动可以作为保障其国家安全的手段了。相应地,日本政府也开始在外空领域为保障国家安全的目的进行投入,而这种投入反过来会促进私营实体的增长,[②]从而有助于外空商业国际合作的发展。

其二,注重推动国内外空工业的发展,促进私营实体的参与。《日本空间基本法》第 15 条提出国家应拥有独立开发、发射、追踪和运营人造卫星的能力。第 16 条明确要求促进私营实体对外空的开发和利用,以增强日本空间工业和其他工业能力和国际竞争力。这两条规定一方面有助于外空技术能力的发展、增强国际竞争力;另一方面,也为外空商业国际合作创造了条件。

其三,鼓励外空国际合作。《日本空间基本法》第 6 条将外空国际合作作为一项基本原则予以规定,提出通过积极推动外空国际合作和交往,有助于日本在国际社会扮演更为重要的角色,从而满足维护国家利益的需求。而推动外空国际合作的具体方式包括:推动国际技术与其他方面合作,[③]推动国际协调以保护外空环境,[④]加强人员以及教育和培训方面的合作等。[⑤]

2008 年《日本空间基本法》确定了日本外空规则的基本框架,此后,日本

---

① 《日本空间基本法》第 2 条规定:外空发展和利用应按照有关外空开发和利用的条约和协议,包括《关于各国探索和利用外层空间包括月球与其他天体活动所应遵守原则的条约》进行,还应符合日本宪法的和平主义。第 14 条规定:国家应采取必要措施推动外空发展和利用以保障国际和平与安全,同时为日本国家安全保障作出贡献。

② 曾有日本学者指出,日本私营实体发展滞后的一个重要原因便是其外空活动在军事应用层面的限制。See Setsuko Aoki, *Introduction to the Japanese Basic Space Law of* 2008, German Journal of Air and Space Law, Vol. 4, p. 585 – 586 (2008).

③ See Art. 19: The Promotion of International Cooperation, etc, Basic Space Law.

④ See Art. 20: Preservation of the Environment, Basic Space Law.

⑤ See Art. 21: Securing of Human Resources, etc., Art. 22: Advancement of Education and Learning, etc., Basic Space Law.

又于2016年分别通过了《日本空间活动法》[①]与《日本遥感法》。[②]《日本空间活动法》主要针对两类外空活动予以规制，即发射与卫星运营。[③] 该法对这些外空活动的许可要求以及责任承担等问题进行了规定。依照规定，从事发射以及卫星运营活动都需要申请许可。对于发射活动而言，任何在位于日本境内的设备上从事的卫星发射活动，都应获得首相的许可。[④] 原则上讲，发射活动许可的颁发是根据具体情况而定的，例如，对于多年内多次使用的火箭，首相有权决定仅对其第一次申请时进行火箭设计的详细信息审核，此后利用相同火箭开展的发射则对相关信息不予重复审核，以提高效率。类似地，首相已经许可的发射设施也不需要在每次发射前再进行重新审核、许可。[⑤] 授予发射许可的具体要求包括：运载火箭的设计符合安全标准；发射场配备相应无线电设备，符合计划发射的运载火箭的安全保障要求；发射计划适当、足以保障公共安全，申请人有能力执行发射计划，且发射计划中应载明中止飞行的措施和其他措施，以保障发射轨道附近以及发射场的安全；运载火箭所载航天器符合基本原则要求且不违反对外空国际条约义务的履行和公共安全的保障。[⑥] 对于航天器与卫星运营活动而言，任何希望通过在日本境内的运营中心运行和控制航天器与卫星的人都需要申请许可。[⑦] 对于日本国民在境外开展的运营行为，则不适用《日本空间活动法》。与对发射许可的规定类似，航天器与卫星运营许可采用的同样是属地

---

① 此即《日本航天器发射与控制法》(Act on Launching of Spacecraft, etc. and Control of Spacecraft, Act No. 76 of 2016)，一般被称为《日本空间活动法》或《卫星法》。See Aoki Setsuko, *New Law Aims to Expand Japan's Space Business*, Nippon (May 3, 2017), https://www.nippon.com/en/currents/d00294/; Sayuri Umeda, *Japan: Two Outer Space-Related Laws Enacted*, Library of Congress (Dec. 19, 2016), https://www.loc.gov/item/global-legal-monitor/2016-12-19/japan-two-outer-space-related-laws-enacted/; *Japan, Item 8 – National Legislation Relevant to the Peaceful Exploration and Use of Outer Space*, UNOOSA, https://www.unoosa.org/documents/pdf/copuos/lsc/2022/Statements/1AprAM/Item8/8_Japan_1_April_AM.pdf.

② See Act on Ensuring Appropriate Handling of Satellite Remote Sensing Data, Act No. 77 of 16 November 2016.

③ See Horoko Yotsumoto & Daiki Ishikawa, *Space Law Review: Japan*, in Joanne Wheeler MBE ed., The Space Law Review, Law Business Research Ltd., 2019, p. 49.

④ See Article 4 (1): Act on Launching of Spacecraft, etc. and Control of Spacecraft.

⑤ See Horoko Yotsumoto & Daiki Ishikawa, *Space Law Review: Japan*, in Joanne Wheeler MBE ed., The Space Law Review, Law Business Research Ltd., 2019, p. 50.

⑥ See Art. 6: Requirements for Permission, Act on Launching of Spacecraft, etc. and Control of Spacecraft.

⑦ See Art. 20 (1), Act on Launching of Spacecraft, etc. and Control of Spacecraft.

管辖权原则。申请航天器与卫星运营许可除了要满足保障公共安全的要求并符合国内和国际法原则的规定之外还要防止对外空和地球环境造成污染。[1] 除《日本空间活动法》之外,日本于2016年同时推出了《日本遥感法》,以期对商业化特征日益明显的遥感活动进行专门规制。依照《日本遥感法》的规定,任何人如需要使用位于日本的无线电设备开展遥感活动,都要申请许可。为获得许可,遥感设备的用户必须采取措施防止未经授权的设备的使用和遥感数据的泄露,并对遥感设备与地面设施之间交换的信息进行加密。使用者同时还应证明其有能力执行这些措施,对于遥感数据的应用不违反国际和平与国家安全原则。[2]

综上,2008年《日本空间基本法》秉持了推动私营实体外空活动发展理念,并明确提出了促进外空国际合作原则。在该法确定的原则基础上,《日本空间基本法》与《日本遥感法》的具体规定中也都体现出相应的特征。总的来说,日本国内外空立法形成了完整的体系,同时顺应了时代发展对外空私营化、商业化和国际化的需求,这对拓展外空商业国际合作具有重要推动作用。

2. 航天产品与技术出口管制规则

日本出口控制规则体系最早建立于1949年,彼时日本仍处在战后的盟军占领时期。为战后重建和恢复经济,日本政府制定通过了《日本外汇外贸法》,[3]对外汇及对外贸易采取了严格的管制措施。1952年,日本加入COCOM,并依照该多边合作机制的要求,采取本国的出口控制措施,这一做法一直持续到冷战结束之后的1994年。[4] 日本的出口管制政策和规则一直随着国际政治形势的发展进行调整。由于日本战后和平宪法的限制,其国内关于武器及与军事相关的重要设备设施的出口一直受到严格限制,不过这一情形于近年来有所改变。2013年12月,日本政府设立国家安全委员会,通过国家安全战略,并重新架构其国家安全法。2015年9月,经过激烈

---

① See Art. 22: Requirements for License, Act on Launching of Spacecraft, etc. and Control of Spacecraft.

② See Art. 6: Requirements for License, Act on Ensuring Appropriate Handling of Satellite Remote Sensing Data.

③ See Foreign Exchange and Foreign Trade Act, Act No. 228 of December 1, 1949.

④ See *Overview of Japan's Export Control*" (Fourth Edition), Center for Information on Security Trade Control, 2015, p. 1.

争论，日本最终通过了新的国家安全规则。[①] 在这样的背景下，日本有关武器和军备的出口管制规则也有所松动。2014 年 4 月，日本政府对其原本秉持的武器出口控制三项原则进行了修订，修订之后，日本作为武器和相关设备的出口方虽仍受严格限制，但成为可能。[②]

具体到航天产品与技术的出口管制问题，日本是 MTCR 与 WA 的参与国，[③]在国内规则层面，于 1949 年通过的《日本外汇外贸法》仍是最重要的法律依据。2020 年，日本财务省对该法进行了最新修改，加强监管措施，保障日本经济稳定，维护国家利益。最新修改内容涉及外汇交易、报告义务和对特定活动的限制等领域。[④] 外空相关的（例如火箭、卫星等）产品与技术，与国家安全密切相关，属于限制出口的内容，开展相关活动需要得到事先许可。[⑤]

（二）印度

1. 商业外空活动相关规则

印度外空活动起步相对较早，不过截至目前，其仍未制定专门的外空活动规则。印度国内也一直存在关于是否有必要推动国内立法规制私人实体外空活动的必要性的争论。[⑥] 有研究者将印度国内外空法缺失的原因概括为两个方面：一是印度外空活动长期以来一直由政府部门垄断，私营实体很少有机会参与其中；二是印度已经加入了主要的外空国际条约，因此，相关

---

① 参见《日本新安保法正式公布》，载新华网，http://www.xinhuanet.com/world/2015-09/30/c_1116721557.htm。

② See Heigo Sato, *From the "Three Principles of Arms Exports" to the "Three Principles of Defense Equipment Transfer"*, The Japan Institute of International Affairs (May 14, 2014), https://www.jiia.or.jp/en/ajiss_commentary/column-217.html.

③ See *MTCR Partners*, MTCR, https://mtcr.info/partners/; *WA National Contacts*, Wassenaar Agreement, https://www.wassenaar.org/participating-states/#DE.

④ See Carla Willmes, *Navigating Japan's Regulatory Landscape: A Guide to the Foreign Exchange and Foreign Trade Act*, Kreston Proworks (Jun. 12, 2023), https://krestonproworks.com/navigating-japans-regulatory-landscape-a-guide-to-the-foreign-exchange-and-foreign-trade-act/.

⑤ See *Japan's Revisions to the Foreign Exchange and Foreign Trade Act Mark A Significant Shift in Japan's Oversight of Foreign Investment*, Hogan Lovells (Jul. 13, 2020), https://www.hoganlovells.com/-/media/hogan-lovells/pdf/2020pdfs/2020_07_13_corporate_alert_japans_revisions_to_the_foreign_exchange_and_foreign_trade_act.pdf.

⑥ See Balakista V. Reddy, *India and Space Laws: A Millennium Perspective*, in The Hindu (Online Edition of India's National Newspaper), 9 March 2000.

部门认为没有必要再制定专门的国内外空法。[①] 然而,随着印度外空活动内容日益综合化,参与外空活动的主体日益多元化,对于制定国内外空法的呼声开始不断增强,印度相关部门也适时调整了政策。

2020 年,印度政府启动了空间领域的改革,敞开了私营实体参与外空活动的大门,并致力于为私人实体创造一个公平竞争的环境。在改革的基础上,政府提出为各外空活动参与方创造一个确定的规则环境,以便创造一个繁荣的外空生态系统。2023 年,印度政府推出新的空间政策,该政策是一个全面、综合和动态的框架,以逐步推动外空领域改革愿景的实现。[②]

2023 年发布的印度外空政策对私营实体参与外空活动进行了专门说明,提出私营实体可以通过运行外空物体、地面设施以及提供通信、导航、遥感等相关服务的方式开展端对端(end-to-end)的外空活动。鼓励私营实体从事如下方面的活动:以自身拥有或购买、租赁的卫星提供国内和国际空基通信服务;建立和运营外空物体的地面设施;利用印度或非印度的轨道资源建立在印度或印度之外提供通信服务的外空物体;通过印度和其他国家有关部门,向国际电信联盟申请获得轨道资源;以自身拥有或购买、租赁的卫星在印度或印度之外的其他国家建立和运营遥感卫星系统;在印度或印度之外传播卫星遥感数据及应用;开发和推广由政府提供的卫星导航、通信和遥感技术及应用,并将其商业化;制造和运营空间运输系统,如运载火箭、航天飞机等,设计和开发可重复利用、可回收与可重构的空间运输技术和系统;建立和运营发射基础设施;发展空间态势感知能力,以加强观察、建模和分析;加强外空活动长期和可持续性研究、创新和技术开发;为外空安全运营和维护提供端到端的服务;参与小行星和外空资源商业开发以及其他外空商业活动。[③]

从上述介绍可以看出,印度最新外空政策对私营实体外空活动进行了全面和综合的设计,鼓励其国内私营实体参与几乎所有外空活动,尤其是外空商业活动。另外,新外空政策尤其注重对私营实体开展具有国际性质活

① See Tandon Akshita, *Space Law in India*, Legal Service India: Online Journal, https://www.legalserviceindia.com/legal/article-9212-space-laws-in-india.html.

② See *Indian Space Policy* – 2023, https://www.isro.gov.in/media_isro/pdf/IndianSpacePolicy2023.pdf.

③ See *Indian Space Policy* – 2023, https://www.isro.gov.in/media_isro/pdf/IndianSpacePolicy2023.pdf.

动的鼓励，在多个领域中提及印度之外的国家，这表明政策制定者充分认识到在外空活动新的发展阶段外空国际合作，尤其是外空商业国际合作的重要性。诚然，目前印度仍未制定国内外空法，不过，也正如其 2023 年最新政策所提出的，印度下一步的发展目标便是为非政府实体创造稳定的规则环境。换言之，印度的国内外空规则制定也是可以预期的。在这样的政策鼓励和支持下，印度私营实体迎来了良好的发展机遇，这对推动印度主导的外空商业国际合作具有积极意义。

2. 航天产品与技术出口管制规则

作为世界上重要的空间国家之一，与亚洲的日本以及韩国不同，印度在很长一段时间是游离在国际上最重要的几个出口控制国际机制（例如，MTCR 与 WA）之外的。因此，长期以来，印度对航天产品与技术的出口管制也主要以国内规则为主。例如，颁布于 1992 年的《印度对外贸易法》以及 2005 年的《印度大规模杀伤性武器法》。其中 1992 年《印度对外贸易法》针对对外贸易的许可证发放进行了规范。[①] 该法于 2010 年进行了修订，新修订的法律对双重用途的物品的出口控制进行了规范。[②] 而 2005 年的《印度大规模杀伤性武器法》则明确规定，任何非政府实体不允许获取有可能用于开展大规模杀伤性武器敏感技术，针对这类技术，非政府实体在任何情况下都不允许出口。[③] 在 1992 年《印度对外贸易法》规定的基础上，印度制定了"特殊化学品、生物、材料、设备和技术清单"，[④]对于清单上的物项进行出口受到一定限制，需要获得许可。清单上所列物项共分为 9 类，其中第 5 类为"航空航天系统、设备包括生产和测试设备，有关技术及其专门设计的部件"，第八类为"特殊材料与相关设备、材料加工、电子、计算机、电信、信息安

---

① See *The Foreign Trade* （*Development and Regulation*） *Act*, 1992, https://www. indiacode. nic. in/bitstream/123456789/1947/3/A1992 – 22. pdf.

② See *The Foreign Trade* （*Development and Regulation*） *Amendment Act*,2010 No. 25 of 2010 [19th August, 2010.] https://prsindia. org/files/bills _ acts/acts _ parliament/2010/the-foreign-trade-(development-and-regulation)-amendment-act,-2010. pdf

③ See *The Weapons of Mass Destruction and Their Delivery Systems* （*Prohibition of Unlawful Activities*） *Act*, 2005, https://www. indiacode. nic. in/bitstream/123456789/2017/1/a2005 – 21. pdf.

④ See Suresh Varanasi, Sagnik Chatterjee&Suhail Bansal, *India*: *India's Export Control — The SCOMET List*, mondaq (Oct. 22, 2019), https://www. mondaq. com/india/export-controls--trade--investment-sanctions/856098/indias-export-control--the-scomet-list.

全、传感器和激光、导航与航空电子设备、航海、航空航天与推进",这都与航天产品和技术的出口密切相关。

值得一提的是,印度一直试图加入国际社会上最主要的出口控制机制,为此,其一直不断协调本国的相关规定(包括修改相应法律,更新出口控制项目名单以及改进许可程序等)使之与国际社会主要出口控制机制的相关规范相适应。通过上述努力以及与美国关系的不断缓和,印度已经于2016年成功加入MTCR,①并于2017年加入WA机制。② 相应地,其出口控制政策和控制物项也依照国际机制的要求有所调整。诚然,无论是MTCR还是WA都存在一定的缺陷,但是其仍是相关领域最具代表性的国际机制,印度加入对改进国内相关机制及促进本国私营实体开展国际商业合作具有积极的推动意义。

第四节 外空商业国际合作面临的法律挑战

无论是外空商业化、私营化还是商业航天,都是近年来受到国际社会和世界各国高度重视的问题。但是从法律规制层面看,现行外空国际规则框架主要由形成于冷战时期的外空"硬法"规则架构,这显然无法对外空商业化等问题进行明确规定。而随着外空"硬法"阶段的结束以及"软法"阶段与国内单方立法和"小圈子"规则阶段的到来,外空国际规则框架愈加呈现出分散化的特征,无法应对外空商业化和外空商业国际合作带来的问题。本节对外空商业国际合作面临的法律挑战进行分析,为后文改进措施的提出奠定基础。

一、规制私营实体外空商业合作的国际规则不足

现行外空国际规则体系对私营实体外空活动、外空商业活动以及外空合作都有相应的规定,对此,上文已做分析。但是针对私营实体开展的外空

---

① See *Chairs' Statement on the Accession of the Republic of India to the Missile Technology Control Regime*, MTCR (Jun. 27, 2016), http://mtcr.info/wordpress/wp-content/uploads/2016/06/160627-India.pdf.

② See *India Joins Wassenaar Arrangement*, Arms Control Association, https://www.armscontrol.org/act/2018-01/news-briefs/india-joins-wassenaar-arrangement.

商业国际合作活动,在已有的外空国际规则中找不到明确规定。此类专门规定的缺失,可能会对相关活动的开展造成阻碍。

其一,虽然现行外空规则体系对私营实体活动有相关规定,但规则的出发点仍是规制政府主导的外空活动,对于私营实体的规定主要体现为对其活动的许可和监督以及损害赔偿责任承担等几个方面。在外空技术不够成熟且外空活动主要以军事目的为主的初级发展阶段,这种做法可以最大限度地保障外空安全,有其必要性。伴随外空技术应用领域逐渐广泛,私营实体在外空活动中的地位日益凸显,原有的外空国际规则便有些不符合新的发展趋势的需求了,而解决问题的最有效方式便是制定新的国际规则或者对原有规则进行修改完善。然而,冷战之后国际政治关系急剧变化,外空国际规则的"硬法"阶段也随之结束。而后相继迎来的"软法"与国内单方立法和"小圈子"规则阶段都无法解决这一问题。

其二,外空商业活动与商业航天都是比较模糊的概念,并非指某一或某几类活动,而是指所有为商业目的开展的外空活动。无论是从涵盖内容方面还是从参与者方面看,外空商业活动都呈现复杂和综合性的特征,现行外空国际规则同样未对此加以统一规定。从未来发展角度看,制定统一国际规则规制所有外空商业活动并不现实。目前,国际法体系面临的挑战是除了缺乏统一规范之外,对相关外空法基本原则的理解也存在冲突,这直接导致了国内单边立法的出现,进一步增加了制定统一国际规则的难度。

其三,正如上述,外空商业国际合作这一表述本身便具备公法和私法混合的特征。现行外空国际规则对外空国际合作原则进行了规定,但并未明确其具体内涵。1996 年《外空合作宣言》确认了外空商业国际合作这一模式,但也没有进行更具体的规定。此外,《外空合作宣言》自身的"软法"性质决定了其仅具有宣示和倡议的意义。

总体而言,虽然现行国际规则针对私营实体外空活动、外空商业化以及外空国际合作都有一定的规定,但对于外空商业国际合作,任何一个发展阶段的外空规则都未作明确规定。当然,从目前外空国际规则体系发展的状况看,制定统一的规制外空商业国际合作活动的规则很难实现,但仍有必要考虑对相关外空法原则、规则予以进一步澄清和细化,逐步推动商业国际合作理念在国际外空法框架下的践行。

二、航天产品与技术出口管制国际机制的片面性

以MTCR以及WA为代表的针对导弹、武器与两用物项等出口进行管制的国际机制得到了大多数具备空间能力的国家认可，MTCR以及WA机制各参与国依照机制要求制定本国规则，在客观上促成了相关领域规则的统一协调。航天产品与技术属于典型的两用物项，因而，这些机制对于保障外空商业国际合作活动的开展具有重要意义。然而，值得注意的是，无论是MTCR还是WA都并非完全意义上的国际机制，两个机制主要由美、欧主要国家发起，具有较为明显的"小圈子"和排外特征。

举例而言，作为亚洲地区最主要的几个空间国家，日本和韩国全面参加了上述机制，印度经过多年努力，也于近年加入了MTCR与WA。而作为世界上最重要的空间强国之一，中国还不是任何一个制度的参加国。这当然是由极其复杂的历史及现实因素决定的。但是，中国缺席两个机制对于外空商业国际合作活动的影响也是非常明显的。作为亚洲地区较有潜力的与中国进行外空合作的国家，韩国曾在APSCO的筹办期间积极参与。但是其最终并未签署《亚太空间合作组织公约》。其中一个不可忽视的原因，即作为该组织东道国的中国并非MTCR的参与国。[①] 除此之外，多项韩国欲与中国合作的商业空间项目也因受到美国的阻挠而未能实现。例如，2001年，韩国曾与中国签订了一个发射多功能卫星的合同，但这个合同于2002年便被迫中止。因为美国向韩国施压，表明如果韩国继续履行与中国的合同，将不再向韩国提供任何卫星部件。美国阻止该贸易的理由是中国并非MTCR成员国，有可能将相关技术扩散。2007年，中国邀请韩国等作为共同参与国发射一个多任务小卫星，韩国基于同样的理由不得不退出合作。[②]

作为MTCR制度的主要参与国，美国一直试图通过其国内法以及制裁手段保障制度的运行。但是，通过上述事例也可以看出，MTCR其实也是美

---

① See Sang-Myon Rhee, *Regional Cooperation in Asia Relating to Space Activities Northeast Asian Issues*, in Proceedings of the Space Law Conference 2006, 2 – 3 August 2006, Bangkok, Thailand, p. 145.

② See Sang-Myon Rhee, *Regional Cooperation in Asia Relating to Space Activities Northeast Asian Issues*, in Proceedings of the Space Law Conference 2006, 2 – 3 August 2006, Bangkok, Thailand, p. 146.

国控制盟友、排挤对手的重要手段。以是否为 MTCR 的参与国为标准判断某国是否有可能扩散相关被控制物项的做法本身存在不合理性。事实上,中国已经按照 MTCR 等其他国际出口控制制度标准制定了相关的国内规则,美国对于中、韩两国外空合作的多次阻挠并无任何法律合理性,完全出于其自身政治利益的考虑。但是,不得不接受的现实是,MTCR 包括 WA 已经被多数发达国家接受,且在一定时期内仍会在国际社会发挥重要作用。故而,如何处理好与这两个制度的关系,从而在最大限度内减少对外空商业国际合作的影响,仍然是一个重要问题。

三、世界主要国家国内外空立法仍有必要进一步协调

1967 年《外空条约》第 6 条被视为世界各国制定本国国内外空法的主要依据,因此,国内外空法具有进行协调的基础。如上述,外空合作较为紧密的地区(如欧洲)很早便意识到各国间进行国内外空法协调的必要性,这一思路也被国际社会接受,2012 年国际法协会制定的“索菲亚范本”以及 2013 年联合国外空委推出的“外空国家立法建议”便是对此的尝试。不过,从推动外空商业国际合作的角度看,仍有必要对世界主要国家外空国内立法在如下方面进行进一步协调。

其一,对私营实体参与外空活动许可的规定。“索菲亚范本”与“外空国家立法建议”已经勾勒出基本框架要求,现行各国国内外空立法也大多包含该方面的内容,但是对于授予私营实体开展外空活动的具体条件,各国的规定差异依旧比较大。这可能引起“许可证买卖”问题,也可能因为对私营实体要求过于严苛,导致本国私营实体很难开展对外合作。

其二,对外空国际合作的规定。外空国际合作是外空法基本原则,世界各国国内外空法以国际法为依据,一般会在相应的规范中体现外空法基本原则的精神,不过,多数国家国内立法中不会设置专门的条款对外空国际合作原则加以规定。当然,新近外空国内立法中也存在例外,例如,亚洲地区较具代表性的 2008 年《日本空间基本法》中便设置了专门的关于加强外空合作的章节和条款。亚洲地区另一空间大国印度虽尚未制定国内外空法,但其最新外空政策体现出明显的推动国际合作的意图,这对其未来国内外

空法的制定会有一定影响。

其三,对外空商业国际合作的具体规定。外空商业国际合作的内容较为丰富,涉及航天产品、技术以及服务等多项内容的跨境交易,其中很多问题并非单纯的国内外空法问题,还会涉及其他法律规则,例如,两用物项出口管制相关规则等。对此,前文已经从国际法和国内法的角度做了详尽论述。从外空国内法的角度看,如何对本国私营实体从事的涉外活动以及外国实体在本国开展活动进行规制直接影响外空商业国际合作。另外,国内外空法与其他相关规则的衔接和契合问题也至关重要。

世界各国法律体系各异,外空活动和私营实体发展情况也不甚相同。此外,各空间强国之间关系本就十分复杂,因此,期待在全世界范围内推动不同国家外空立法的全面协调和统一并不现实。包括联合国外空委在内的相关机构也只是在一定程度内,以《外空条约》的相关规定为依据,在某些重要方面提出协调建议。但是从促进和推动外空商业国际合作的角度看,对世界各国尤其是主要空间国家的国内立法予以进一步的协调仍有必要。如果此类协调在短期内较难开展的话,可以在已经具有良好外空合作基础的区域范围或其他多边或双边基础上开展必要协调,为未来的进一步发展积累经验并奠定基础。

第五节　本章小结

因为私营实体广泛参与外空活动而催生的商业航天被视为外空新时代,在这样的时代背景下,开展外空商业国际合作是必然趋势。这便要求对相关国际、国内规则进行完善,以满足新时代发展要求。现行外空国际条约主要形成于冷战期间,其规制对象以政府开展的外空活动为主,对于私人实体主导的商业外空活动以及外空商业国际合作的关注不多。外空“软法”时代的诸多规则与外空商业活动直接相关,其中,部分内容对外空商业国际合作的开展有一定推动意义,但总体而言仍旧相对零散,且法律约束力较弱。相较而言,航天产品与技术出口管制国际机制对于外空商业国际合作的规制更具针对性,以 MTCR 和 WA 为代表的出口控制国际机制有一定的国际影响力，但也由于大国控制等原因具有相当的片面性。国际规则和国际机制的缺失和不统一对国内外空规则产生了直接影响。从主要空间国家（地区）如美国、俄罗斯、欧盟、日本、印度的实践看，各国家（地区）都意识到发展商业航天的重要性，也针对外空商业国际合作采取了一些规制措施。但从长远发展角度看，如何在国际和国内层面推动管制规则的协调和统一仍是值得重视的问题。

第六章

中国外空国际合作的实践与法律规制

中国是世界上最重要的空间国家之一，拥有较为全面的外空活动能力，包括：卫星设计、航天发射、载人航天与深空探测等。而这些外空活动能力一般由传统的外空强国且主要是发达国家所拥有。[①] 然而，中国同时也是世界上最大的发展中国家，这便决定了中国在推动外空国际合作过程中的基本立场。经过多年的发展，中国在全球性外空合作、区域性外空合作、外空合作项目以及外空商业国际合作等诸多方面都有丰富的实践。同时，中国还积极推动不同外空合作类型的法律规则的完善和制定。本章对中国开展的外空国际合作实践进行梳理，同时，对与之相关的法律规制进行分析。

第一节　中国外空国际合作实践、理念及其对外空国际合作法律规制的促进意义

2000 年，中国发布了第一个关于航天活动白皮书，[②]此后每隔 5 年发布一次，至今为止已发布了 5 个白皮书。[③] 白皮书对中国航天活动的发展、成就和基本理念、原则等进行了综合性梳理，并设有专门章节对外空国际合作

---

① See Robert C. Harding, *Space Policy in Developing Countries: The Search for Security and Development on the Final Frontier*, Routledge: Taylor & Francis Group, 2013, p. 86.

② 参见《2000 年中国的航天》，中华人民共和国国务院新闻办公室，2000 年 11 月。

③ 除 2000 年白皮书之外，其他四个白皮书为：《2006 年中国的航天》，中华人民共和国国务院新闻办公室，2006 年 10 月；《2011 年中国的航天》，中华人民共和国国务院新闻办公室，2011 年 12 月；《2016 年中国的航天》，中华人民共和国国务院新闻办公室，2016 年 12 月；《2021 年中国的航天》，中华人民共和国国务院新闻办公室，2022 年 1 月。

问题进行介绍。总结《中国的航天》白皮书相关内容，可以对中国全球性国际合作实践和理念有一个相对清晰的了解和认识。

一、中国全球性外空合作的实践

中国在外空领域的国际合作始于20世纪70年代中期，截至目前，已经历了50余年，在全球性、区域性、双边、多边合作领域都取得了一定成就。关于全球性外空合作，中国历年来的实践可以总结为如下几个方面的内容。

其一，积极参与联合国外空委各项工作，对诸多议题、应用方案、合作项目的开展作出了重要贡献。1980年，中国首次派代表团参加联合国外空委会议，同年被接纳为成员国，此后，中国相继加入4个主要外空国际条约，并严格履行国际义务。[①] 在联合国外空委框架下，中国相继积极参与或推动了联合国第3次外空会议有关活动，[②]研究建立减灾和灾害管理协调机制可行性特设专家组工作。[③] 以《空间和重大灾害国际宪章》[④]机制为依托，与多个国家空间机构开展合作。[⑤] 而随着近年来外空活动在外空委框架下的议题日益丰富，中国也都积极贡献力量，例如，在外空活动长期可持续性议题提出之后，中国积极参与磋商，签署《中国国家航天局与联合国对地观测数据和技术支持谅解备忘录》，推动中国对地观测卫星数据在联合国平台上的共享与合作。[⑥] 在2022年年初最新发布的《2021年中国的航天》白皮书中，中国在联合国外空委以及其他国际机制框架下开展的活动被概括为"推动外空全球治理"，[⑦]这是一个非常贴切的总结。

其二，积极参与其他国际合作组织的活动。除联合国外空委之外，在联合国框架之内和之外，还存在诸多其他与外空应用相关的国际合作机制。

---

① 参见《2000年中国的航天》，第四部分：国际合作。

② 参见《2006年中国的航天》，第五部分：国际交流与合作。

③ 参见《2016年中国的航天》，第五部分：国际交流与合作。

④ 参见《空间与重大灾害国际宪章》是在1999年7月的"联合国第三次外空大会"上由欧洲空间局和法国国家空间中心联合发起的，旨在促进利用空间资源支持自然或技术灾害管理的人道主义合作。2000年11月1日，宪章正式生效运行，随后多个国家空间机构陆续加入，目前，宪章被公认为空间减灾领域运行最为成功的合作机制。参见李素菊：《空间减灾国际合作机制（一）〈空间与重大灾害国际宪章〉合作机制介绍》，载《中国减灾》2018年第5期。

⑤ 参见《2011年中国的航天》，第五部分：国际交流与合作。

⑥ 参见《2016年中国的航天》，第五部分：国际交流与合作。

⑦ 《2021年中国的航天》，第六部分：构建航天国际合作新格局。

这些机构对全球外空活动的发展有重要影响。作为世界上最重要的空间国家和发展中国家，中国积极参与相关合作机制的活动，并贡献力量。对于这些机制的参与也是中国推动外空全球治理的重要方式。早在1995年，中国国家航天局便加入了IADC，与其他国家共同探讨空间碎片减缓的途径与方法，推动国际合作。[①] 2005年5月，中国成为国际对地观测组织成员，并进入执行委员会。[②] 在北斗导航系统成为全球卫星导航系统国际委员会认可的4大核心系统供应商之一后，中国加强了与相关国际机制的联系沟通，并加强与其他卫星导航系统间的兼容与互操作；[③]除此之外，中国还参与了国际电信联盟、世界气象组织、国际空间数据系统咨询委员会、国际空间探索协调组、机构间互操作顾问委员会等国际组织活动。[④]

其三，在学术交流、教育与人才培养方面广泛开展国际合作。除了参与诸多政府间国际组织和机构的活动并发挥重要作用之外，中国也注重参与非政府组织的活动，例如，国际宇航联合会、国际空间研究委员会、国际宇航科学院组织学术会议，开展学术交流。[⑤] 2015年，联合国在北京设立空间科技教育亚太区域中心，为中国开展外空教育与人才培养提供了新的平台。依托该中心，中国为60多个国家培养了近千名航天人才。[⑥] 另外，依托北斗卫星导航系统项目、"一带一路"项目，中国与诸多国家开展科研、教育与人才培养方面的广泛合作。

2021年发布的最新版白皮书延续了前4版的传统，对未来5年中国外空合作的重点领域进行了介绍。在全球层面，中国未来5年将继续积极推动外空全球治理，在联合国框架下参与外空规则制定，助力外空活动长期可持续发展；积极参与外空环境治理、开展外空环境保护合作，积极推动近地小天体监测与应对、行星保护、外空交通管理、空间资源开发利用等领域国际议题讨论和机制构建。此外，在中国现有外空全球国际合作基础上，并依托

---

① 参见《2000年中国的航天》，第四部分：国际合作。

② 参见《2006年中国的航天》，第五部分：国际交流与合作。

③ 参见《2011年中国的航天》，第五部分：国际交流与合作。

④ 相关信息可以参见《2011年中国的航天》，第五部分：国际交流与合作；《2016年中国的航天》，第五部分：国际交流与合作；以及《2021年中国的航天》，第六部分：构建航天国际合作新格局。

⑤ 参见《2011年中国的航天》，第五部分：国际交流与合作。

⑥ 参见《2021年中国的航天》，第六部分：构建航天国际合作新格局。

中国建设的全球性外空合作项目,中国将继续在载人航天、卫星导航、深空探测、外空技术、外空应用、外空科学以及人才与学术领域推动合作。

二、中国外空国际合作的理念

2000年至2021年发布的5部白皮书中凝练了中国开展外空国际合作的基本理念和政策。经过二十余年的发展,无论是中国的外空活动、外空技术还是国际环境都发生了重大变化,因此,5部白皮书中呈现出来的理念和政策有一定差异之处。但总体而言,中国开展外空国际合作的基本原则一以贯之,具体可总结为如下几个方面。

其一,遵守外空法原则、规则及公认的国际法原则。在2000年版白皮书中,中国便已明确提出,国际空间合作应在平等互利、优势互补、取长补短、共同发展以及公认的国际法原则的基础上进行。[①] 2006年版则提出外空国际合作应遵循1963年《外空法律原则宣言》中提出的基本原则。[②] 此后的2011年版延续了2006年版的说法,2016年版则在1963年《外空法律原则宣言》的基础上提出还应遵守1996年《外空国际合作宣言》的规定。[③] 在2021年最新版的表述中,除了对此前版本的整合和纳入之外,还首次提及了在外空国际合作中各国一起推动构建人类命运共同体,[④]这是中国外空国际合作理念的一次理论创新,对现行外空法原则、规则以及国际法原则都有深远影响。

其二,重视与发展中国家的合作,并支持以发展中国家为主要主体的合作机制和组织。2000年版本提出,开展外空国际合作的一项优先目标是共同提高各国,特别是发展中国家的航天能力,享受航天技术的惠益。因此,作为一项基本政策,该版本提出中国应重视与发达空间国家合作,同时加强与发展中国家的空间合作。[⑤] 上述理念和政策的提出与中国发展中国家地位相匹配。2006年与2011年版本延续了2000年版的表述方式。2016年与

---

① 参见《2000年中国的航天》,第四部分:国际合作。
② 参见《2006年中国的航天》,第五部分:国际交流与合作。
③ 参见《2016年中国的航天》,第五部分:国际交流与合作。
④ 参见《2021年中国的航天》,第六部分:构建航天国际合作新格局。
⑤ 参见《2000年中国的航天》,第四部分:国际合作。

2021 年版不再明确采用发达国家与发展中国家的说法，但在具体合作内容上对此前版本进行了整合。以最新的 2021 年版为例，该版本提出作为开展外空国际合作的基本政策，中国应加强基于共同目标，服务“一带一路”建设的外空合作，使航天发展成果惠及共建国家，特别是发展中国家。应支持亚太空间合作组织发挥重要作用、支持金砖国家合作机制、上合组织合作框架以及二十国集团框架下的外空合作机制。① 总的来说，新版白皮书对于与世界各国尤其是发展中国家开展合作的理念阐释得更为具体，为之后的发展提供了较为清晰的思路。

其三，鼓励、支持多种形式和多元化主体开展外空国际合作。2000 年版白皮书中便提出要鼓励和支持国内外企业、高等院校和科研机构等开展多层次、多形式的外空国际交流和合作。② 2006 年与 2011 年版的表述与 2000 年版相同，但是 2011 年版增加了合理利用国内外两种市场和资源，开展积极、务实的外空活动的内容。③ 此后的 2016 年与 2021 年最新版不再强调两种市场和资源问题，但其基本理念并无变化。尤其值得一提的是，从第一版白皮书开始，中国提供的外空商业发射服务等事务便被作为一项专门的外空国际内容予以提及，这进一步表明中国致力于推动包括外空商业国际合作在内的形式多样、主体多元的外空国际合作活动的意图。

三、中国外空国际合作实践与理念对法律规制的促进意义

中国积极参与联合国外空委及其他国际机制框架下的合作项目，并利用本国外空技术优势及本国发起的合作机制、合作项目开展多元化的外空国际合作。此外，中国还积极鼓励、推动非政府实体参与的合作，对外空商业化和外空商业国际合作活动的发展同样有推动作用。从法律规制的角度看，作为世界上最重要的外空技术强国之一，中国在诸多国际合作框架下都秉持开放包容的理念，这对规则的制定和完善具有推动意义。另外，作为世界上最大的发展中国家，中国积极践行 1996 年《外空国际合作宣言》，发挥

---

① 参见《2021 年中国的航天》，第六部分：构建航天国际合作新格局。
② 参见《2000 年中国的航天》，第四部分：国际合作。
③ 参见《2011 年中国的航天》，第五部分：国际交流与合作。

发展中国家在外空国际合作中的作用。

中国长时间外空国际合作的实践和理念在最新版本的白皮书中进行了一次具有划时代意义的凝练和总结，即在外空活动中构建人类命运共同体。作为中国首倡的全球治理理念，人类命运共同体已经被多个与外空活动相关的联合国大会决议纳入，对于外空国际合作活动的规制具有深化意义。

其一，人类命运共同体蕴含的“持久和平、普遍安全”理念深化、补充了外空和平利用基本原则，为外空国际合作原则和规则的推进奠定现实基础。开展外空活动和外空国际合作最大的前提是外空和平利用。诚然，外空竞争、竞赛、冲突与外空合作是外空活动的几个表现形式，在一定意义上各自代表了当代国际社会外空活动的几个面向。如果从保障全人类共同利益的角度看，最大限度地推动外空国际合作是必然选择。但现实是主要空间强国之间纷乱复杂的政治关系决定了针对外空活动的竞争甚至竞赛在短时间内很难被彻底消除。但无论如何，外空和平利用是世界各国普遍认可的外空法基本原则。“持久和平、普遍安全”理念对目前外空国际条约呈现的外空与天体“和平”与“专用于和平目的”双轨制的做法有补充意义，对于外空国际合作规则的制定和完善有基础性意义。[①]

其二，人类命运共同体蕴含的“人类共同利益”理念确定了外空国际合作的目标，是外空国际合作应遵循的重要原则之一。1967 年《外空条约》序言中提出，为和平目的探索和利用外空是全人类共同利益，其第 1 条第 1 款则明确规定，探索和利用外层空间应为所有国家谋福利。全人类共同利益也已经被确定为开展外空活动的基本原则之一。不过，从目前外空活动及外空合作的诸多实践表现看，仍不乏因追求本国利益和短期利益而损害他国利益和长期利益的情形，“人类共同利益”理念强调应超越狭隘民族国家短期利益而追求人类长远共同利益的集合追求本国利益时应兼顾他国的合理关切。以“人类共同利益”理念作为外空国际合作的目标和指导原则，对“小圈子”合作模式及单边措施有一定纠偏意义。

其三，人类命运共同体蕴含的“共商、共建、共享”理念确定了外空国际

① 参见聂明岩：《外空安全国际法保障研究：以“人类命运共同体”理论为视角》，中国政法大学出版社 2023 年版，第 228 ~ 230 页。

合作的理念和方式，应通过外空国际合作规则予以具体履行。外空国际合作是外空法的基本原则，不过正如上文所述，现行国际规则对于该原则的具体履行的规定还存在诸多模糊之处。在具体的国际合作实践中，欧美中心主义的色彩仍旧比较明显。[①] "共商、共建、共享"理念分别从前提条件、实施路径以及宗旨目标3个层面对外空国际合作原则进行了具体化，对未来外空合作规则的制定和完善有推动和指导意义。

其四，人类命运共同体蕴含的灵活多元的争端处理理念为外空国际合作的实施和开展提供了有力保障。争端与合作看似对立关系，实则相辅相成。即便在和平利用外空的大背景下，秉持"全人类共同利益"理念且以"共商、共建、共享"理念为遵循，仍旧无法避免争端产生。尤其是在外空活动主体日益多元化、合作模式商业化特征日益明显的当下。因此，如何有效解决争端至关重要。有不少研究者意识到了外空争端的特殊性，并提出建立专门外空争端解决机制的建议。[②] 不过截至目前，国际层面尚未建立专门的外空争端解决机制，随着外空活动的不断发展以及外空合作的深入，相关机制的建立可能成为一个必然发展趋势。人类命运共同体强调通过对话和协商解决分歧，这种灵活、多元的争端解决方式可以作为未来外空争端解决机制的有益补充。

第二节 中国开展的区域外空合作实践与法律规制：以亚太空间合作组织为例

区域外空合作是外空国际合作的重要模式之一，以欧空局为代表的区域外空合作取得的成功为其他地区提供了可借鉴的经验。本书上文对欧洲、亚洲、非洲、拉丁美洲和加勒比地区的外空合作实践与法律规制模式进行了详细梳理。[③] 其中，针对亚洲外空合作以日本主导的 APRSAF 为例进行

① 参见郭树勇：《人类命运共同体面向的新型国际合作理论》，载《世界经济与政治》2020 年第 5 期。

② 关于外空争端解决机制的详细分析，可以参见 Huan Yu & Mingyan Nie, *Space Dispute Settlement in Asia in the Context of the Belt & Road Initiative: An Appraisal from China's Perspective*, Air & Space Law, Vol. 6, p. 563 – 566 (2022)。

③ 参见本书第三章内容。

了介绍和分析。但正如上述,亚洲地区的外空合作呈现多个机制并存的特征。除 APRSAF 之外,中国发起的亚太空间合作组织(Asia-Pacific Space Cooperation Organization,APSCO)也是推动亚洲地区外空合作的重要机制。本部分重点关注 APSCO,对其建立、发展、实践以及法律规制进行介绍、分析。

一、APSCO 的建立与实践

依照《亚太空间合作组织公约》序言中的描述,建立 APSCO 的主要原因在于"认识和平利用空间技术以促进亚太地区经济和社会的可持续发展,带动区域共同繁荣的重要性,认识到通过汇聚本地区技术、财政和人力资源,开展区域空间科学,技术及其和平应用的多边工作,……将使地区各成员国受益"。[①] 总的来说,建立 APSCO 的动因与欧空局有类似之处,例如,两个组织的成员国都意识到了整合资源开展外空项目和活动的必要性。当然,两个组织建立的背景和动因也有明显差异。在欧空局建立之初,对于任何一个欧洲国家而言,独立开展外空活动都超出了其能力范围。[②] 而在《亚太空间合作组织公约》于 2005 年正式开放签署的时候,作为该组织东道国的中国已经将其第一个宇航员成功送入外空,成为世界上第三个具备载人航天能力的国家。欧空局建立的另一个原因在于其成员国希望将本国外空项目与欧空局项目尽可能地融合,[③]这一动机在 APSCO 框架下体现得并不明显。

推动欧空局和 APSCO 这样的外空区域合作机制建立的一个共同原因是外空活动的高投入和高风险的特征,不同国家在一个合作框架下通过整合资源的方式可以最大限度降低开展外空活动的成本并分散风险。而欧空局与 APSCO 成员国对同样性质的合作机制体现出的不同合作动机则是因为受到诸多历史和现实因素的影响。如上述,APSCO 成立之时,作为发起国和东道国的中国已经具备了相当的外空活动能力,而该组织的多数其他成

---

① See Preamble, Convention of the Asia-Pacific Space Cooperation Convention.

② See Preamble, Convention for the Establishment of a European Space Agency.

③ See Preamble, Convention for the Establishment of a European Space Agency.

员国都处于外空活动发展的初级阶段,且有不少成员国仍不具备外空活动能力。这种差异决定了 APSCO 框架下的活动不可能如欧空局那样将所有成员国的国内外空项目整合。但即便如此,APSCO 还是建立起来了,因此,有研究者指出,建立 APSCO 的深层次原因是亚洲地区的两个空间大国,即中国与日本对区域合作伙伴的竞争的需要。① 这一论断虽失之偏颇,但在一定程度上反映了亚洲外空合作的特征。APSCO 与 APRSAF 的共存但甚少彼此开展合作的现实也足以说明问题。

由于受到诸多因素的影响,APSCO 很难全面复制欧空局的成功,但从建立以来,在东道国及各成员的努力下,该组织取得了值得肯定的合作成果。目前,APSCO 框架下的合作项目主要包括数据分享服务平台、②空间段网络与地面系统互连、③地基外空物体观测网络、④教育与培训中心、⑤灾害监测与减缓网络⑥以及外空技术应用网络。⑦ 2018 年 11 月 14 日,APSCO 举办了成立十周年论坛,并发布了《亚太空间合作组织 2030 年发展愿景》(以下简称“2030 愿景”),依照该文件的描述,APSCO 应在成员国自愿的前提下,投入资金、技术和人力资源,在和平利用外空、外空科学、技术和技术应用领域建立合作基础,提高成员国以及亚太地区整体的外空活动能力。另外,APSCO 引领区域合作,与国际外空界合作,共同努力推动外空治理与外空活动的长期可持续性发展。⑧

APSCO 是欧空局之后第一个建立的致力于推动区域外空合作的政府间

① 关于中国与日本外空活动竞争的介绍和分析可以参见 Marco Aliberti, *Regionalization of Space Activities in Asia?*, ESPI Perspectives, No. 66, p. 1 – 7 (2013)。

② See *Data Sharing Service Platform*, APSCO (Jul. 6, 2018), http://www.apsco.int/html/comp1/content/DataSharingServiceNetwork/2018-07-06/62-184-1.shtml.

③ See *Space Segment Network and Interconnection of Ground Systems*, APSCO (Feb. 28, 2019), http://www.apsco.int/html/comp1/content/SSNandIGS/2019-02-28/43-259-1.shtml.

④ See *Ground-Based Space Object Observation Network*, APSCO (Jul. 5, 2018), http://www.apsco.int/html/comp1/content/GBSOON/2018-07-05/44-180-1.shtml.

⑤ See *Education and Training Center*, APSCO (Jul. 3, 2018), http://www.apsco.int/html/comp1/content/Educationand Training Centre/2018-07-03/64-171-1.shtml.

⑥ See *Disaster Monitoring and Mitigation Network*, APSCO (Jul. 4, 2018), http://www.apsco.int/html/comp1/content/DisasterMonitoringNetwork/2018-07-04/45-173-1.shtml.

⑦ See *Space Technology Applications Network*, APSCO (Jul. 4, 2018), http://www.apsco.int/html/comp1/content/ SpaceApplicationNetwork/2018-07-04/63-174-1.shtml.

⑧ See Development Vision 2030 of the Asia-Pacific Space Cooperation Organization, Beijing, China, 14 November 2018.

国际组织。虽然其成员国数量及合作规模都与欧空局存在较大差距，但在东道国中国外空活动快速发展的大背景下，APSCO 框架下的活动也取得了一定的进展。尤其是中国"一带一路"倡议提出之后，APSCO 确定了与"一带一路"外空项目进行衔接与合作的思路，这为其未来的进一步发展奠定了坚实基础。通过"2030 愿景"也可以看出，未来 APSCO 将在已有合作项目基础上，继续为成员国、本地区外空能力的提高以及国际外空治理的完善作出贡献。

二、APSCO 的法律规制：兼与欧空局比较

规制 APSCO 活动的基础性法律文件为《亚太空间合作组织公约》，除此之外，APSCO 理事会会议还通过了程序、财政、服务、管理和数据政策方面的相关规则。[①]《亚太空间合作组织公约》共 35 条，其主要内容包括如下方面：目标、合作领域与合作活动、工业政策、财政安排、合作、技术保障与出口控制以及机构设置与程序规则等。在上述所有规定中，有关工业政策与"投资返还"原则，合作领域与合作活动，财政安排以及合作的条款对于亚太空间合作组织框架下活动的开展意义重大，下文予以分析。

（一）工业政策与"投资返还"原则

《亚太空间合作组织公约》第 5 条规定了工业政策的内容，提出理事会应设计工业政策以满足开展项目、活动以及成员国项目协调的需求。"投资返还"原则被规定为工业政策的"基石"，由此足见其重要意义。在欧空局合作框架下，实现工业政策被确定为合作的目标之一，[②]两个组织对于工业政策的具体规定有相似也有不同之处，总结如下。

其一，APSCO 工业政策的实施追求"增强成员国外空工业竞争力"的目标，[③]欧空局相关法律文件有类似表述，不过更多地关注"欧洲层面的工业发展"。[④] 为实现上述目标，两个组织都意识到应充分利用成员国现有工业潜

① See Mingyan Nie, *Legal Framework and Basis for the Establishment of Space Cooperation in Asia*, Lit Verlag, 2016, p. 156.

② See Art. Ⅱ (d), Convention for the Establishment of a European Space Agency.

③ See Art. 5(4), Convention of the Asia-Pacific Space Cooperation Convention.

④ See Art. Ⅶ (1b), Convention for the Establishment of a European Space Agency.

力,发展外空技术及产品,同时,应依据市场需求鼓励工业设施的建设。[①] 另外,为实现工业政策目标,两个组织都明确提到了发挥自由竞争优势的重要性。[②]

其二,在开展组织的合作项目与活动以及技术和产品开发过程中,APSCO 规定应考虑成员国的财政投入和技术情况,在平等的基础上,保障成员国的全面参与。[③] 欧空局同样提出了以成员国财政投入为依据考虑其对组织项目和活动的参与,但并未直接提及将成员国技术发展情况作为考虑因素。[④]

其三,APSCO 与欧空局都十分重视"投资返还"原则对实现工业政策目标的作用。欧空局更是针对这一原则的实施制定了详细的规则。[⑤] 但在对该原则具体规定中,APSCO 与欧空局有不同之处。APSCO 更关注成员国现有外空项目的潜力,[⑥]欧空局也重视成员国内部外空活动能力,但强调在项目执行中应尽最大可能利用外部合作机会。[⑦] 另外,针对"投资返还"原则,APSCO 更加强调其对任择性项目的适用性。

(二)合作领域与合作活动

APSCO 合作领域与合作活动分为两个部分:一是基础性活动(或强制性活动);二是任择性活动。这一划分方法与欧空局类似。不过对于两类活动的具体内容,两个组织的规定仍有差异。

除一般的管理型活动之外,APSCO 的基础性活动内容包括:开展外空技术与应用的基础研究,拓展成熟外空技术应用,开展外空科学、技术与应用的教育和培训等。[⑧] 欧空局的基础性活动则以科学合作为主。[⑨] 相较而言,APSCO 基础性活动项下的内容略显繁杂。且由于相关规定较为宽泛,其合

---

① See Art. 5(4), Convention of the Asia-Pacific Space Cooperation Convention; Art. Ⅶ (1b), Convention for the Establishment of a European Space Agency.

② See Art. 5(5), Convention of the Asia-Pacific Space Cooperation Convention; Art. Ⅶ (1d), Convention for the Establishment of a European Space Agency.

③ See Art. 5(3), Convention of the Asia-Pacific Space Cooperation Convention.

④ See Art. Ⅶ (1c), Convention for the Establishment of a European Space Agency.

⑤ See Annex V: Industrial Policy, Convention for the Establishment of a European Space Agency.

⑥ See Art. 5(3), Convention of the Asia-Pacific Space Cooperation Convention.

⑦ See Art. Ⅶ (2), Convention for the Establishment of a European Space Agency.

⑧ See Art. 7(1), Convention of the Asia-Pacific Space Cooperation Convention.

⑨ See Art. Ⅴ (1a), Convention for the Establishment of a European Space Agency.

作内容仍可能被进一步拓展。

APSCO 的任择性活动由成员国自由选择予以参加。如果对 APSCO 的任择性项目进行简单的分类,大致可以分为外空科技项目与应用项目。与作为基础性活动的外空科技基础研究不同,作为任择性的科技项目应被判定为“适当的”。针对外空应用项目,《亚太空间合作组织公约》第 6 条第 2 款进行了列举。该公约本款列举的项目具有代表性,但显然并非 APSCO 任择性外空应用合作项目的全部。不过在组织合作活动初期,被列举的项目可能会成为优先发展的对象。在欧空局框架下,任择性活动以外空应用项目为主,针对具体合作内容,欧空局相关规则未明确规定。如果相关方提出了开展某项项目作为任择性合作的提议,欧空局理事会主席应将该情况与各成员国进行沟通,以决定该项目是否合适。

(三)财政安排

APSCO 的主要财政来源是成员国的资金投入,这些资金投入保障了组织的日常运营以及合作项目的开展。APSCO 财政投入总额由理事会决定,每个成员国的投入份额以该成员国的经济发展水平与人均国内生产总值为依据予以计算。[①] 欧空局的规定略有不同,其并未特别强调经济发展水平问题,而是规定以各成员国过去 3 年的平均国民收入为依据计算相应投入份额。[②] APSCO 成员国最低投入财政份额由理事会以 2/3 多数票决定,最高投入份额不得超过总额的 18%。[③] 相比而言,欧空局理事会决定的成员国最高投入限额为总额的 25%。[④]

(四)国际合作

作为一个政府间合作组织,APSCO 除了在成员国内部开展合作之外,也注重与其他组织和机构的合作和交流。依据《亚太空间合作组织公约》的规定,组织应与联合国机构尤其是联合国外空委开展合作,经理事会成员全体同意,APSCO 可以与非成员国、其他国际组织或机构建立合作伙伴关系。理

① See Art. 18(4),Convention of the Asia-Pacific Space Cooperation Convention.

② See Art. XIII(1-2),Convention for the Establishment of a European Space Agency.

③ See Art. 18(5-6),Convention of the Asia-Pacific Space Cooperation Convention.

④ See Art. XIII(2),Convention for the Establishment of a European Space Agency.

事会也可以就此类合作制定适当的指导方针和程序规则。[①] 与欧空局的规定有所不同的是,《亚太空间合作组织公约》并未对合作模式进行规定。

三、APSCO 法律规制的不足

APSCO 的建立在很大程度上是受到了欧空局合作成功的启发。《亚太空间合作组织公约》的相关规定也借鉴了诸多《建立欧空局公约》的内容。上文提及的关于 APSCO 的工业政策与“投资返还”原则,基础性与任择性合作项目,财政投入安排以及项目的合作规定都基本沿用了欧空局的做法。经过多年实践,APSCO 虽取得了值得肯定的成绩,但与欧空局相比仍有较大差距,这一方面受到亚洲地区与欧洲地区历史、政治与文化背景不同的影响;另一方面,与欧空局相比,APSCO 的法律规制尚存在诸多不足,有必要予以进一步完善。

其一,APSCO 关于“投资返还”原则具体实施的法律保障的规定不健全。如上述,在欧空局合作框架下,除《建立欧空局公约》之外,还存在诸多配套规则。为保障“投资返还”原则目标的实现,《建立欧空局公约》附件五、《欧空局采购规则》以及《欧空局合同一般条款和条件》都进一步做了相对详尽的规定。其中,关于投资返还率、权重系数以及调整和校正措施的规定在很大程度上保证了“投资返还”原则发挥应有作用。[②] APSCO 框架下除《亚太空间合作组织公约》之外虽也制定了关于管理、程序的相关规则,但总体而言,关于保障“投资返还”目标实现的具体规则处于缺失状态。这一方面是因为 APSCO 发展历史相对较短,诸多法律规则仍处于发展之中;另一方面,则因为该组织框架下合作项目总体规模较小,对于“投资返还”原则的依赖度不高。与欧空局的 22 个成员国相比,APSCO 目前仅有 11 个成员国,且其中多数国家空间活动能力较弱或不具备外空活动能力。此外,APSCO 框架下的财政投入也较为有限,大规模合作项目开展极为受限。这也进一步削弱了各成员国对“投资返还”原则实施的实际需求。以可以查询到数据的 2016 年为例,该年度 APSCO 框架下成员国最少的财政投入额度为 110,000

---

① See Art. 24: Cooperation with other Entities, Convention of the Asia-Pacific Space Cooperation Convention.

② 关于 ESA“投资返还”原则的具体分析可以参见本书第三章第一节内容。

美元，作为占该组织总财政投入15%的成员国，伊朗在本年度的财政投入则为294,000美元。[①] 而同一年欧空局的总财政投入则达到了52.5亿欧元，其中，德国投入最多，占总额的23.3%，为8.72亿欧元。[②] 投入最少的匈牙利，占总额的0.1%，为500万欧元左右。[③] 因而，从未来发展角度看，如若希望在APSCO框架下实现"投资返还"政策目标，一方面，需要完善与之相关的配套规则；另一方面，则需要进一步扩大APSCO合作规模，增加组织框架下合作项目财政投入。

其二，APSCO框架下有关商业合作的规定仍需进一步完善。《亚太空间合作组织公约》第3条规定，该组织为具有独立国际法律地位的非营利性机构。一般认为，非营利性机构的所得不应成为其成员国、管理者和工作人员的收入。[④] 因此，如若讨论APSCO开展商业合作的问题，应找到足够的法律依据。在于2013年召开的APSCO第五届行政首脑会议上，伊朗空间局的代表提出了将APSCO合作框架下的产品和服务用于商业合作目的的可行性问题。关于APSCO这一非营利性组织开展商业活动的合法性问题，伊朗代表指出非营利性组织同样是可以从事商业活动产生盈余的，只不过其产生的盈余应仅用于组织自身的运营、计划开展以及规模扩大等方面。[⑤] 从这一角度看，APSCO框架下开展商业合作具备可行性。此外，如上所述，APSCO"投资返还"政策目标的实现在很大程度上依赖其合作规模的扩大，在成员国数量总体有限且各国投入资金相对较少的情形下，以商业合作所获利润投入新的合作项目中，从而间接实现扩大合作规模的目的，是较为可行的措施。依照《亚太空间合作组织公约》第18条的规定，APSCO的资金来源包括为他方提供服务所获的收入。该条规定进一步确定了APSCO开

---

① See Mingyan Nie, *Legal Framework and Basis for the Establishment of Space Cooperation in Asia*, Lit Verlag, 2016, p. 163.

② See Peter B. de Selding, *ESA Members Give Space Agency An 18 – Percent Budget Boost*, Space News (Jan. 15, 2016), https://spacenews.com/esa-members-give-space-agency-an-18-percent-budget-boost/.

③ See *ESA Budget for* 2016, ESA (Jan. 20, 2016), https://www.esa.int/ESA_Multimedia/Images/2016/01/ESA_budget_2016.

④ See *Non-profit Organizations*, Cornell Law School: Legal Information Institute, https://www.law.cornell.edu/wex/non-profit_organizations.

⑤ See Iranian Space Agency, *Proposal for Establishment of Subsidiary Institute for the APSCO*, Agenda No. 6, 5th Administration Heads Meeting, 14 – 16, January, 2013, Beijing, China, p. 7.

展商业合作的方式。但从目前 APSCO 的法律规则看,专门针对商业合作的规定仍处于缺失状态,相关问题诸如 APSCO 外空商业合作应以何种模式开展,有哪些法律关系需要处理等,都有必要通过完善规则予以进一步明确。另外,作为重要的发展愿景,APSCO 已经确定与“一带一路”倡议进行深度结合。其中,商业合作应是二者进行衔接的重要内容,这同样需要详细的法律规则予以界定。

综上所述,由中国发起的 APSCO 是亚太地区的重要空间合作组织,其与本地区的另一个外空活动合作机构,即日本发起的 APRSAF 并存。两个机构虽然法律性质不同,但从事的合作活动存在较大程度交叉。由于亚太地区的复杂政治环境影响,APSCO 与 APRSAF 之间较少开展合作。从某种意义上讲,二者之间更多体现出的是相互竞争的关系。APSCO 的法律规制模仿了欧空局的做法,但与欧空局相比,APSCO 取得的合作成果仍显不足,这当然受到多方面因素影响,其中与 APRSAF 之间的竞争亦是不利因素。从未来发展角度看,进一步完善 APSCO 的法律规制框架仍是推动该组织合作的主要方式,其中,关于“投资返还”原则以及 APSCO 商业活动开展的法律规则应是重点关注内容。

第三节　中国主导的外空合作项目与法律规制

上文以国际空间站项目及阿尔忒弥斯项目为例,对目前比较具代表性的外空国际合作项目的发展与法律规制框架进行了梳理和分析。两个项目虽参与国众多,但总体上为美国主导。而由于受到美国国内政策的影响,美国与中国在外空活动的交流上存在不够畅通的问题。近年来,伴随中、美关系的变化,两国在外空活动领域则愈加体现出相互竞争的特点。不过,中国航天发展迅速,相继建设或提出了中国空间站以及国际月球科研站合作项目,本节便对中国主导的两个外空合作项目的发展历程及法律规制予以分析。

一、中国空间站的发展历程与法律规制

(一)中国空间站项目的建设与发展历程

中国空间站项目是中国载人航天工程的重要组成部分。早在 1992 年,

中国便已经决定实施载人航天工程,同时确定了载人航天工程三步走的发展战略:第一步为发射载人飞船,建成初步配套的试验性载人飞船工程,开展空间应用实验;第二步为突破载人飞船和空间飞行器的交会对接技术,并利用载人飞船技术改装、发射空间实验室,解决有一定规模的、短期有人照料的空间应用问题;第三步为建造载人空间站,解决较大规模、长期有人照料的空间应用问题。①

2010 年,经中央批准,中国载人空间站工程正式立项。该工程分为空间实验室任务与空间站任务两个阶段。空间实验室阶段的任务包括突破掌握货物运输、航天员中长期驻留、推进剂补加、地面长时间任务支持和保障等技术,开展空间科学实验与技术试验,为空间站建造和运营奠定基础、积累经验。空间站阶段的主要任务包括建成和运营近地载人空间站,掌握近地空间长期载人飞行技术,具备长期开展近地空间有人参与科学实验、技术试验和综合开发利用外空资源能力。② 2022 年年底,中国空间站已全面建成,2023 年 8 月中旬,中国国家太空实验室正式运行,近地空间科学与应用体系建立。③

中国空间站项目开展秉持中国开展外空活动的基本理念,坚持和平利用外层空间,坚持开放合作构建命运共同体。2016 年,中国载人航天工程办公室与联合国外空事务司签订《利用中国空间站开展国际合作谅解备忘录》,商定利用中国空间站为各国提供科学实验的机会,同时提出在未来为他国航天员提供在轨飞行的机会。④ 2018 年 5 月,中国载人航天工程办公室与联合国外空事务司正式对外发布合作机会公告,邀请联合国各成员国参与未来中国空间站的空间科学应用国际合作。⑤ 依照联合国发布的简报,双

① 《中国载人航天工程简介》,载中国载人航天,https://www.cmse.gov.cn/gygc/gcjj/。

② 《中国载人航天工程简介》,载中国载人航天,https://www.cmse.gov.cn/gygc/gcjj/。

③ 《中国国家太空实验室正式运行 建立起近地空间科学与应用体系》,载新华社,https://www.gov.cn/yaowen/liebiao/202308/content_6899018.htm。

④ 参见《中国和联合国宣布:中国空间站建成后向所有联合国会员国开放》,载澎湃新闻 2018 年 5 月 29 日,https://www.thepaper.cn/newsDetail_forward_2160480;另见 *The United Nations/China Cooperation on the Utilization of the China Space Station (CSS)*, UNOOSA, https://www.unoosa.org/oosa/en/ourwork/access2space4all/China-Space-Station/CSS_Index.html。

⑤ 参见《中国载人航天工程迈向全球合作新时代》,载国家航天局 2019 年 6 月 13 日,https://www.cnsa.gov.cn/n6758823/n6758838/c6806576/content.html。

方开展国际合作的具体目标可以概括为如下几个方面:(1)促进与外空探索相关的载人飞行与其他活动的国际合作;(2)为联合国成员国提供在中国空间站开展飞行实验和外空应用活动的机会;(3)利用载人飞行技术,包括中国载人飞行项目上的设施和资源,增强能力建设;(4)促进联合国成员国提高对利用人类外空技术及其应用而获得惠益的认识。[①] 针对首批中国空间站合作参与者,有如下三种合作模式可供选择:申请者利用自行研制的实验载荷,在中国空间站舱内开展实验;申请者利用中方提供的实验载荷,在中国空间站舱内开展实验;申请者利用自行研制的舱外载荷,在中国空间站舱外开展实验。中国空间站合作对象可以是政府和非政府组织、研究所等学术机构、大学、私营实体等。此外,中国空间站还尤为鼓励发展中国家的机构广泛参与合作。[②]

2019 年 6 月,在联合国外空委第 62 届会议期间,中国载人航天工程办公室与联合国外空事务司联合公布了来自瑞士、波兰、意大利等 17 个国家的首批 9 个项目将利用中国空间站开展科学技术应用研究,这些项目涉及长期外空飞行人类的健康、微重力条件下流体物理和燃烧规律、宇宙观测、新型材料等方面问题。[③] 2023 年 8 月,首批合作项目载荷将开展实验。[④]

与国际空间站的建设模式有所不同,中国空间站由中国自主建设且由中国拥有完全的所有权。但中国空间站在研制和建设过程中一贯坚持和平利用、平等互利与共同发展原则。在空间站建成后,中国则积极推动利用空间站与世界各国的广泛合作,充分履行中国国际义务,践行外空国际合作基本原则。目前,中国已经与联合国外空司、欧空局以及俄罗斯、法国、德国、

---

① See *United Nations and China Invite Applications to Conduct Experiments On-board China's Space Station*, UNOOSA, https://www.unoosa.org/oosa/en/informationfor/media/2018-unis-os-496.html; See also Leonard David, *China's Space Station Will Be Open to Science from All UN Nations*, Space.com (May 30, 2018), https://www.space.com/40727-china-space-station-united-nations-experiments.html.

② 参见《中国和联合国宣布:中国空间站建成后向所有联合国会员国开放》,载澎湃新闻 2018 年 5 月 29 日,https://www.thepaper.cn/newsDetail_forward_2160480; 另见 *United Nations and China Invite Applications to Conduct Experiments On-board China's Space Station*, UNOOSA, https://www.unoosa.org/oosa/en/informationfor/media/2018-unis-os-496.html。

③ 参见《中国载人航天工程迈向全球合作新时代》,载国家航天局 2019 年 6 月 13 日,https://www.cnsa.gov.cn/n6758823/n6758838/c6806576/content.html。

④ 参见《中国空间站首批国际合作项目载荷即将开展实验》,载中国政府网,https://www.gov.cn/yaowen/liebiao/202308/content_6899060.htm。

意大利、巴基斯坦等国航天机构签署了合作框架协议,开展基于中国空间站的合作项目。[①]

（二）中国空间站项目的法律规制

伴随中国空间站项目的全面建成,相关合作活动也将随即陆续开展。然而,与外空项目和技术快速发展极为不匹配的是,目前,中国尚未制定专门的《航天法》对外空活动进行综合性治理。事实上,中国也是为数不多的尚未制定《航天法》的空间强国。针对中国空间站法律规制问题,中国同样未制定专门规则,因此,从目前状况看,如下原则和规则可作为中国空间站运营的法律依据。

其一,国际外空法基本原则和规则。中国是四个主要外空国际条约的缔约国,因而在开展包括空间站运营在内的外空活动过程中,应遵守条约规定,履行条约义务。1967 年《外空条约》确定的诸多外空法基本原则,包括外空活动全人类共同利益原则、为和平目的探索和利用外空原则、外空国际合作原则、宇航员救助原则,[②]以及围绕这些原则进行的相关规定,都适用于中国空间站活动。

其二,中国外空活动基本政策。如上文所述,中国定期发布的《中国的航天》白皮书中会包含中国开展外空活动以及外空合作的基本原则和政策。最新发布的 2021 年版白皮书明确提及了未来 5 年中,载人航天是合作重点之一,其合作内容包括依托中国空间站,开展空间天文观测、地球科学研究以及微重力环境下的空间科学实验。推动开展航天员联合选拔培训、联合飞行等更广泛的国际合作。[③] 上述白皮书确定的原则、政策和合作重点领域为中国空间站活动的开展提供了一定的依据。

其三,中国与国际组织及合作国家签订的合作框架协议。如上述,截至目前,中国已经与包括联合国外空事务司在内的机构以及俄罗斯等国签订了基于中国空间站合作的框架协议,框架协议中的相关规定对于中国与相

① 参见《中国空间站首批国际合作项目载荷即将开展实验》,载中国政府网,https://www.gov.cn/yaowen/liebiao/202308/content_6899060.htm。

② 关于外空法基本原则的详尽分析,可以参见聂明岩:《外空安全国际法保障研究:以"人类命运共同体"理论为视角》,中国政法大学出版社 2023 年版,第 25~63 页。

③ 参见《2021 年中国的航天》,第六部分:构建航天国际合作新格局。

关合作对象开展合作有指导意义。

作为中国主导的外空国际合作项目，中国空间站与当前的国际空间站项目有一定相似之处，但其差异也较为明显。因此，在法律规则的制定过程中，作为项目发起国的中国可以借鉴现有空间站项目的相关做法，但同时也应考虑项目自身的特殊性、外空活动最新发展以及国际关系变化等因素，制定符合项目发展要求的综合性规则。

二、国际月球科研站项目的发展历程与法律规制

从全球层面看，月球探索与开发计划的开展并非一个新的话题，早在冷战期间，美、苏两国便已经各自开启了月球探索项目，美国更是一度实现载人登月。新一轮探月热潮以美国阿尔忒弥斯项目以及中、俄共同提出的国际月球科研站项目为代表，前文中已对美国新一轮探月计划和相关法律规制做了阐释、分析，[①]本部分重点关注中国发起的国际月球科研站项目发展历程及其法律规制情况。

（一）国际月球科研站项目的发展历程

国际月球科研站项目是继中国探月工程成功实现“绕、落、回”三步走战略之后的全新阶段的新任务。2021 年 3 月 9 日，经两国批准，中国国家航天局与俄罗斯国家航天集团签署《中华人民共和国政府和俄罗斯联邦政府关于合作建设国际月球科研站的谅解备忘录》，这标志着中、俄合作建设国际月球科研站正式开启。依据两国计划，国际月球科研站将被建设成为在月球表面或月球轨道上可进行月球自身探索和利用、月基观测、基础科学实验和技术验证等多学科多目标科研活动，长期自主运行的综合性科学实验基地。同时，两国提出“将秉持‘共商、共建、共享’原则，推动国际月球科研站广泛合作，面向所有感兴趣的国家和国际伙伴开放，加强科学研究交流，推进全人类和平探索利用太空”。[②]2021 年 6 月，两国联合发布了《国际月球科研站路线图（V1.0）》（以下简称《路线图（V1.0）》）和《国际月球科研站合作

---

① 参见本书第四章第二节内容。

② 参见《中俄两国签署合作建设国际月球科研站谅解备忘录》，载中国探月与深空探测网 2021 年 3 月 9 日，http://www.clep.org.cn/n5982341/c6811379/content.html。

伙伴指南(V1.0)》(以下简称《指南(V1.0)》)。[①]

依照《路线图(V1.0)》与《指南(V1.0)》的规划,国际月球科研站项目的建设分为"勘""建""用"三个工程阶段。2021~2025年为"勘"阶段,这一阶段的主要目标包括:通过现有计划任务对月球进行勘察;国际月球科研站的设计与选址;确保高精度软着陆的技术验证。2025~2035年则为"建"阶段,本阶段又可以细分为两个建设阶段,其中2025~2030年的主要建设目标包括:完成月球科研站指挥中枢技术验证;月球采样返回;大承载货物运送及确保高精度软着陆;开始联合操作。2030~2035年的主要目标为集中建设国际月球科研站,完成在轨和月面能源、通讯、月面运输等设施建设,月球资源原位利用的研究、探索和验证的设施,以及其他未来共性技术。2035年之后则为"用"的阶段,这一阶段的主要目标包括利用完成的科研站开展月球研究与探测、技术验证,支持人类登月任务,并根据需要扩展、维护各系统模块。[②]

国际月球科研站项目由中国发起,俄罗斯是该项目的重要合作伙伴之一。此外,正如《指南(V1.0)》前言中所指出的,如果希望实现对月球高效、富有成果的研究、探索和利用,需要开展广泛的国际合作。因而,国际月球科研站秉持平等、开放、诚信原则,向所有感兴趣的合作伙伴开放参与机会。自国际月球科研站项目提出以来,巴基斯坦、阿联酋与南非等国相继加入,另外,还有多个国家表示出了对该项目的兴趣,相关合作协议谈判正有序展开。[③] 除国家之外,国际月球科研站合作伙伴还包括国际组织,2023年4月25日,中国国家航天局与APSCO签署联合了声明,对与APSCO在国际月球科研站建设上的合作进行了说明。具体而言,双方将在国际月球科研站论证、工程实施、运营和应用方面开展广泛而深入的合作,具体合作领域包括共同论证科学目标、联合设计与开发航天器、科学仪器搭载、科学与技术试

① 参见《中俄联合发布国际月球科研站路线图和合作伙伴指南1.0版》,载中国政府网,https://www.gov.cn/xinwen/2021-06/16/content_5618514.htm。

② 参见《国际月球科研站合作伙伴指南(V1.0版)》,载国家航天局2021年6月16日,https://www.cnsa.gov.cn/n6758823/n6758838/c6812147/content.html。

③ 参见《月球科研站建设指日可待》,载光明网,https://epaper.gmw.cn/gmrb/html/2023-04/26/nw.D110000gmrb_20230426_1-08.htm;另参见《南非加入国际月球科研站计划》,载中国探月与深空探测网2023年9月7日,http://www.clep.org.cn/n5982341/c10371360/content.html。

验、数据分析、教育与培训等。[1] 如上述，APSCO 参与了中国发起的"一带一路"外空合作项目，其对于同样由中国发起的国际月球科研站项目的参与属于情理之中，且这一合作模式对其未来开展更大规模的项目有重要推动作用。从国际月球科研站建设的角度看，APSCO 的加入具有开创性意义。APSCO 在国际月球科研站框架下的具体活动和规则可以作为未来其他政府间国际组织参考的先例。

（二）国际月球科研站项目的法律规制

从性质来看，国际月球科研站与中国空间站类似，都是由中国发起的外空合作项目。但与中国空间站项目不同的是，国际月球科研站并非为中国独有，其发起者以中国为主，同时俄罗斯也为发起国之一。此外，中国空间站项目仍旧属于传统的地球静止轨道之下的外空活动，国际月球科研站则将活动空间延伸至距离更为遥远且范围更为广阔的地月空间，这一空间已经被以美国为代表的空间强国确定为新的战略空间。[2] 从法律规制角度看，中国目前尚未针对国际月球科研站项目制定专门规则，不过，相关外空法原则、规则，中国国内外空活动政策以及围绕国际月球科研站建设制定的指南等都适用于对国际月球科研站建设和活动的规制。

其一，现行外空法国际法原则、规则。上文提及的适用于中国空间站项目合作的现行外空法原则、规则对于国际月球科研站项目同样适用。不过，国际月球科研站涉及地月空间活动，与月球探索和开发密切相关，因此，与月球活动相关的外空法原则和规则也同样适用。其中，最为典型的便是月球与天体专为和平目的使用原则。[3] 至于 1979 年《月球协定》针对月球探索与开发活动所作的专门性规定，国际月球科研站项目参与国应予以重视。作为国际月球科研站发起国的中国、俄罗斯并非缔约国，但项目参与国之一的巴基斯坦为该条约的缔约国。[4] 从国际月球科研站项目的建设和使用目

---

① 参见《国家航天局与亚太空间合作组织签署关于国际月球科研站合作联合声明》，载中国政府网，https://www.gov.cn/lianbo/2023-04/25/content_5753104.htm。

② 参见聂明岩：《地月空间安全保障的当代国际法挑战与中国对策》，载《南京航空航天大学学报（社会科学版）》2023 年第 3 期。

③ 参见《外空条约》第 4 条。

④ 关于现行外空国际条约缔约国的统计，可以参见 Status of International Agreements Relating to Activities in Outer Space as at 1 January 2023, A/AC.105/C.2/2023/CRP。

标看,其以科学研究为主。但项目建设阶段涉及对月球资源原位利用,且未来项目正式使用会服务于载人登月活动,这都涉及对《月球协定》的适用,可能会在不同项目参与国之间引起争议。

其二,中国国内外空活动与合作政策,尤其是与月球探索和开发有关的政策。2021 年版白皮书将国际月球科研站作为未来 5 年合作重点提出,欢迎国际伙伴在项目的各个阶段、在任务的各个层级参与国际月球科研站的论证和建设。[①] 换言之,“白皮书”确定的中国外空活动与外空合作政策同样适用于国际月球科研站建设。此外,中国相关部门专门针对月球探索制定的管理规则值得重视。例如,2016 年 9 月,国防科技工业局与国家航天局联合制定了《月球与深空探测工程科学数据管理办法》(以下简称《2016 数据管理办法》)[②]2020 年 12 月国家航天局制定了《月球样品管理办法》(以下简称《2020 样品管理办法》)[③]。其中,前者适用于科学数据的处理、存储、建档、申请、发放、应用研究、成果管理以及相关的国际合作与交流,[④]后者则主要针对月球样品的解封、分类、制备、建档、存储、申请、分发、运输、使用、返还、处置、信息管理及成果管理等全过程进行了规定。[⑤] 针对国际合作问题,《2016 数据管理办法》提出在遵守相关国际协议的前提下,收集和分享相关数据。[⑥]《2020 样品管理办法》提出,国家航天局鼓励开展基于月球样品的空间科学国际联合研究工作,促进成果的国际共享。[⑦] 2023 年 8 月,依据《2016 数据管理办法》以及《2020 样品管理办法》,国家航天局又制定并发布了《月球样品及科学数据国际合作管理细则》(以下简称《2023 管理细则》)。[⑧]《2023 管理细则》适用于月球样品借用过程中的申请、分发、运输、使用、返还以及科学数据的申请、发送、信息及成果管理等过程。[⑨] 中国是国

---

① 参见《2021 年中国的航天》,第六部分:构建航天国际合作新格局。

② 参见《月球与深空探测工程科学数据管理办法》,科工月〔2016〕1090 号,国防科工局、国家航天局,2016 年 9 月 12 日。

③ 参见《月球样品管理办法》,国航天〔2020〕4 号,国家航天局,2020 年 12 月 17 日。

④ 参见《月球与深空探测工程科学数据管理办法》第 3 条。

⑤ 参见《月球样品管理办法》第 3 条。

⑥ 参见《月球与深空探测工程科学数据管理办法》第 18 ~ 20 条。

⑦ 参见《月球样品管理办法》第 34 条。

⑧ 参见《月球样品及科学数据国际合作管理细则》,载国家航天局 2023 年 8 月 2 日,https://www.cnsa.gov.cn/n6758823/n6758839/c10085960/content.html。

⑨ 《月球样品及科学数据国际合作管理细则》第 4 条。

际月球科研站的发起方,相应地,中国探月工程的开展也必然会与国际月球科研站合作活动产生很大程度的交叉和重叠,在此情况下,上述管理规则便可能适用于国际月球科研站活动开展之中。

其三,国际月球科研站建设指南及其他规则。2021 年 6 月发布的《指南(V1.0)》主要从定义、组成和发展阶段,合作指南,合作机会建议几个方面对国际月球科研站进行了介绍。不过,其具体内容更多围绕该项目自身展开,有关法律规制的内容较为宽泛。例如,《指南(V1.0)》前言中提及开展国际月球科研站项目合作应遵守的相关原则呼应了《外空条约》确定的多项外空法基本原则。在合作指南部分,《指南(V1.0)》提及在建立国际月球科研站框架内,共同发展规制中、俄双方以及包括合作第三方的法律文件。此外,该部分还提出国际月球科研站合作框架内的科技数据及数据的分享应符合合作方出口控制方面的法律法规。这些规则会在项目合作初期为相关参与方指明合作方向,有基础性意义。但随着合作深入,仍应制定更为详尽的合作规则。

第四节　中国外空商业国际合作实践与法律规制

与美国及欧洲等传统空间强国相比,中国外空商业国际活动起步不算很晚。中国航天集团长城公司与欧洲的阿丽亚娜公司几乎同时创建,且两个公司都从事对外发射、卫星系统及空间技术等业务。但正如上述,长城公司在很大程度上具有的政府主导属性,仍属于外空商业化阶段的外空商业国际合作参与主体。而到了商业航天阶段,外空商业国际合作主体应以非政府机构为主。按照这一标准,一般认为中国商业航天元年为 2015 年,因为在这一年国家发改委、财政部、国防科工局等部门联合发布了《国家民用空间基础设施中长期发展规划(2015~2025 年)》(以下简称《中长期发展规划(2015~2025 年)》)[①]明确鼓励民营企业发展商业航天,自此,中国航天开启

① 参见《国家民用空间基础设施中长期发展规划(2015~2025 年)》,发改高技〔2015〕2429 号,国家发展改革委、财政部、国防科工局,2015 年 10 月 26 日。

了由单一政府主导向政府主导与市场推动相结合的转变进程。[①] 时至今日，中国商业航天已走过了接近10年的发展历程，其对外空商业国际合作的推动作用如何？相关法律规则发展如何？本节对中国商业航天与外空商业国际合作活动发展进行阐述，同时对相关法律规则进行分析。

一、中国商业航天与外空商业国际合作的发展

在讨论中国开展的外空商业国际合作问题之前，应首先明确的问题是，以长城公司为代表的政府主导企业开展的涉外航天活动是外空商业国际合作的重要组成部分。在非政府实体为主力参与外空商业活动之前，这类合作是中国开展的外空商业国际合作的最主要内容。即便是2015年之后，政府主导的航天公司仍会在外空商业国际合作中扮演重要角色。本部分结合最新发展，重点介绍中国商业航天发展情况，同时以之为切入点，探讨商业航天发展对中国外空商业国际合作活动的影响。

截至目前，中国商业航天的发展尚不足10年，但发展速度较快。据统计，至2021年年底，中国已经注册的商业航天及相关企业达200家，[②]市场规模则达到1.26万亿元。据预测，至2025年，中国商业航天市场规模可以达到2.8万亿元，至2030年，则可能突破10万亿元。[③] 然而，中国商业航天虽然发展速度较快，但总体而言仍处在发展的初级阶段。这一阶段的特征是技术竞争激烈、技术进展快，主要是以某一个或者某几个技术里程碑作为公司发展和融资的节点，投资密度和强度很大。[④] 但这一阶段存在的不足也较为明显，从技术角度看，这一阶段的企业总体上依靠复制体制内的技术，不具备自主性的技术，缺乏技术创新。从市场角度看，这一阶段竞争力弱，难以形成成本优势。从公司运营角度看，企业管理体系、制度、流程、知识产权运营管理方面存在缺陷和“短板”，尤其是对质量管理体系的重要性认识不

① 参见杨毅强、沈淮：《正在开启的2.0时代：中国商业航天的逻辑演进和实践路径》，载澎湃新闻2023年2月3日，https://www.thepaper.cn/newsDetail_forward_21786402？commTag=true。

② 参见彭小波：《中国商业航天的发展阶段和未来》，载澎湃新闻2022年7月20日，https://www.thepaper.cn/newsDetail_forward_19097317。

③ 参见《中国商业航天产业研究报告（2023）》，载泰伯智库2023年2月23日，http://tiu.taibo.cn/p/435。

④ 参见彭小波：《中国商业航天的发展阶段和未来》，载澎湃新闻2022年7月20日，https://www.thepaper.cn/newsDetail_forward_19097317。

足，导致产品稳定性堪忧。[①]

基于现阶段中国商业航天存在的诸多不足，有研究者提出应尽快开启中国商业航天发展的新阶段，跨越初创阶段，进入成长和成熟阶段。详言之，在成长阶段，中国商业航天应实现基础性航天业务阶段性目标的嬗变，以及产业生态的变革和塑造。而进入成熟阶段，中国商业航天的标志为如下几个方面：(1)卫星星座大规模组建，运载火箭进入高密度发射阶段，实现低成本大型液体火箭回收和复用；(2)独属于商业航天的商业模式，如外空旅游及其他大规模商业应用等，均得以实现；(3)导航定位、导航增强、低轨互联网及高时间分辨率遥感星座等能为大众和企业提供服务。[②]

显然，从目前中国商业航天的定位看，其主要目标仍在国内市场，尚未涉及外空商业国际合作的问题。事实上，在中国空间站，"一带一路"空间信息走廊以及国际月球科研站等中国发起的国际合作项目不断建设和发展的大背景下，中国商业航天参与者有得天独厚的开展商业国际合作的优势条件。而一旦中国商业航天发展到成熟阶段，在商业运载火箭高密度发射，卫星星座、外空旅游、导航定位等业务不断增长的情况下，拓展国际市场则将成为必然要求。此外，中国商业航天国际化发展的必要性还体现在获得国际规则的倡导权上。有研究者指出，这种权力的获得，不单依靠政府的外交斗争，更主要的是需要商业航天本身的实力足够强大，在技术、商业模式、资源开发能力、产品和服务供应能力等方面具有充足的竞争力，能够参与乃至主导规则和标准的制定。[③]

总体而言，自 2015 年正式开启以来，中国商业航天迅速发展，正逐步走出初创阶段，走向成长和成熟阶段。从目前发展状况看，作为最主要的中国商业航天活动参与者的非政府实体在外空商业国际合作中的作用体现得尚不明显。从长远的角度看，中国商业航天的进一步发展必然会推动其走向国际。与此同时，制定完善的法律规则鼓励和规制非政府实体参与外空商业活动与合作也至关重要。

---

① 参见杨毅强、沈淮：《正在开启的 2.0 时代：中国商业航天的逻辑演进和实践路径》，载澎湃新闻 2023 年 2 月 3 日，https://www.thepaper.cn/newsDetail_forward_21786402？commTag = true。

② 参见杨毅强、沈淮：《正在开启的 2.0 时代：中国商业航天的逻辑演进和实践路径》，载澎湃新闻 2023 年 2 月 3 日，https://www.thepaper.cn/newsDetail_forward_21786402？commTag = true。

③ 参见王兆耀：《国家战略性力量——商业航天定位的再思考》，载澎湃新闻 2022 年 8 月 12 日，https://www.thepaper.cn/newsDetail_forward_19425418。

二、中国外空商业国际合作法律规制

(一)中国外空立法及其对外空商业国际合作的规制

中国虽尚未制定航天法,但为了规制非政府实体外空活动,相关部门制定了一系列管理办法与规定。2015 年中国商业航天活动正式开启之后,相关部门也随之制定了多项鼓励、促进规则。

2001 年 2 月,国防科学技术工业委员与外交部发布的《空间物体登记管理办法》(以下简称《2001 管理办法》)[①]以及 2002 年 11 月国防科学技术工业委员会发布的《民用航天发射项目许可证管理暂行办法》(以下简称《2002 暂行办法》)[②]是中国较早制定的针对非政府实体开展的外空活动进行管理的部门规章。《2001 管理办法》制定的目的包括加强国家对空间活动的管理、建立中国登记制度、维护中国作为外空物体发射国的合法权益以及履行中国作为《登记公约》缔约国义务等。[③] 基于上述目的,《2001 管理办法》对负有登记责任的实体以及登记程序等问题进行了规定。[④] 此外,《2001 管理办法》还对中国作为共同发射国的情形以及具有涉外性质的外空物体的登记进行了规定。[⑤]《2002 暂行办法》制定的目的包括规范民用航天发射项目管理、促进民用航天产业健康发展、维护国家安全及公共利益、履行中国作为外空国际条约缔约国的义务等。[⑥]《2002 暂行办法》对发射许可的申请者资格[⑦]以及申请程序[⑧]等进行了规定。此外,《2002 暂行办法》也对涉外发射项目发射许可申请问题进行了规定。[⑨]

从保障外空商业国际合作的角度看,《2001 管理办法》与《2002 暂行办法》都涉及对外空国际条约义务的履行,同时,也关注对非政府实体开展的

---

① 参见《2001 管理办法》,中华人民共和国国防科学技术工业委员会中华人民共和国外交部令第 6 号,2001 年 2 月 8 日。

② 参见《2002 暂行办法》,中华人民共和国国防科学技术工业委员会令第 12 号,2002 年 11 月 21 日。

③ 参见《2001 管理办法》第 1 条。

④ 参见《2001 管理办法》第 9 ~ 13 条。

⑤ 参见《2001 管理办法》第 8 条、第 14 条。

⑥ 参见《2002 暂行办法》第 1 条。

⑦ 参见《2002 暂行办法》第 5 条。

⑧ 参见《2002 暂行办法》第 6 ~ 8 条。

⑨ 参见《2002 暂行办法》第 9 条。

外空活动进行管理，尤其是两个文件都包含针对涉外项目的规定，这显然可以直接适用于非政府实体开展的外空商业国际合作活动。当然，应当注意的是，两个管理办法制定的主要目的为在履行国际义务的基础上对非政府实体外空活动的管理，涉外项目只是其管理的诸多问题之一。并且，两个文件制定时外空商业化以及商业航天的概念尚未成型，因此，其促进和鼓励外空商业国际合作的功能较弱。

2015 年国家发展和改革委员会等部门联合发布的《中长期发展规划(2015～2025 年)》确定了政府引导、开放发展的基本原则，提出要发挥市场资源配置的决定性作用，形成政府引导、部门协同、社会参与、国际合作的多元化开放发展格局，积极推进商业化和国际化的发展。① 由此可见，《中长期发展规划(2015～2025 年)》确定了中国非政府实体参与航天活动的商业化和国际化两项目标，确定了中国开展外空商业国际合作的思路。自 2015 年之后，随着中国商业航天快速发展，上述商业化目标在某种程度上已经得以实现，而国际化目标的实现仍有待非政府实体开展外空活动能力的进一步增强。

从推动外空商业国际合作的角度看，商业化是国际化的前提，2015 年之后中国相关部门制定了系列鼓励外空商业活动的办法与规则中同样涉及外空商业国际合作内容。2019 年 6 月，国家国防科技工业局与中央军委装备发展部联合发布了《关于促进商业运载火箭规范有序发展的通知》(以下简称《2019 通知》)，②其制定的总体目标是引导商业航天有序发展、促进商业运载火箭技术创新。《2019 通知》对商业运载火箭的科研、生产、试验、发射、安全和技术管控等有关事项进行了规定，具体内容包括武器装备科研生产许可、航天发射申报、发射场与试验场工作开展以及安全保障和出口控制等。与《2001 管理办法》与《2002 暂行办法》相比，《2019 通知》关注火箭从研发到发射的全部过程。除了履行满足现有法律和规则要求之外，《2019 通知》对相关阶段制定了一些利好政策。例如，其鼓励和支持商业火箭企业在科研生产活动中充分依托和利用军工重大科研、生产试验设备及厂房以及国家发射场、试验场等设施开展科研生产和发射试验活动。另外，其要求国

① 参见《中长期发展规划(2015～2025 年)》，第二部分：指导思想与发展原则。
② 参见《2019 通知》，科工一司〔2019〕647 号，国家国防科技工业局、中央军委装备发展部，2019 年 5 月 30 日。

家有关单位建立促进和支持商业运载火箭创新发展协同机制,完善商业航天和安全监管政策法律环境,培育服务咨询机构,加快航天科技成果转化,促进商业航天健康有序发展等。

2021 年 5 月,国防科技工业局与中央军委装备发展部再度联合发布了《关于促进微小卫星有序发展和加强安全管理的通知》(以下简称《2021 通知》)。[①] 该项通知重点关注商业航天的最新发展领域(微小卫星)的问题,对微小卫星的科研生产、发射申报以及在轨安全等进行了规定。《2021 通知》中同样包含鼓励微小卫星企业发展以及管理国际合作的条款,这与《2019 通知》的规定类似,在某种意义上都是对《中长期发展规划(2015 ~ 2025 年)》确定的商业化与国际化目标的回应。

(二)航天产品与技术出口管制规则

《2001 管理办法》《2002 暂行办法》《2019 通知》《2021 通知》虽然都包含对涉外航天活动的规定,但这些文件的关注重点是非政府实体外空活动,对外空商业国际合作的开展有间接指导意义。直接关系外空商业国际合作开展的规则仍以航天产品、技术进出口管制规则为主。

关于中国出口管制法律规则体系的发展,有研究者以 2020 年《出口管制法》的颁布为标志,将之划分为两个阶段。[②] 2020 年之前的阶段,以 1994 年《对外贸易法》(已被修改)等相关法律为依据,[③]国务院以及相关部委针对核领域、生物领域、导弹领域、化学领域与军品领域制定了 6 部管理条例与管制办法。[④] 同时,针对货物、技术等的进出口问题,国务院和相关部门还制

① 参见《2021 通知》,科工一司〔2021〕466 号,国家国防科工局、中央军委装备发展部,2021 年 5 月 7 日。

② 参见刘瑛、李琴:《〈出口管制法〉中的域外适用法律规则及其完善》,载《国际经济评论》2021 年第 4 期。

③ 1994 年《对外贸易法》(已被修改)的颁布被视为中国开始加强对外出口管制建设,并颁布实施若干法律规范的标志。参见李根信、孙晋忠:《论中国的出口管制政策》,载《国际问题研究》2007 年第 3 期。

④ 这六部条例与管制办法分别为:《核出口管制条例》(1997 年 9 月 10 日中华人民共和国国务院令第 230 号发布,根据 2006 年 11 月 9 日《国务院关于修改〈中华人民共和国核出口管制条例〉的决定》修订);《核两用品及相关技术出口管制条例》(1998 年 6 月 10 日中华人民共和国国务院令第 245 号发布,根据 2007 年 1 月 26 日《国务院关于修改〈中华人民共和国核两用品及相关技术出口管制条例〉的决定》修订);《生物两用品及相关设备和技术出口管制条例》(2002 年 10 月 14 日中华人民共和国国务院令第 365 号发布);《导弹及相关物项和技术出口管制条例》(2002 年 8 月 22 日中华人民共和国国务院令第 361 号发布);《有关化学品及相关设备和技术出口管制办法》(2002 年 10 月 18 日中华人民共和国对外贸易经济合作部、中华人民共和国国家经贸委、中华人民共和国海关总署第 33 号令发布);《军品出口管理条例》(1997 年 10 月 22 日中华人民共和国国务院、中华人民共和国中央军事委员会令第 234 号发布,根据 2002 年 10 月 15 日《国务院、中央军事委员会关于修改〈中华人民共和国军品出口管理条例〉的决定》修订)。

定了多部具有综合性质的管理条例。[①] 总的来说,在《出口管制法》出台之前,中国在产品与技术进出口管制层面已经基本构建了由行政法规和部门规章为主的规则体系,其范围涵盖所有两用物项以及军品,法律规则的内容则同时包含实体法与程序法。2020年《出口管制法》填补了中国在该领域立法的空白,贸易安全开始上升为进出口立法的主导原则。[②] 自此,中国形成了以《出口管制法》为统领,涵盖两用物项、军品、核以及其他与维护国家安全和利益、履行防扩散等国际义务相关的货物、技术、服务等物项的出口管制体系。[③]

从航天产品与技术的出口管制角度看,以2020年《出口管制法》为代表的基础性法律以及多部国务院和有关部门制定的行政法规和规章都可以适用,具体如下。

其一,2020年《出口管制法》确定了航天产品与技术出口的基本法律原则和规则。依照《出口管制法》的规定,中国出口管制工作开展坚持总体国家安全观、维护国际和平、统筹安全和发展、完善出口管制管理和服务。[④] 中国实行统一的出口管制制度,通过制定管制清单、名录或者目录、实施出口许可等方式进行管理。[⑤] 出口管制的物项包括两用物项、军品、核以及其他与维护国家安全和利益、履行防扩散等国际义务相关的货物、服务与技术等物项。[⑥] 航天产品与服务属于两用物项,同时,部分航天产品与技术也可能被视作军品范畴。因而,《出口管制法》规定的许可制度适用于航天产品与

---

① 这些管理条例包括:《技术进出口管理条例》(2001年12月10日中华人民共和国国务院令第331号公布,根据2011年1月8日《国务院关于废止和修改部分行政法规的决定》第一次修订,根据2019年3月2日《国务院关于修改部分行政法规的决定》第二次修订,根据2020年11月29日《国务院关于修改和废止部分行政法规的决定》第三次修订);《中华人民共和国敏感物项和技术出口经营登记管理办法》(中华人民共和国对外贸易经济合作部令2002年第35号,根据2015年10月28日《商务部关于修改部分规章和规范性文件的决定》修正);《两用物项和技术进出口许可证管理办法》(部分失效)(2005年12月31日,中华人民共和国商务部、中华人民共和国海关总署2005年第29号令公布);《两用物项和技术出口通用许可管理办法》(2009年5月13日,中华人民共和国商务部令2009年第8号公布)等。

② 参见陈晖:《从〈出口管制法〉看进出口立法的五点新变化》,载陈晖主编:《海关法评论》(第10卷),法律出版社2021年版,第20~21页。

③ 参见中华人民共和国国务院新闻办公室:《中国的出口管制》,载《人民日报》2021年12月30日,第18版。

④ 参见《出口管制法》第3条。

⑤ 参见《出口管制法》第4条。

⑥ 参见《出口管制法》第2条。

技术的出口。这与世界其他主要航天强国的做法一致,也与履行国际义务要求相符。此外,《出口管制法》明确将统筹安全与发展,完善管理与服务作为基本原则予以提出,这对于外空商业国际合作的开展具有推动意义。

其二,包括《导弹及相关物项和技术出口管制条例》(以下简称《导弹出口管制条例》)、《技术进出口管理条例》以及《军品出口管理条例》在内的行政法规确定了航天产品与技术出口的细节性规定。《导弹出口管制条例》明确规定,国家对导弹和相关物项和技术出口实行许可证制度,防止《管制清单》所列的可被用于运载大规模杀伤性武器的导弹及其他运载系统的扩散。① 而作为《导弹出口管制条例》附件的《管制清单》主要分为两个部分,其中,第一部分是导弹和其他运载系统(包括弹道导弹、巡航导弹、火箭和无人驾驶飞行器)及其专用物项和技术,第二部分是与第一部分第一项相关的物项和技术。② 显然,与航天产品和技术相关的物项的出口,都属于管制范畴,相关活动开展应满足审批条件,方能授予许可。不过,依照《导弹出口管制条例》的要求,《管制清单》第一部分所列物项和技术的出口适用于《军品出口管理条例》的相关规定。③ 而依照《军品出口管理条例》的要求,中国军品的出口同样实行许可证制度,军品出口项目、合同,应当依照该条例的规定申请审查批准。军品出口,应当凭军品出口许可证。④ 除《导弹出口管制条例》及《军品出口管理条例》外,航天相关技术出口还应遵守《技术进出口管理条例》,尤其是该条例中有关限制出口技术的程序性及其他相关要求。⑤

其三,包括《敏感物项和技术出口经营登记管理办法》(以下简称《经营登记管理办法》)、《两用物项和技术进出口许可证管理办法》(以下简称《许可证管理办法》)以及《两用物项和技术出口通用许可管理办法》(以下简称《通用许可管理办法》)在内的部门规章确定了航天产品以及技术出口经营者与参与者的具体活动准则及相关程序性要求。《经营登记管理办法》要求,凡从事敏感物项和技术出口的经营者必须按照规定向对外贸易经济合

---

① 参见《导弹及相关物项和技术出口管制条例》第3条、第4条。
② 《管制清单》第一部分第一项的内容为:能把500千克以上有效载荷投掷到300千米以上的完整弹道导弹、运载火箭、探空火箭、巡航导弹和无人驾驶航空飞行器,以及为其专门设计的生产设施。
③ 参见《导弹及相关物项和技术出口管制条例》第5条。
④ 参见《军品出口管理条例》第13条。
⑤ 参见《技术进出口管理条例》第30~35条、第43~49条。

作部申请登记。未经登记,任何单位或者个人不得经营敏感物项和技术的出口。[①] 同时,《经营登记管理办法》对经营者需要满足的条件、申请登记的程序等内容进行了规定。[②]《许可证管理办法》首先明确阐释了商务部及其他相关部门在两用物项及技术进出口许可证管理上的具体职责;之后又规定了两用物项许可证的申领与颁发、特殊情况的处理、监督检查、法律责任等细节性问题。制定《通用许可管理办法》的目的是完善两用物项和技术出口管理,为出口经营者在《许可证管理办法》规定的发证机构提供多次申领两用物项和技术出口许可证的行为。[③] 通用许可证又可以分为甲、乙两类,其中甲类允许出口经营者在许可有效期内向一个或多个特定国家(或地区)的一个或多个最终用户,出口一种或多种特定两用物项和技术。乙类允许出口经营者在许可有效期内向同一特定国家(或地区)的固定最终用户多次出口同种类特定两用物项和技术。[④] 对于经营者而言,通用许可证制度的设立为其提供了出口便利,有利于其活动的开展。为保障该制度的有效推进,《通用许可管理办法》对通用许可证的实施、申领、经营者义务、监督管理以及法律责任等进行了规定。

综上,针对航天产品与技术出口管制问题,中国已经建立了包括法律、行政法规和部门规章在内的综合性规则体系。这对维护中国开展的外空商业国际合作秩序具有推动意义。此外,中国并非 MTCR 与 WA 等国际机制的参与国,但是一直与上述机制保持积极沟通。在制定导弹出口管制条例和清单时,中国借鉴了 MTCR 准则与“技术附件”,中国还通过与 WA 的交流就常规武器及相关两用物项和技术的出口管制原则、清单及“最佳操作规范”等问题深入交换意见。[⑤]

三、中国外空商业国际合作法律规制存在的不足

伴随商业航天的快速发展以及外空国际合作程度的日益加深,中国在

① 参见《经营登记管理办法》第 3 条。
② 参见《经营登记管理办法》第 4 ~ 6 条。
③ 参见《通用许可管理办法》第 3 条。
④ 参见《通用许可管理办法》第 5 条。
⑤ 参见中华人民共和国国务院新闻办公室:《中国的出口管制》,载《人民日报》2021 年 12 月 30 日,第 18 版。

商业航天活动管理及航天产品与技术出口管制方面已经制定了相应规则，初步形成了外空商业国际合作的规则体系。然而，现行法律规制体系仍存在不足，有进一步完善的必要，具体可总结为如下几个方面。

其一，航天基本法的缺失导致规制外空商业国际合作规则不成体系。2022 初发布的最新版白皮书中的一个重要部分是推进航天治理现代化，本部分共包含七项内容，其中的两项与外空商业国际合作密切相关，一项是鼓励引导商业航天发展，另一项是积极推进法治航天建设。[①] 其中，鼓励引导商业航天的措施包括扩大政府采购商业航天产品和服务范围、推动重大科研设施设备向商业航天企业开放共享、支持商业航天企业参与航天重大工程项目研制、建立航天活动市场准入负面清单制度等。这些鼓励措施的开展都需要有效的法律规则予以保障。而只有商业航天活动在法律保障下充分发展，才有可能进一步推动外空商业国际合作的开展。而目前的情况是，中国尚未制定航天法，航天领域基本法律缺失会在一定程度上阻碍商业航天活动的体系化与规模化发展，从而对外空商业国际合作的开展产生影响。

其二，当前以政策为主推动的商业航天活动的发展存在一定问题。利好政策的驱动使得中国商业航天于近年快速发展。但伴随商业航天活动发展的深入，其复杂性和多样性也逐步显现。在成体系的航天规则缺失的背景下，单纯依靠政策推动以及部门规章的规制已无法满足商业航天的发展要求。例如，由于政策之间协同性相对缺乏，导致从业者开展的商业航天活动领域过于集中。利好政策也催生出一批热衷融资投机、不注重长期科技研发投入的从业者的出现。此外，由于中国非政府实体从事商业航天活动的历史较短，前期积累相对不足，在鼓励措施的推动下，不少从业者开展的活动呈现出粗放式发展及无序竞争的特点。

其三，商业航天活动的管理体制尚未形成，可能会出现管理效力低下等问题。在现有的世界各国的国内航天法之中，有不少纳入了与航天活动主管部门的职能及与管理体制相关的规定。[②] 中国目前虽尚未出台《航天法》，

---

① 参见《2021 年中国的航天》，第五部分：推进航天治理现代化。

② See Mingyan Nie & Huan Yu, *To Establish National Space Law in China: An Analysis by Considering the New Developments*, in German Journal of Air and Space Law, Vol. 3, p. 486 (2018).

但政府主导的航天活动已经较为成熟，相应地，对于航天活动的管理体制也基本形成了。但是从促进商业航天活动发展的角度看，目前以政府主导的航天活动为主要着眼点的管理体制需要在一定程度上加以协调。

其四，2020年《出口管制法》制定之后，中国已经建立了相对完整的两用物项、技术与武器的出口管制规则体系，但存在与航天领域结合不够紧密的问题。以《出口管制法》为基础搭建的两用物项、技术与武器出口管制规则体系的对象具有综合性，航天相关物项与技术只是其中的一个组成部分。因为航天基本法的缺失，出口管制规则体系与航天活动的衔接存在断裂之处，有必要予以进一步完善。

第五节 本章小结

中国是世界上重要的空间强国之一，在外空领域取得了巨大成就。在外空国际合作问题上，中国在诸多领域均有建树。在全球性外空国际合作层面，中国积极推动多边外空合作，同时，努力促进外空国际规则的完善和发展，首倡的人类命运共同体理念已经成为指导外空国际合作的重要原则。在区域外空国际合作层面，中国主导建立了亚洲地区唯一的政府间空间合作组织，即APSCO，并在APSCO框架下建立了卓有成效的合作项目，建立了法律规则体系。在外空合作项目方面，中国主导建立了中国空间站，并与俄罗斯共同发起国际月球科研站项目，目前，两个项目稳步推进，相关法律规则亦正在建构中。在外空商业国际合作方面，自2015年中国商业航天元年后，中国商业航天活动快速发展，配套政策、措施也逐步制定，为外空商业国际合作的开展奠定了基础。当然，受到国际、区域政治环境，外空活动的特殊性以及不同类型外空合作发展程度等诸多因素影响，中国外空国际合作实践仍面临不少挑战，从未来发展角度看，有必要对相关法律规则进行完善，以保障合作高效、有序开展。

第七章

完善外空国际合作法律规制的中国对策

前文分别从全球性外空合作、区域外空合作、典型外空合作项目以及外空商业国际合作角度对外空国际合作法律规制现状进行了梳理并对其存在的问题和面临的挑战进行了分析。本章在前文分析基础上，提出完善外空国际合作法律规制的建议和对策。诚然，外空国际合作是一个非常复杂的概念，其涵盖内容极为广泛，规制外空国际合作的法律规则也呈现极为多元化的特征。因此，很难全面针对外空国际合作法律规制问题提出完善措施。故而，本章在前文基础上，结合中国外空国际合作实践，从中国视角出发，提出完善外空国际合作法律规制的初步对策建议。

第一节 中国外空国际合作理念与全球性外空合作规则完善

一、以中国外空国际合作理念推动全球性外空国际合作规则完善的可行性

外空国际合作是外空法的基本原则之一，世界上主要空间技术强国开展本国外空活动同时也大多会在不同层次开展合作。相应地，不同国家也都有其秉持的外空国际合作理念。中国外空国际合作理念是基于多年外空活动实践总结而来的，符合中国外空活动发展的实际需求。从全球性外空国际合作规则完善角度看，中国理念发挥推动作用的可行性可以总结为如下几个方面。

其一,中国外空国际合作理念与现行外空法基本原则高度契合。如上文所述,中国开展外空国际合作的前提是遵守现行国际法原则、规则。无论是主张平等互利、取长补短,还是重视与发展中国家合作,抑或鼓励支持多元化主体参与国际合作,都与1967年《外空条约》以及1996年《外空国际合作宣言》的规定一致。作为外空国际规则体系的重要组成部分,无论是作为"硬法"的《外空条约》还是作为"软法"的《外空国际合作宣言》都得到了国际社会的普遍认同。对于现行外空法原则和规则的施行是中国作为条约缔约国以及负责任空间强国应尽的义务,在遵守现行规则框架的前提下推动相关合作理念的深化具有必要性,同时也更容易形成国际共识。

其二,中国外空国际合作理念对现行外空法基本原则有深化意义且得到广泛认可。诚然,单纯遵守现行外空法原则仍不足以推动外空国际合作法律规则的修改。中国提出的外空国际合作理念,尤其是人类命运共同体理念对现行外空法原则有重要的深化意义。对此,上文已做详细分析,此不赘述。2017年11月1日,联合国大会通过的《防止外空军备竞赛进一步切实措施》和《不首先在外空部署武器》两项决议载入了人类命运共同体理念,此后,该理念也被历年通过的同名决议采纳。[①] 这表明人类命运共同体理念在外空安全治理问题上的推动意义已经被广泛认可。随着中国推动的外空国际合作实践的深入,这一理念必将会在推动外空国际合作方面发挥积极作用。

其三,中国外空国际合作实践多元、综合,为合作理念的推广奠定了现实基础。从外空国际合作实践角度看,中国在全球、区域、合作项目开展上都取得了巨大成就,在外空商业国际合作层面也不断进步。这都为中国提出的理念产生更广泛的国际影响奠定了坚实基础。随着中国主导和开展的活动规模日益扩大、参与国日益增加以及参与主体性质日益多元,中国提倡的合作理念也有机会得到细化,从而进一步增强其对指导国际规则完善的可适用性。

---

① 参见《"构建人类命运共同体"理念首次写入联大安全领域决议》,载观察者网,https:// www. guancha. cn/Third-World/2017_11_02_433313. shtml。

二、推动以中国理念完善全球性外空合作规则的措施建议

无论是从内涵还是从现实基础层面看,以中国提出的外空国际合作理念作为进一步完善外空合作国际规则的理论基础都具有可行性。但与此同时,也应该考虑采取具体措施将中国理念与规则完善协调统一起来,对此,本书提出如下建议。

其一,进一步阐释中国外空国际合作理念内涵,消除误解。上文对于中国外空国际合作理念的内涵,包括人类命运共同体理念以及其对外空国际合作规则完善的指导意义作出了阐释和分析。但值得注意的是,目前外空领域面临的环境是合作与竞争并存,其中,竞争也包括对于规则制定主导权的竞争。因而,即便人类命运共同体等中国提倡的外空国际合作理念已经获得了多数国家的认同,但同时也存在对于这些理念的质疑声音。例如,有的国家认为中国试图将其多边主义和世界地缘政治的国家观点加诸国际关系之中,人类命运共同体理念的提出则是希望重建天下秩序,取代现有国际组织,建立中国主导的新的全球组织等。[①] 这些说法显然对中国提倡的外空国际合作理念以及人类命运共同体理念存在误解和偏见。中国外空合作基本思路是遵循现行国际法原则、规则,相关理念的提出是为了更好地维护外空活动秩序,完善外空合作规则。但无论如何,误解和偏见的存在会阻碍和限制中国提倡理念作用的发挥,因而有必要进一步深入阐释中国外空合作理念的内涵,使世界各国全面充分了解中国思路和方案,消除误解和偏见。

其二,充分利用外空合作平台,推广、阐释中国外空国际合作理念。无论是推广中国外空国际合作理念,使其具有更大影响力,还是阐释相关理念,消除误解与偏见,都需要借助相应的平台。从全球外空合作层面看,中国一直积极参与联合国外空委等联合国框架下合作机制活动,人类命运共同体理念目前得到多数国家接受和认可便与之密切相关。未来,中国应进一步借助联合国相关机构,推广、阐释相关理念。除综合性外空国际合作平

① 参见杨永红:《防止对人类命运共同体理念的曲解》,载新华网,http://www.xinhuanet.com/world/2018-02/23/c_129814891.htm。

台之外,中国也应重视利用专门性合作平台,例如,国际电信联盟、国际通信卫星组织以及国际海事通信卫星组织等。此类平台专注于卫星通信等事务,其相关规则更具针对性和可操作性,在此背景下推动中国理念更具现实意义。另外,中国还应充分利用国际宇航联以及国际空间法协会等非政府间机构。此类非政府间学术机构的主要功能是学术讨论和科学研究,倾向于从客观角度对相关问题进行研究和阐释,利用此类平台邀请世界各国研究者讨论中国外空国际合作理念,一方面,有助于充分阐释这些理念的具体内涵;另一方面,也能起到推广相关理念的作用。

其三,提出以中国理念为指导的外空国际合作规则。针对外空武器利用与军备控制问题,中国提出了《PPWT 草案》,这一草案是中国外空国际合作理念指导下的具体规则提议,对推进外空国际合作有重要意义。但总体而言,《PPWT 草案》提出的主要目的是保障外空安全,对于外空国际合作的促进意义是间接的。因而,伴随外空国际合作规模的扩大以及外空活动国际影响力的日益提升,中国可以适时提出促进保障外空国际合作的规则框架建议。

综上所述,无论是从组织机构角度看,还是从法律规制角度看,全球性外空国际合作都极为复杂。以联合国外空为代表的外空国际合作机构框架以及以 1967 年《外空条约》为代表的外空合作国际规则框架至今仍是维持全球性外空国际合作最重要的基础。然而,经过多年发展,国际关系已发生巨大变化,外空技术与外空活动领域也已跨过了多个发展阶段。在此背景下,似乎有必要对形成于冷战时期的外空国际合作组织框架和法律规则框架进行全面完善和调整。但应当承认的现实是,这一目标很难在短期内实现。作为世界上最重要的空间技术强国之一,近年来,中国外空活动取得了巨大成就。针对外空国际合作问题,中国在理论和实践方面都有一定的积累。在外空国际合作组织机构与法律规制都面临挑战的当下,中国应积极利用现有优势,逐步推动相关规则完善,在发挥负责任空间大国作用的同时,增强中国在外空国际治理方面的影响力。

第二节 亚太空间合作组织规则完善与亚洲地区外空合作促进

自建立以来,APSCO 取得了不少合作成就,但同时面临成员国数量较少、合作项目投资规模较小以及对东道国技术依赖度较高等问题。存在这些问题的原因一方面是受亚洲地区复杂国际环境的影响;另一方面则是源于 APSCO 的法律规则自身存在一定缺陷。作为中国发起的区域外空合作组织,近年来,随着"一带一路"外空合作计划、国际月球科研站项目的提出,APSCO 获得了重大发展机遇。因而,APSCO 应逐步完善自身法律规则,同时发挥示范作用,促进本地区外空合作的进一步发展。

一、亚太空间合作组织规则完善建议

结合上文对 APSCO 法律规则缺陷的分析,[①]同时考虑 APSCO 自身的发展及亚太地区外空合作的特殊性,本部分提出如下完善 APSCO 规则建议。

其一,进一步完善 APSCO 工业政策与"投资返还"原则。依照欧空局的合作经验看,工业政策与"投资返还"原则的最重要功能是有效协调成员国参与项目合作,同时满足其对项目资金投入的收益需求。APSCO 目前面临的问题是成员国对合作项目投入资金较少,对于东道国资金和技术依赖过高,"投资返还"原则实际上没有起到作用。如若希望解决这一问题,进一步扩大项目合作规模,鼓励成员国投入更多资金应是必然趋势。此外,细化"投资返还"原则规定,更好地保障成员国合作利益在某种程度上也能起到吸引合作国家投入资金的效果。详言之,未来 APSCO 针对"投资返还"原则可以采取的完善方式如下。

(1)借鉴欧空局做法,纳入计算"投资返还"的"权重系数"。依照欧空局的经验,计算"投资返还"原则"权重系数"的依据是合同内容的技术利益。[②] APSCO 可以总体采纳这一做法,但是如下两个问题需要特别注意:一

---

① 关于 APSCO 法律规制尚存问题的分析,参见本书第六章第二节内容。

② See Art. Ⅳ (2),(6),Annex V,Convention for the Establishment of a European Space Agency.

是欧空局框架下开展的合作活动大多数技术要求较高,目前,APSCO 的合作项目技术要求相对较低,因此,“权重系数”的起点也应进行相应调整;二是 APSCO 框架下合作项目一般会有主导国,例如,APSCO 开展的第一个任择性项目被分为两个相同的部分,其主导国分别为中国和巴基斯坦。① 显然,作为主导国,其对于项目的参与程度会更高,为鼓励其他成员国对项目的参与,在确定“权重系数”时,可以将主导国身份作为考虑因素之一。

(2)借鉴欧空局做法,采取调整和校正措施,保障“投资返还”目标的实现。在欧空局框架下,成员国的工业能力对于决定其如何参与任择性项目至关重要。② 但是在 APSCO 框架下,成员国的国内工业能力不仅决定其对任择性项目的参与方式,同时也限制其对基础性合作项目的参与。举例而言,在 APSCO 第一个基础性合作项目的执行阶段,来自中国、伊朗、泰国与孟加拉国 4 个国家的 7 家公司参与了竞标,而最终却只有两家来自中国的公司按时进行了投标。③ 由此可以看出,APSCO 成员国对于项目建设的参与程度总体较低,即便是基础性合作项目,能够返还给每个成员国国内企业的合同数量也十分有限。考虑多数成员国对 APSCO 的财政投入本身数额便比较低,再加上其国内工业企业参与度较弱,“投资返还”原则是否能够起到实际作用对于这些国家而言似乎影响很小。但从未来发展看,APSCO 的合作规模与项目投入规模势必越来越大,因此,引入调整和校正措施尽量保障“投资返还”原则目标实现仍有重要意义。对此,本部分提出如下建议措施:第一,在 APSCO 项目(尤其是基础性合作项目)的执行阶段,建议东道国依照技术要求的不同对项目所涉的事务进行分类,这样,可以在一定程度上为技术能力相对较低的成员国国内工业企业提供参与项目执行的机会;第二,在通过技术要求对合作项目活动进行分类基础上,成员国可以允许本国多个公司依照自身技术能力参与 APSCO 对应项目竞标,并为其提供便利条件和必要支持;第三,从 APSCO 角度看,在每次开展有关合作项目的招标活动

① See Mingyan Nie, *Legal Framework and Basis for the Establishment of Space Cooperation in Asia*, Lit Verlag, 2016, p. 166.

② See Stephan Hobe, Mahulena Hofmannova & Jan Wouters, eds., *A Coherent European Procurement Law and Policy for the Space Sector: Towards A Third Way*, Lit Verlag, 2011, p. 74.

③ See Mingyan Nie, *Legal Framework and Basis for the Establishment of Space Cooperation in Asia*, Lit Verlag, 2016, p. 167.

时,应给予成员国的相关实体充分的通知,以保障其参与的可能性。

其二,进一步推动 APSCO 合作项目的商业化发展,制定完善配套规则。限制 APSCO 工业政策目标实现及“投资返还”原则作用发挥的一个根源问题在于其合作项目总体规模较小。而如果希望扩大合作项目规模,则需要更多的资金投入。但是 APSCO 成员国数量较少且其对于组织合作项目的投入有限,因此,推动 APSCO 合作项目商业化发展便成了当前阶段唯一可选的解决问题的方式。前文对 APSCO 合作项目商业化发展的可行性进行了论证,本部分重点关注商业化活动的规制方式,重点解决如下问题,即应该以何种模式开展商业化活动;以及需要制定哪些配套规则。

(1)APSCO 商业化活动的模式选择。依照目前可以借鉴的经验看,建立专门的公司对外提供外空商业化服务是一种可选模式,其中最为典型的例子便是欧洲的阿丽亚娜公司。作为一个有限责任公司,阿丽亚娜公司依照法国法律注册成立,其开展商业发射服务的设备、设施是位于法国的圭亚那航天中心。① 欧空局并不是阿丽亚娜公司的股东,但与该公司签有协议,使得其可以对公司开展的相关活动进行一定程度的控制,并可以参与公司决策的作出。② 欧空局参与阿丽亚娜公司活动的方式包括:担任阿丽亚娜公司永久审计员,保障公司活动符合双方签订协议要求;参与阿丽亚娜公司董事会和股东大会,发表咨询意见;有权获取公司签署给管理层和股东的所有相关文件。③《亚太空间合作组织公约》规定理事会可以决定建立相关机构或办公室,④而对于未来如何管理 APSCO 的商业活动,公约并未明确。从长远发展角度看,公司模式不失为一个合适的选择。

(2)APSCO 商业化活动配套规则制定。如果 APSCO 商业活动开展采取了类似于阿丽亚娜公司的模式,需要处理两个重要法律关系,同时制定配

① See Catherine Baudin, *A Brief History of the Ariane Program and Its Evolving Legal Infrastructure*, in Proceedings of the Sixth ECSL Summer Course on Space Law and Policy, August 8 – 24, 1997, p. 194.

② See Catherine Baudin, *A Brief History of the Ariane Program and Its Evolving Legal Infrastructure*, in Proceedings of the Sixth ECSL Summer Course on Space Law and Policy, August 8 – 24, 1997, p. 195.

③ See Valerie Kayser, *Launching Space Objects: Issues of Liability and Future Prospects*, Kluwer Academic Publisher, 2001, p. 139; see also Catherine Baudin, *A Brief History of the Ariane Program and Its Evolving Legal Infrastructure*, in Proceedings of the Sixth ECSL Summer Course on Space Law and Policy, August 8 – 24, 1997, p. 195.

④ See Art. 12 (1), Convention of the Asia-Pacific Space Cooperation Convention.

套规则。第一重法律关系表现在该公司与其注册地所在国之间。管理APSCO商业活动公司的最佳地点为其总部和主要行政机构所在地，即中国北京。因此，中国有关外空商业活动的法律适用于该公司的活动开展。目前中国尚未制定专门的航天法，但已经初步建立了管理航天活动以及外空国际商业合作规则，该公司可依照这些规则开展活动。在商业航天不断发展背景下，中国逐步建立健全航天法律规则体系，鼓励外空商业国际合作，这对APSCO商业活动的开展也有积极推动意义。第二重法律关系则表现在该公司与APSCO之间。依照APSCO开展商业化活动的思路，应按照《亚太空间合作组织公约》要求，对外提供商品和服务，而公司的定位则在于将产品和服务推向全球市场，从而获得收益。因而，有必要在APSCO与该公司之间缔结一个协议，对相关事项进行规定。具体而言，该协议应包含如下内容。一是APSCO与该公司的关系处理。对此，可以借鉴欧空局的做法，APSCO不作为股东加入公司，但是作为商品和服务的提供者，APSCO可以通过其他制度设计参与公司活动。从该公司的角度看，其主要任务则应包括市场分析、产品和服务推广、客户沟通与拓展等。[①] 二是利益分配的具体措施。即便APSCO在性质上是一个非营利性组织，其仍可以为支持自身发展的目的而获取一定收益。应当指出的是，此类收益属于《亚太空间合作组织公约》规定的组织的财政来源之一。[②] 将这些收益投入至APSCO的合作项目之中则可以进一步扩大项目规模，从而吸引更多成员国投入，而成员国对于项目的广泛参与则可以保障“投资返还”原则目标的实现。换言之，制定有效的利益分配措施对于APSCO的发展壮大和公司自身的有效运营都十分重要。三是APSCO在公司中的权利。如上述，欧空局采取了相关措施参与并在一定程度上控制阿丽亚娜公司的运营，APSCO也可以借鉴欧空局的做法以监督公司活动的开展，保障APSCO与成员国的利益。此外，APSCO目前仍处在发展的初级阶段，负责其产品和服务商业化的公司也处于设想阶段。如果公司得以建立，APSCO与公司有效沟通措施的建立有助

---

① See Iranian Space Agency, *Proposal for Establishment of Subsidiary Institute for the APSCO*, Agenda No. 6, 5th Administration Heads Meeting, 14 – 16, January, 2013, Beijing, China, p. 20 – 23.

② See Art. 18(1), Convention of the Asia-Pacific Space Cooperation Convention.

于提高双方效率。

综上所述，无论是借鉴欧空局的做法对“投资返还”原则的实施进行完善，还是对APSCO的产品与服务进行商业化推广，都有助于进一步扩大APSCO项目的合作规模，且有可能吸引更多的成员国加入该组织。当然，与欧洲地区相比，亚洲地区外空合作环境更为复杂，因此，除了从内部对相关规则和措施进行完善调整，APSCO还应尽可能拓展外部合作，从而促进亚洲外空合作的发展。

二、通过亚太空间合作组织促进亚洲外空合作发展

依照目前外空合作发展情况看，希望在短期内在亚洲地区建立起欧空局似的合作机构并不可能。通过对合作规则的完善和修改，APSCO可能会开展更大规模的合作项目或吸纳新的成员国，但若想达到促进亚洲外空合作发展的目的，仍然任重道远。当然，作为APSCO的东道国，随着中国外空活动能力的不断提升，以APSCO作为平台的亚洲外空合作可能会得到持续改善，对此，本部分提出如下规则完善措施。

其一，推动APSCO与中国主导的外空国际合作项目有效衔接，进一步制定、完善详细的合作规则。如上述，在中国推动的外空国际合作项目稳步发展的背景下，APSCO已经与中国相关主管部门相继签订协议，积极参与“一带一路”外空合作项目以及国际月球科研站项目建设。这为APSCO作为促进亚洲外空合作发展平台作用的进一步发挥提供了优良条件。APSCO可以通过为“一带一路”项目以及国际月球科研站项目提供航天服务等方式获取收益，完善其自身功能。同时，借助参与上述项目合作的契机，APSCO也有机会与项目的其他参与国建立联系，为吸纳更多成员国从而扩大组织规模创造条件。目前，APSCO与“一带一路”项目及国际月球科研站项目的合作仍处于探索阶段，相关合作规则尚不完善。随着合作的深入，APSCO应与项目的主导国(中国)的相关主管部门签订细节性合作协议，对APSCO参与项目合作的具体方式，相关权利、义务等进行明确规定，[①]推动APSCO与

① See Mingyan Nie, *Asian Space Cooperation and Asia-Pacific Space Cooperation Organization: An Appraisal of Critical Legal Challenges in the Belt and Road Space Initiative Context*, Space Policy, Vol. 47, p. 228 (2019).

项目合作的有效衔接。

其二,推动构建 APSCO 与 APRSAF 合作协调机制。亚洲地区的外空合作呈现竞争与合作并存的特征,而其中的竞争更多的是对于合作伙伴的竞争。中国与日本主导的两个合作机制的并存便是对这一特征最直观的诠释。但是从推动亚洲外空合作发展的角度看,APSCO 与 APRSAF 的合作仍旧十分必要。从法律性质看,APSCO 是政府间国际组织,依照其公约规定,APSCO 可以参加双边、多边会议或与其他非成员国建立合作伙伴关系。[①] 换言之,APSCO 可以参加 APRSAF 的活动,或与 APRSAF 的发起国日本建立伙伴关系等。而作为一个非政府间会议,APRSAF 能否参加 APSCO 的活动存在疑问。不过多数学者提出,APRSAF 的法律人格问题不应成为阻碍其参加其他国际组织活动的障碍,国际社会上也存在诸多可以借鉴的先例。[②] 事实上,早在 2009 年,APSCO 与作为 APRSAF 发起方的日本的相关主管机构便对双方之间的合作提出了设想,双方明确表示应尽量避免竞争和重复开发,寻求开展合作的共同基础。[③] 然而,时至今日,APSCO 与 APRSAF 之间仍未建立起稳定的合作机制,且因为多重因素的影响,二者之间在相当长的一段时间内没有开展实质的交流。从长远角度看,APSCO 与 APRSAF 有必要探寻在灾害减缓与预防以及空间碎片治理等较为容易达成合作意向的公共事务领域开展合作的方式并制定规则,为两个机构未来更广泛合作的开展积累经验。

APSCO 是亚洲唯一致力于推动区域外空合作的政府间国际组织,其组织架构与法律规则体系以欧空局为蓝本,这表明该组织希望复制欧空局的成功的雄心。然而,无论是在成员国数量上,还是合作项目规模上,APSCO 与欧空局都存在较大差距。这一方面与 APSCO 规则设计不够完善有关;另一方面,则是因为受到了亚洲地区复杂的外空合作环境的影响。鉴于此,APSCO 有必要进一步完善自身规则,在此基础上,借助东道国中国提出的最

① See Art. 24: Cooperation with other Entities, Convention of the Asia-Pacific Space Cooperation Convention.

② See Setsuko Aoki, *Regional Cooperation in Asia Relating to Space Activities* (*Commentary*), in Proceedings of the Space Law Conference 2006: Asian Cooperation in Space Activities a Common Approach to Legal Matters, 2 – 3 August 2006, Bangkok, Thailand, p. 169.

③ See Mingyan Nie, *Legal Framework and Basis for the Establishment of Space Cooperation in Asia*, Lit Verlag, 2016, p. 191.

新外空合作项目,进一步发挥促进亚洲外空合作平台功能。

第三节　中国空间站及国际月球科研站法律规则与外空国际合作促进

中国空间站与国际月球科研站都是中国主导建设的外空国际合作项目。随着项目开展的深入,相关方也会逐步构建完善的规制项目开展的规则体系。无论是项目的开展,还是未来配套规则体系的建设,都将是中国对外空国际合作作出的重要贡献。当然,中国空间站与国际月球科研站规则体系的构建都是极为复杂的过程,本节仅从促进国际合作的角度,提出中国空间站与国际月球科研站项目规则建设的初步建议。

一、中国空间站合作规则的制定与外空国际合作的促进

从目前发展状况看,中国空间站的法律规制框架尚存在明显不足。随着中国空间站合作活动的不断深入,至少有如下几个方面的问题需要制定专门规则予以明确。[①]

其一,中国空间站开展国际合作模式规则。中国空间站与已有空间站合作模式不同,其中,最为典型的特征是中国空间站为中国独有。因而,国际空间站采用的政府间合作协议模式无法适用。中国可以依据合作对象探索新的合作模式,制定相关合作规则。应当注意的是,从中国空间站建设最初,这一项目便是一个面向全世界各国开放的项目,因此,这一新的合作模式既要保障中国作为项目发起者和主导者的权力和利益,又不能过于强调和突出中国在项目中的特殊性。从合作对象的角度看,则可以依据其参与中国空间站方式的不同而有所区别。

其二,中国空间站行为准则。作为一个开放合作的项目,中国空间站对所有联合国成员国敞开大门。参与合作方可以是政府机构,政府与非政府组织、私营实体、学术研究机构以及大学等。在拥有如此复杂多元的潜在合

① 相关论述参考了知名外空法专家李寿平教授的观点,参见马子倩:《拿什么“保护”空间站?空间安全体系亟待建立》,载《中国青年报》2022 年 4 月 21 日,第 9 版。

作对象的背景下，合作内容也可能涉及到很多方面，例如，科学研究与技术实验验证、载人飞行，未来还可能包括外空旅游等商业活动。这都需要制定详尽的行为准则，对未来可能在中国空间站开展活动的不同类型的人员活动予以规制。行为准则的功能主要是协调中国空间站的运营、使用和管理，相较于涉及基本原则和基本理念的合作模式规则更具中立性，因此，可以在结合自身特殊性的基础上借鉴国际空间站的成熟做法。这一方面能够提高规则制定的效率；另一方面，也能在一定程度上与已有项目的做法保持一定的统一性，利于潜在使用者接受，对于促进外空国际合作亦有积极意义。

其三，中国空间站保护规则。近年来，空间站所处的轨道高度（约海平面以上400千米）愈加拥挤。以美国SpaceX公司为代表的私营实体提出大规模小卫星星座部署计划（“星链”项目）之后，近地轨道拥堵风险进一步增加。2021年7月和10月“星链”卫星曾两次接近中国空间站，为保障安全，中国实施紧急避碰，规避了碰撞风险。① 因为轨道拥挤、空间碎片数量逐渐增加等原因引起的外空物体碰撞及碰撞危险并非新鲜事物，也不是中国空间站建设中独有的问题。为解决这一问题，国际社会已经相继提出了空间碎片减缓、移除，制定外空交通规则等多项建议措施。② 而这些措施的施行都高度依赖世界各国尤其是空间强国和空间大国之间的合作。因而，从保护中国空间站角度出发，单方面制定规则作用不大。但是保护规则的制定可以表明中国在外空安全保障方面的态度，同时，也可以明确出现问题时能采取的具体措施。这对于增进各方谅解、促进合作协调有积极推动意义。

2022年年初，NASA提出国际空间站将于2030年年底退役，并计划于2026年开始逐步将其移除轨道。③ 与此同时，NASA分别与三个私营公司签

① 参见《外交部：美国卫星两次接近中国空间站　威胁航天员生命安全》，载人民网，http://world.people.com.cn/n1/2021/1228/c1002-32319279.html。

② 关于空间碎片减缓、移除以及外空交通规则制定等内容的详细论述和分析，可以参见聂明岩：《外空安全国际法保障研究：以“人类命运共同体”理论为视角》，中国政法大学出版社2023年版，第118～130页。

③ See Chatwan Mongkol, *NASA Plans to Retire International Space Station in* 2031, NBCDFW (Feb. 4, 2022), https://www.nbcdfw.com/news/national-international/nasa-plans-to-retire-international-space-station-in2031/2880166/.

订协议，支持这些公司开发设计空间站项目及其他外空设施，[①]期待以此作为国际空间站的替代方案。国际空间站是外空3.0时代的代表性合作项目，NASA提出的替代方式更多依赖非政府实体的参与，这恰巧是外空4.0时代的特征。而中国空间站建设兼具了外空3.0时代和外空4.0时代的特征，这实际上对其规则体系的建设提出了更高的要求。在制定中国空间站规则的过程中，应全面考虑多元化合作主体的需求以及外空4.0时代发展的特征，在考虑保障中国空间站合作顺利开展的同时，也应考虑如何有效推动更广范围的外空国际合作。

二、国际月球科研站法律规则制定与外空国际合作的促进

国际月球科研站项目与阿尔忒弥斯项目是当前全球范围内最重要的月球探索与开发项目。两个项目都以国际合作的方式进行组织，从合作规模看，阿尔忒弥斯项目已经拥有43个合作伙伴，国际月球科研站项目合作伙伴数量相对有限，仍有进一步发展的空间。从规则构建看，《阿尔忒弥斯协定》为阿尔忒弥斯项目的开展奠定了法律基础，国际月球科研站框架下规则体系仍有待进一步完善。当然，国际月球科研站合作内容复杂且持续周期较长，其法律规则体系的构建不能一蹴而就，应随着参与国的不断增加而逐步完善。本部分仅从未来发展角度，对国际月球科研站法律规则制定应考虑的基本问题提出初步建议。

其一，国际月球科研站规则与现行外空法原则、规则的对接。无论是从物理特性还是从现行国际规则的角度看，对于月球的探索和开发都具备其特殊性。以美国为代表的空间强国将外空活动战略重点转移至地月空间必然会对规则的制定产生影响。另外，1979年《月球协定》的失败也决定了在这一领域探索制定新的规则需更为谨慎。因而，在制定国际月球科研站规则过程中，合作国要考虑目前已经存在的探月竞争这一事实，在战略布局上做相应考量。同时，各合作国还应考虑如何将相关规则与现行外空法原则、规则对接。这样可以最大限度地吸引现行外空国际条约各缔约国参与国际

① See *NASA Selects Companies to Develop Commercial Destinations in Space*, NASA (Dec. 2, 2021), https://www.nasa.gov/news-release/nasa-selects-companies-to-develop-commercial-destinations-in-space/.

月球科研站项目,另一方面,也与中国一贯秉持的外空合作理念相契合。此外,随着项目合作的日益推进,相关合作方还应考虑月球资源利用法律规制问题。

其二,国际月球科研站活动准则。《指南(V1.0)》中提及了制定科研站活动准则的问题。与其他外空国际合作项目相同,制定详细的活动准则可以明晰相关参与国、活动参与方在项目活动中的权利和义务,同时,也可以确定产生争端时的解决方式,从而保障合作的顺利开展。作为国际月球科研站的重要发起国,中国探月工程框架下的相关活动准则应予以特别考虑。此外,国际空间站项目也提供了可供借鉴的经验。而伴随中国空间站合作项目的开展,其相关做法同样也可为国际月球科研站活动准则的制定提供思路。

其三,国际月球科研站与其他同类项目活动协调规则。目前,国际社会层面探月活动体现出的总体特征为以美国为代表的空间强国与中国及俄罗斯的竞争。但应当强调的是,包括 1967 年《外空条约》在内的现行外空国际规则体系确定了外空活动全人类共同利益、外空国际合作等原则。这意味着即便目前在月球探索和开发领域不同参与国之间存在竞争,但与此同时,相关方应寻求合作与协调的可能性。从国际月球科研站建设的基本遵循看,人类命运共同体蕴含的理念适用于项目的建设。换言之,以国际月球科研站为平台开展更广范围的合作(包括与存在竞争关系的阿尔忒弥斯项目的合作)符合项目建设的初衷。因而在国际月球科研站规则制定过程中,应考虑预留与《阿尔忒弥斯协定》相关规定进行协调的可能性。

第四节　中国航天法的制定与外空商业国际合作的发展

中国是世界上为数不多的尚未制定国内航天法的空间技术强国。但是,近年来商业航天活动的快速发展对成体系的航天法的需求愈加强烈。2021 年发布的新版《2021 年中国的航天》白皮书规划了中国未来 5 年航天建设的目标,提出应推进法治航天的建设,并对中国航天法体系的构建进行了初步设想。本节对中国航天法体系的建设提出初步设想,同时,探讨中国航天法体系对外空商业国际合作发展的促进作用的发挥。

一、中国航天法的制定

依照2021年版白皮书的设想,中国应构建和完善以航天法为核心的航天法制体系,同时应研究制定卫星导航条例、修订空间物体登记管理办法,持续规范空间数据共享和使用管理、民用航天发射许可管理,研究制定卫星频率轨道资源管理条例。[①] 根据这一规划,中国未来航天法体系应为以一部航天法为基本法,同时制定或修改关于卫星导航、登记、空间数据使用、航天发射、卫星轨道资源相关的专门规章。这些专门规章涉及航天活动的诸多具体细节,与商业航天的发展以及外空商业国际合作密切相关,而航天法则具有基础性和引领性的作用,为实现促进商业航天活动及外空商业国际合作有序发展的目标,未来中国航天法应考虑纳入如下内容。

其一,关于鼓励外空国际合作和非政府实体参与外空活动的基本原则。参考其他国家国内航天基本法的做法,为明确相关理念,可以在相应部分规定基本原则内容。中国航天法在整个规则体系中具有中心地位,对中国航天活动的开展具有基础性指导作用,因此,有必要纳入对基本原则进行规定的条款。外空国际合作是外空法基本原则,中国是世界主要外空国际条约的缔约国,可以在航天法中直接引入这一原则。当然,对于外空国际合作原则的具体内容,应充分结合中国的理论创新,全面吸纳人类命运共同体理论蕴含的理念。非政府实体是商业航天活动的最重要参与主体,纳入相关鼓励原则与中国当前鼓励商业航天发展政策一致,同时,也可以为规制商业航天活动具体规则的制定确定基调。

其二,对中国航天活动主管部门的分工与职能进行详细划分的相关规则。如上文所述,目前,中国商业航天发展的掣肘因素之一是管理部门分工协调不够清晰。航天活动自身带有军、民两用性质,非政府实体的广泛参与又增加了活动主体的复杂性。此外,由于多年以来中国航天活动由政府相关部门主导,已经形成了一定的管理惯性,相关管理模式和要求对于以非政府实体为主体的商业航天活动的发展并不十分友好。对此,为鼓励商业航

① 参见《2021年中国的航天》,第五部分:推进航天治理现代化。

天发展而制定的《2019通知》已有所意识并有针对性地作出了规定。在中国未来航天法中,有必要对主管航天活动部门的职能与分工进行详细规定,这一方面可以更好地鼓励非政府实体活动的开展;另一方面也能为商业航天活动细则的制定奠定良好基础。

其三,关于航天活动开展的原则性规定。2021年版白皮书确定了航天法在整个规则体系中的中心地位,因而,航天法中无法对航天活动开展进行细节性规定。从2021年版白皮书的设计看,这些细节性规定主要体现在多部规章之中。但即便如此,航天法仍有必要对航天活动的开展进行总括性、原则性的规定,一方面,将其确定的基本原则与相关活动进行衔接;另一方面,也为围绕航天法制定的系列规章的具体实施奠定基础。2021年版白皮书提议制定和完善的规章与商业航天活动的开展密切相关,但关于外空商业国际合作的内容并未被直接提及,也未涉及与航天产品、服务等出口管制相关的问题。2020年《出口管制法》出台之后,中国已经建立了相对完善的两用物项、技术与武器的出口管制规则体系。为促进商业航天活动以及外空商业国际合作的发展,航天法相关规则有必要对这一问题进行回应,确定航天产品与技术出口规制的总基调,未来待时机成熟之后,则有必要制定专门的针对航天产品与技术出口的规章,从而建立完整、统一的规则体系。

二、中国航天法对外空商业国际合作的推动

如上文所述,如果在航天法中纳入中国开展外空国际合作基本理念,同时对航天活动主管部门的职能进行详细划分,并对航天活动的开展进行总括性规定,则可以在很大程度上推动中国外空商业国际合作的开展。当然,在推动外空商业国际合作问题上,中国航天法所能起到的作用远不止如此。

首先,在全球性外空合作方面,中国提出的人类命运共同体等理念已经得到了世界多国的认可,但从目前发展情况看,全球性外空国际合作主要着眼于国家、国际组织之间关系的协调。人类命运共同体理念对外空国际合作的贡献主要体现在维护外空安全方面。然而,外空4.0时代体现出明显的外空私营化与商业化特征。未来中国航天法对人类命运共同体等理念的引入,会在商业外空国际交往中起到推广这些理念的作用,而上述理念作用的

充分发挥则会反过来促进和推动外空商业国际合作的开展。

其次,在区域外空合作方面,中国发起建设了APSCO,并以之为平台推动开展了诸多区域外空合作项目。作为APSCO的东道国,中国航天法的制定可能会对APSCO其他成员国国内立法起到示范作用,从而促进本地区国内航天立法的统一、协调发展。而正如上文所分析的,区域合作机制各参与国国内航天立法的相对统一和协调对外空商业国际合作开展有重要促进意义。

最后,在外空项目合作方面,中国主导建设了中国空间站与国际月球科研站项目,两个项目诸多涉及商业活动和商业合作的内容可以直接适用中国航天法及其配套规则,其重要意义不言而喻。

综上所述,中国航天法规则体系的制定是一个很复杂的过程,涉及多方利益的协调,也面临诸多困难。从促进和鼓励外空商业国际合作的角度看,中国航天法及其配套规则应顺应外空4.0时代的特征,充分考虑非政府实体在商业航天活动以及与之相关的国际合作中的主导作用,吸纳中国倡导的外空国际合作理念,同时,结合中国管理机构及现行规则框架特征,建立综合、完善的航天法体系。此外,航天法体系虽主要着眼于国内外空活动,但也不能忽视中国在全球、区域外空合作以及外空国际合作项目上已经取得的成就。这些合作成就一方面为中国航天法体系框架下外空商业国际合作活动的开展提供了有利条件;另一方面,也对航天法体系中应当包含的内容提出了要求。

第五节 本章小结

本章在前文分析基础上,提出了中国可以采取的完善外空国际合作法律规则的措施建议。由于中国在各个类型的外空国际合作中已经积累了一定经验,因此,在推动、促进规则完善进程中有良好的基础。从全球性外空合作规则完善角度看,中国应进一步阐释人类命运共同体理念内涵,消除误解;同时,还应利用政府间与非政府间的合作平台,充分推广该理念,增强影响力。在区域外空合作规则完善层面,中国应推动修改APSCO规则,并以

APSCO 为平台，促进亚洲外空合作的进一步发展。此外，中国还应继续推进中国国际空间站以及国际月球科研站规则建设。对于这些项目规则的建设不仅对项目自身运营意义重大，同时对全球性、区域性以及外空商业国际合作的开展亦有积极意义。除了推动国际规则的建设之外，中国还应积极制定国内航天法规则，这是外空 4.0 时代下商业航天活动不断发展的要求，同时，由于中国在外空国际合作各领域的重要地位，中国国内航天法规则的制定对于推动综合性外空国际合作的发展同样意义重大。

后 记

近年来,国际环境日益复杂,面对具有重要战略意义的外空活动,世界各国也愈加谨慎。外空活动似乎渐渐远离了人类社会原本设想的“合作”的氛围,而逐步具备了“竞争”甚至“竞赛”的味道,这明显不利于外空活动的可持续发展,也与人类社会外空活动最初便已确定的外空国际合作基本法律原则要求不符。在这样的大背景下,本书对外空国际合作法律原则进行全面梳理,对不同类型外空合作法律规制进行分析,并从中国视角提出了解决建议,以期为外空国际合作法律规制的完善贡献微薄力量。

本书是2021年深圳市“孔雀计划”——“未来科技与法治的交叉融合研究”(项目批准号:MA11409001)研究成果。本书写作框架由聂明岩确定,内容由聂明岩、李想共同完成。由于本书不同章节内容联系度较高,所以两位作者分工中有融合。聂明岩主要负责第一章至第四章内容,李想主要负责第五章至第七章内容。其中,第一章、第六章、第七章内容与全书整体密切相关,所以两位作者共同协商完成,其他各章节写作过程中同样采取此种模式。从完成字数看,聂明岩完成约20万字内容,李想完成约10万字内容。

本书正式写作始于2022年年底,至后记写作之时,已临近2023年春节。在这辞旧迎新的时刻终于完成本书写作、校对工作,自是别有一番滋味。本书讨论的问题是1967年《外空条约》便已经明确规定的内容,从某种意义上看,是一个“旧”问题,但是人类社会数十年的发展为这个“旧”问题带来了诸多“新”的挑战。如此,便要求这样一个“旧”原则焕发出“新”生机。当然,人类外空活动的源动力虽然是美、苏之间冷战的需要,但国际社会还是确定了全人类共同利益、外空国际合作等基本法律原则,这似乎是人类社会在复杂的政治博弈中为自己留存的一抹温情。作为外空法的学习者和研究者，虽然笔者愈加意识到近年来外空战略意义的不断凸显、外空竞争意味逐渐浓重，但还是期待这一抹温情可以发散开来，作为未来人类外空探索和利用活动的动力和指引。

作　者

2024 年 2 月 8 日